WEITBLICK

Das große Panorama

B 2

Deutsch als Fremdsprache
Übungsbuch

Julia Herzberger
Jens Magersuppe
Hildegard Meister
Anne Planz
Martina Schäfer
Julia Stander
Ulrike Würz (Phonetik)

scook Dieses Buch gibt es auch auf
www.scook.de/eb
wdw5j-htdvr

Cornelsen

Inhalt

1 Den Horizont erweitern

Webcode:
geqexu

Erwartungen und Erfahrungen

1 Den Horizont erweitern

1.1 Welches Verb passt? Ergänzen Sie.

> erleben – erweitern – lassen – sammeln – ~~springen~~ – wechseln

1 ins kalte Wasser *springen*

2 Abenteuer *erleben*

3 die Perspektive *wechseln* ✓

4 Erfahrungen *sammeln* ✓

5 seinen Horizont *erweitern*

6 sich überraschen *lassen.* ✓

1.2 Was passt? Ergänzen Sie die Begriffe aus 1.1.

1 Man hat den Mut, etwas Neues und Unbekanntes auszuprobieren: *ins kalte Wasser springen* .

2 Man sieht etwas aus der Sicht eines anderen: *die Perspektive wechseln* .

3 Man bereitet sich mit Absicht nicht auf Neues vor: *sich überraschen lassen* .

4 Man lernt oder erlebt etwas und kann dieses Wissen später nutzen: *seinen Horizont erweitern.*

5 Man macht etwas Spannendes: *Abenteuer erleben*

6 Man interessiert sich für Neues und möchte dazulernen: *Erfahrungen sammeln*

1.3 Und Sie? Schreiben Sie sechs Sätze mit den Begriffen aus 1.1.

2 Neue Erfahrungen in einer anderen Kultur

2.1 Worüber schreibt Lena in ihrem Blog? Ordnen Sie die Überschriften zu.

a Spanisch ist nicht gleich Spanisch – **b** Meine Erfahrungen – **c** Weniger Stress als erwartet – **d** Wie ich gesund kochen lernte – **e** Warum eigentlich Chile?

Von München nach Valparaíso – mein Auslandssemester in Chile

Es geht los! | Valpo – eine schöne Stadt | Empanadas, super lecker! | Meine Uni am Meer

[b] Ich wollte unbedingt für mein Auslandssemester nach Lateinamerika gehen. Ich finde es wichtig, neue Erfahrungen zu sammeln und meinen Horizont zu erweitern. Eigentlich wollte ich ja gern in Argentinien studieren. Aber weil die Uni München ein Austauschprogramm mit der Universidad tecnica in Valparaíso hat, war es einfacher, nach Chile zu gehen als nach Argentinien. Und Valparaíso hat mir sofort gut gefallen: Die Stadt ist wunderschön und auch die Uni ist sehr gut.

[c] Ich habe vor meiner Reise natürlich damit gerechnet, dass ich einige Monate für die Organisation meines Auslandsaufenthaltes einplanen muss. Die Vorbereitungen waren dann aber eigentlich gar nicht so stressig, wie ich gedacht hatte. Der Visumsantrag war unkompliziert, eine Auslandskrankenversicherung hatte ich schon, und ich habe sogar sehr schnell über eine Freundin ein günstiges WG-Zimmer in Valpo gefunden. Das hatte ich mir schwieriger vorgestellt.

[a] Ich hatte schon in der Schule Spanischunterricht, also dachte ich, dass ich gut vorbereitet wäre. Als ich ankam, hatte ich aber doch zuerst Probleme mit der Sprache. Ich hätte nicht erwartet, dass das Spanisch in Lateinamerika ganz anders ist, als das, was man in Deutschland in der Schule lernt. Außerdem gibt es auch in Chile je nach Region verschiedene Dialekte.

Das Leben in Chile ist übrigens viel teurer, als ich dachte – vor allem die Lebensmittel im Supermarkt. Auf den Märkten bekommt man aber frisches Obst und Gemüse zu günstigen Preisen. Eigentlich koche ich gar nicht so gern, aber in Valpo habe ich angefangen, öfter zu kochen. Das schmeckt einfach besser, als wenn man in der Mensa isst. Meine Mitbewohnerin kocht auch manchmal typisch chilenisch für uns. Die chilenische Küche mag ich sehr. Das einzige, was mir ein bisschen fehlt, ist dunkles Vollkornbrot. Das bekommt man hier selten. Meine Mitbewohnerin hat mich neulich gefragt: „Warum vermisst du das deutsche Brot eigentlich so sehr?". Ich weiß es gar nicht so genau. Vielleicht, weil ich es hier nicht kaufen kann?

Viele von euch haben mich gefragt, ob sich meine Erwartungen an mein Auslandssemester eigentlich erfüllt haben. Insgesamt ein klares „Ja"! Ich habe die Erfahrung gemacht, dass die Menschen hier sehr offen und gastfreundlich sind. Das ist toll. Und natürlich hatte ich die Hoffnung, dass sich mein Spanisch verbessern würde. Inzwischen kann ich mich gut auf Spanisch unterhalten und verstehe auch einige typisch chilenische Wörter. Das ist eine großartige Erfahrung.

2.2 Richtig oder falsch? Lesen Sie den Blog in 2.1 noch einmal und kreuzen Sie an.

	richtig	falsch
1 Lena konnte sich am Anfang nicht zwischen Argentinien und Chile entscheiden.	○	⊠
2 Sie hatte keine Probleme, ihren Auslandsaufenthalt vorzubereiten.	⊠	○
3 Weil sie schon Spanisch konnte, hatte sie in Chile keine Probleme mit der Sprache.	○	⊠
4 Lena schmeckt das chilenische Essen nicht.	○	⊠
5 Lena konnte in Chile ihre Sprachkenntnisse verbessern.	○	⊠

3 Eigentlich wollte ich nach Argentinien gehen.

3.1 Was kann das Wort *eigentlich* ausdrücken? Wo kann es im Satz stehen? Wird es betont? Unterstreichen Sie die Sätze mit *eigentlich* in 2.1. Ergänzen Sie dann den Grammatikkasten.

~~Aussagesätze~~ – betont – ~~Einschränkung~~ – Fragesätze – immer im Mittelfeld – im Mittelfeld oder am Satzanfang – Neugierde/Interesse – unbetont

> **Das Wort *eigentlich***
>
> **als Adverb:** *steht in Aussagesätzen; drückt eine Einschränkung aus;* _____
>
> _____
>
> **als Modalpartikel:** _____
>
> _____

3.2 Schreiben Sie Fragen und Aussagen mit *eigentlich*. Ergänzen Sie bei den Aussagesätzen eine Information mit *aber* wie im Beispiel.

1 in München – eigentlich – studieren wollen – ich
2 du – eigentlich – nach Wien kommen – warum
3 dein Visum – schon – beantragt haben – du – eigentlich – für die Schweiz
4 kein Geld haben – eigentlich – ich – für ein Auslandspraktikum
5 schon immer mal – ich – eigentlich – arbeiten wollen – im Ausland
6 für einen Sprachkurs – du – sich anmelden – eigentlich

> 1 *Eigentlich wollte ich in München studieren, aber ich habe keinen Studienplatz bekommen.*
> *Ich wollte eigentlich in München studieren, aber ich habe keinen Studienplatz bekommen.*

1.02 **3.3** Phonetik: das Wort *eigentlich*. Lesen Sie die Fragen und Sätze aus 3.2 laut und achten Sie auf die Betonung von *eigentlich*. Überprüfen Sie dann mit dem Hörtext.

4 Am Ende ist sowieso alles anders, als man es geplant hat.

4.1 Was sagt Lena? Ergänzen Sie die Adjektive im Komparativ oder im Positiv. Der Grammatikanhang (A 2.2.1) hilft.

gut – lecker – hoch – schön – teuer – viel

1 Das Leben in Chile ist sehr teuer. Vor allem die Lebensmittel sind _____ , als ich dachte.

2 Die Stadt ist wunderschön – genauso _____ , wie sie auf den Fotos aussieht.

3 Ich mag die chilenische Küche. Aber das Essen in der Mensa schmeckt nicht so _____ , wie ich gehofft hatte.

4 Ich hatte großes Glück mit der Wohnungssuche. Eigentlich sind die Mieten in Valparaíso sogar noch _____ , als ich es aus München kenne.

5 Die Uni ist sehr international. Es gibt _____ Austauschstudierende, als ich gedacht hätte.

6 Mein Spanisch ist jetzt viel _____ , als es vor meinem Auslandsaufenthalt war.

4.2 Was passt? Lesen Sie die Sätze in 4.1 noch einmal und ergänzen Sie den Grammatikkasten.

als – Positiv (2x) – Komparativ – wie (2x)

Vergleichssätze mit einem Nebensatz mit *als* oder *wie*

Unterschiede drückt man aus

– mit Adjektiv im _____ oder *anders* + Nebensatz mit _____

– mit *nicht so* + Adjektiv im _____ + Nebensatz mit _____

Gleiches drückt man aus

– mit *genauso* + Adjektiv im _____ + Nebensatz mit _____

4.3 *Als* oder *genauso wie*? Schreiben Sie Vergleichssätze mit einem Nebensatz wie im Beispiel.

1 Die Kommunikation auf Deutsch ist schwierig. Das habe ich mir einfacher vorgestellt.
2 Das Wetter ist gut. Ich dachte, dass das Wetter schlechter ist.
3 Die Leute sind sehr freundlich. Das habe ich auch erwartet.
4 Der Dialekt ist ganz anders. Das habe ich nicht gedacht.
5 Die Stadt ist sehr groß. Ich habe gedacht, dass sie kleiner ist.
6 Die Landschaft ist sehr schön. So habe ich sie mir auch vorgestellt.

> *1 Die Kommunikation auf Deutsch ist schwieriger, als ich es mir vorgestellt habe.*

4.4 Wie sind Ihre Erfahrungen? Schreiben Sie acht Vergleichssätze mit einem Nebensatz mit *als* oder *wie* wie im Beispiel. Benutzen Sie die Nomen und Adjektive aus den Schüttelkästen.

der Deutschkurs – der Dialekt – das Gehalt – meine Kollegen – die Landschaft – die Lebensmittel – mein Praktikum – meine neue Stelle – die Universität – mein Vorstellungsgespräch – die Wohnungssuche

alt – angenehm – anstrengend – einfach – freundlich – gut – groß – hoch – interessant – kompliziert – modern – langweilig – niedrig – schlecht – schön – schwierig – teuer

> *Die Lebensmittel sind nicht so teuer, wie ich dachte.*

4.5 Wiederholung: temporale Nebensätze. Schreiben Sie Sätze mit *nachdem, bevor, während, sobald* oder *als*. Manchmal gibt es mehrere Möglichkeiten. Der Grammatikanhang (B 2.2.1) hilft.

1 Lena hat von dem Austauschprogramm erfahren. Sie hat sich sofort beworben.
2 Sie hat die Zusage bekommen. Schon vorher hat sie sich einen Reiseführer über Chile besorgt.
3 Sie hat ein Visum beantragt. Vorher musste sie ihren Pass verlängern lassen.
4 Sie hat auf ihr Visum gewartet. In der Zeit hat sie den Flug gebucht und ein WG-Zimmer gesucht.
5 Sie hat ihre Koffer gepackt und gleichzeitig die ersten Fotos für ihren Blog gemacht.
6 Sie ist in Chile angekommen. Sie hat sofort am Flughafen Geld getauscht.

1 Nachdem sie von dem Austauschprogramm erfahren hatte, hat sie sich sofort beworben.
Als/Sobald sie von dem Austauschprogramm erfahren hat, hat sie sich (sofort) beworben.

4.6 Und Sie? Berichten Sie von einer Reise oder einem Auslandsaufenthalt. Schreiben Sie einen kurzen Text zu den Fragen.

- In welchem Land waren Sie?
- Wie haben Sie sich auf die Reise vorbereitet?
- Welche Erwartungen hatten Sie vorher?
- Welche Erfahrungen haben Sie gemacht?

Das Leben in einer anderen Kultur

1 Einwandern auf Zeit

1.1 Was passt? Lesen und ergänzen Sie.

Bedienung – Expat – Krankenversicherung – Lebensqualität – Pharmaunternehmen – Steuererklärung

1 Die _____ ist hier sehr hoch. Die Gehälter sind gut, die Kosten für Mieten und Essen sind ziemlich niedrig und es gibt viele kulturelle Angebote.
2 Damit die Kosten für einen Arztbesuch und die Medikamente übernommen werden, braucht sie eine _____.
3 Einmal im Jahr muss man die _____ machen. In diesem Dokument zeigt man, wie viel man verdient hat und wie viele Steuern man bezahlt hat.
4 Das Restaurant ist gut. Das Essen ist lecker und die _____ ist freundlich.
5 Er arbeitet als Chemiker in einem _____ und entwickelt neue Medikamente.
6 Ihre Firma hat sie für einige Jahre nach Peru geschickt. Jetzt lebt und arbeitet sie als _____ in Lima.

1.2 Welche Person passt: Kim, Masoud oder Wendy? Lesen Sie den Zeitungsartikel im Kursbuch auf Seite 16 noch einmal und ergänzen Sie die Namen.

1 _____ hat am Anfang viel Unterstützung durch andere Expats bekommen.
2 _____ findet es schwer, im Alltag Englisch zu vermeiden, weil so viele Schweizer Englisch können.
3 _____ freut sich über das große Angebot an kulturellen Veranstaltungen.
4 _____ würde gern mehr Zeit mit Schweizern verbringen.
5 _____ ist in einen Basler Verein eingetreten, um sich besser zu integrieren.
6 _____ hatte Schwierigkeiten bei der Wohnungssuche.

1.03 🔊 **1.3** Auswandern auf Zeit. Aus welchem Land kommen die Personen? In welches Land wollen sie auswandern? Was sind sie von Beruf? Hören und notieren Sie die Antworten in Ihrem Heft.

Beat Jeger

Thomas und Jana Pichler

Familie Rohde

	Beat Jeger
Herkunftsland	
Zielland	
Beruf	Ingenieur

1.03 🔊 **1.4** Was ist falsch? Hören Sie noch einmal und kreuzen Sie die falsche Antwort an.

1 In den letzten Jahren …
   a ⃝ ist die Zahl der Auswanderer aus Deutschland, Österreich und der Schweiz gestiegen.
   b ⃝ machten die Deutschen, Österreicher und Schweizer am liebsten in ihrem Heimatland Urlaub.
   c ⃝ wanderten Deutsche, Österreicher und Schweizer meistens innerhalb Europas aus.

2 Herr Jeger ist in die USA ausgewandert, …
   a ⃝ weil die Arbeitsbedingungen für Wissenschaftler dort besonders gut sind.
   b ⃝ um seine Sprachkenntnisse zu verbessern.
   c ⃝ weil er ein Stipendium bekommen hat.

3 Herr Jeger fühlt sich in Boston sehr wohl, weil …
   a ⃝ er dort früher schon ein Semester studiert hat.
   b ⃝ dort die Lebensqualität sehr hoch ist.
   c ⃝ er keine Schwierigkeiten mit der Sprache hat.

4 Herr und Frau Pichler sind ausgewandert, …
   a ⃝ weil sie am Meer leben wollten.
   b ⃝ damit die Kinder in Spanien studieren können.
   c ⃝ weil sie ein Jobangebot bekommen haben.

5 Sie fanden es zuerst schwierig, mit den Nachbarn in Kontakt zu kommen, weil …
   a ⃝ sie noch kein Spanisch sprechen konnten.
   b ⃝ auf Mallorca so viele Deutsche und Österreicher leben.
   c ⃝ die Leute nicht so offen sind, wie sie dachten.

6 Familie Rohde ist nach Australien ausgewandert, …
   a ⃝ weil Frau Rohde von ihrem Unternehmen dort eine Stelle bekommen hat.
   b ⃝ obwohl Herr Rohde die Idee zuerst nicht so gut fand.
   c ⃝ weil die Kinder dort Freunde hatten.

7 Für Herrn Rohde ist es manchmal schwierig, weil …
   a ⃝ alles sehr bürokratisch ist.
   b ⃝ er noch keine Arbeit gefunden hat.
   c ⃝ seine Englischkenntnisse noch nicht so gut sind.

2 Ich habe mir das Leben im Ausland anders vorgestellt.

2.1 Markieren Sie die Dativ- und Akkusativobjekte in unterschiedlichen Farben. Beantworten Sie dann die Fragen im Grammatikkasten.

1 Die Universität hat mir ein Stipendium gegeben.
2 Ich habe mir den Alltag hier weniger bürokratisch vorgestellt.
3 Die Kinder können schon sehr gut Englisch. Sie übersetzen meinem Mann manchmal Wörter.
4 Eine Freundin hatte eine Stelle als Bäcker frei. Sie hat sie mir angeboten.

Dativ- und Akkusativobjekte im Mittelfeld des Satzes

Wie ist die Reihenfolge der Objekte normalerweise? _____

Wie ist die Reihenfolge, wenn das Akkusativobjekt ein Pronomen ist? _____

2.2 Schreiben Sie Sätze im Imperativ wie im Beispiel.

   1 (du) erklären – ich – nochmal – bitte – die Grammatik
   2 (Sie) die Kundin – ein Stück Zwiebelkuchen – bitte – bringen
   3 (du) doch bitte – geben – der Schlüssel – die Nachbarn
   4 (Sie) schicken – der Kollege – die E-Mail – bitte
   5 (du) bezahlen – doch – deine Tochter – die Reise

1 Erklär mir bitte nochmal
die Grammatik.

2.3 Sprechen Sie zu zweit. Lesen Sie Ihre Sätze aus 2.2. Ihre Partnerin / Ihr Partner antwortet wie im Beispiel.

> *Erklär mir bitte nochmal die Grammatik.*

> *Ich habe sie dir doch schon erklärt. Bringen Sie …*

2.4 Schreiben Sie Sätze mit den Wörtern. Benutzen Sie sowohl Nomen als auch Pronomen für die Dativ- und Akkusativobjekte.

empfehlen – erklären – geben – kaufen – schenken – schicken – zeigen – …	ich – der Kollege – die Eltern – die Lehrerin – die Kinder – du – Sie – …	das Buch – das Restaurant – die Wohnung – die Postkarte – die Grammatik – das Paket – eine Reise – ein Flugticket – …

Mein Kollege hat mir das griechische Restaurant empfohlen.

3 Strategietraining: eine Zusammenfassung schreiben und überarbeiten

3.1 Was macht man beim Schreiben einer Zusammenfassung? Sehen Sie das Strategievideo noch einmal und machen Sie Notizen.

---

eine Zusammenfassung schreiben

vor dem Schreiben: _____

beim Schreiben: _____

nach dem Schreiben: _____

1.03 **3.2** Hören Sie die Radiosendung aus 1.3 noch einmal und schreiben Sie eine kurze Zusammenfassung.

   3.3 Vergleichen Sie Ihre Zusammenfassungen zu zweit und überarbeiten Sie sie bei Bedarf.

   3.4 Sprachmittlung: Eine Freundin / Ein Freund von Ihnen überlegt, für ein paar Monate beruflich in die Schweiz zu gehen und bittet Sie um Informationen. Womit sollte sie/er rechnen? Welche Schwierigkeiten könnte sie/er haben? Fassen Sie die wichtigsten Informationen aus dem Zeitungsartikel im Kursbuch auf Seite 16 in Ihrer Muttersprache zusammen.

Vorurteile überwinden

1 Aussehen und Charaktereigenschaften

1.1 Wie ist ein Mensch, der …? Welches Adjektiv passt? Verbinden Sie.

Ein Mensch, der …   ist …
1 auf seine Kleidung und seine Frisur achtet,   a muskulös.
2 gern Witze mag und viel lacht,   b ehrgeizig.
3 oft in den Spiegel schaut und mag, wie er aussieht,   c gepflegt.
4 oft und über alles Mögliche nachdenkt,   d spießig.
5 viele Muskeln hat,   e humorvoll.
6 viel erreichen möchte und sich dafür anstrengt,   f eitel.
7 ein bisschen langweilig und altmodisch ist,   g arrogant.
8 glaubt, dass er besser als andere ist,   h nachdenklich.

1.2 Phonetik: Wortakzent. Lesen Sie den Dialog und markieren Sie den Wortakzent in den unterstrichenen Adjektiven.

👍 Sag mal, Tim, wie findest du Paul? Ich habe gehört, dass er sehr langweilig sein soll.

💬 Paul? Nein, auf keinen Fall. Er ist weder langweilig noch spießig. Auf mich wirkt er eher temperamentvoll und selbstbewusst. Außerdem treibt er viel Sport und hat Humor!

👍 Echt? Dass er sportlich ist, das wusste ich. Aber humorvoll?

💬 Tja, vielleicht kennst du ihn so nicht. Er ist meistens sehr nachdenklich und ruhig.

👍 Ja, das stimmt. Ich habe immer gedacht, er wäre schüchtern oder unsicher oder vielleicht sogar ein wenig arrogant, weil er nie mit mir redet.

💬 Ach komm, Anna! Sei nicht so naiv und urteile nicht so schnell über andere. Bleib offen und neugierig!

1.04 🔊 1.3 Hören Sie den Dialog und überprüfen Sie Ihre Markierungen in 1.2. Auf welcher Silbe liegt der Wortakzent meistens?

1.4 Lesen Sie den Dialog laut zu zweit. Achten Sie auf den Wortakzent.

2 Der erste Eindruck

2.1 Wiederholung: Verben mit Infinitiv ohne *zu*. Schreiben Sie Sätze.

1 gehen – normalerweise – ich – sehr spät – schlafen
2 lassen – morgen – verlängern – ich – meinen Pass
3 meinen Mann – hören – jeden Morgen – im Badezimmer – singen – ich
4 die Kinder – ich – sehen – spielen – auf der Straße
5 bei Rot – stehen – an der Kreuzung – ich – bleiben

1 Ich gehe normalerweise sehr spät schlafen.

2.2 Wiederholung: das Verb *lassen*. Welche Bedeutung hat *lassen* in den Sätzen? Ordnen Sie zu. Der Grammatikanhang (A 1.7) hilft.

a etwas (nicht) erlauben oder zulassen   c etwas nicht selbst machen / jemanden beauftragen
b etwas vergessen oder nicht mitnehmen   d etwas in der Gruppe vorschlagen

1 Bei unserer Meinung über andere lassen wir uns leider oft vom Aussehen beeinflussen. *c*

2 Sie will sich ein neues Piercing machen lassen. _____

3 Oh nein, es regnet! Und ich habe den Regenschirm zu Hause gelassen. _____

4 Lasst uns doch am Wochenende eine Party machen. _____

5 Wir lassen unsere Kinder kein Smartphone haben. Sie sind noch zu klein. _____

6 Lassen Sie bitte den Zimmerschlüssel an der Hotelrezeption. _____

2.3 Was passt? Schreiben Sie Sätze mit dem Verb *lassen* und den Informationen aus dem Schüttelkasten.

die Haare schneiden – ~~das Fahrrad reparieren~~ – zu Hause lassen –
ins Kino gehen – an einem Schwimmkurs teilnehmen

1 Mein Fahrrad ist kaputt. *Ich muss es reparieren lassen* .
2 Ich habe einen Vorschlag. Heute läuft ein toller Film. _____ uns _____ .
3 Maja hat ihren Hausschlüssel vergessen. *Sie hat* _____ .
4 Meine Tochter will schwimmen lernen. *Ich* _____ .
5 Meine Haare sind viel zu lang. *Ich will mir* _____ .

2.4 Was passt zusammen? Verbinden Sie.

1 Ist Frau Müller heute im Büro?
2 Stell dir vor, Herr Breit will auswandern.
3 Ist dein Visum noch gültig?
4 Hast du meine Nachricht gelesen?
5 Weißt du, ob das Taxi noch da ist?
6 Kommst du heute mit ins Kino?

a Ja, ich habe es gestern verlängern lassen.
b Nein, ich habe mein Handy im Büro gelassen.
c Ja, davon habe ich schon gehört. In die USA, oder?
d Ja, ich habe sie vorhin schon telefonieren hören.
e Nein, den Film habe ich schon gesehen.
f Oh, ich glaube, ich habe es gerade wegfahren sehen.

2.5 In welchen Sätzen in 2.4 werden *lassen*, *sehen*, *hören* als Hilfsverben verwendet? Markieren Sie die Verben in den Sätzen. Ergänzen Sie dann den Grammatikkasten.

Hauptsatz – Hilfsverb – Infinitiv (2x) – konjugiert – Nebensatz

> **Perfekt von *lassen*, *sehen*, *hören***
>
> Wenn die Verben *lassen*, *sehen* und *hören* als _____ mit einem zweiten Verb benutzt werden,
> bildet man das Perfekt mit *haben* (_____) + _____ + _____ von *lassen/sehen/hören*.
> Im _____ steht *haben* auf Position 2, der Infinitiv und *lassen/sehen/hören* am Satzende.
> Im _____ stehen drei Verben am Satzende: *haben* + Infinitiv + *lassen/sehen/hören*.

2.6 *Lassen*, *sehen* oder *hören*? Welches Hilfsverb passt? Ergänzen Sie die Verben im Perfekt.

Meine Nachbarn *haben* mich gestern überhaupt nicht *schlafen lassen* (schlafen)[1].
In der WG über mir gab es eine Party und ich _____ meine Nachbarn die ganze Nacht laut
_____ (feiern)[2]. Vom Fenster aus _____ ich immer wieder Leute in unser
Haus _____ (gehen)[3]. Ich habe versucht, meine Nachbarn anzurufen, um mich zu
beschweren. Aber wahrscheinlich _____ sie das Telefon wegen des Lärms nicht
_____ (klingeln)[4]. Erst um drei Uhr morgens sind die Gäste gegangen. Ich _____ sie noch
im Hausflur laut _____ (reden)[5]. Danach konnte ich endlich schlafen. Heute Morgen
war ich dann aber so müde, dass ich den Wecker nicht _____ (klingeln)[6].

2.7 Und Sie? Was haben Sie in der letzten Woche gesehen, gehört oder machen lassen? Schreiben Sie fünf Sätze im Perfekt.

Heute Morgen habe ich die Vögel vor meinem Haus singen hören.

3 Stereotype und Vorurteile

3.1 Welche Überschrift passt? Lesen Sie den Artikel und ordnen Sie die Überschriften zu.

Kontakt und Offenheit hilft – Vorurteile zu überwinden, ist schwer – Viele Vorurteile entstehen in der Kindheit

Körper & Geist   3/2019

Eine Welt ohne Vorurteile?

Alle Menschen auf der Welt haben Stereotype und Vorurteile. Denn durch Vorurteile und Stereotype sortiert das Gehirn Informationen schneller in Schubladen und kann so Energie für andere Denk-
5 prozesse sparen.

Welche Vorurteile jeder von uns hat und wie stark sie sind, hängt davon ab, in was für einer Umgebung wir aufwachsen. Ab dem Alter von drei Jahren kann das Gehirn eines Kindes Informationen
10 in Kategorien einordnen. Dann lernen wir als Kinder von den Erwachsenen – von unseren Eltern, Verwandten, Nachbarn, im Kindergarten und in der Schule –, welche Merkmale anderer Menschen in welche Schublade gesteckt werden. Wenn zum
15 Beispiel ein Lehrer Vorurteile gegenüber Ausländern zeigt und ihnen Stereotype zuordnet, dann übernehmen die Schulkinder seine Meinung. Besonders schlimm ist, dass sogar die ausländischen Kinder, die durch diese Vorurteile und
20 Stereotype diskriminiert werden, selbst an sie glauben. Das haben Studien gezeigt.

Vorurteile sind sehr stabil. Denn wir merken uns vor allem Situationen, die unsere Vorurteile bestätigen. Einzelne Erfahrungen, die unseren Stereoty-
25 pen und Vorurteilen widersprechen, reichen leider nicht aus, um unsere Meinung zu ändern. Denn das Gehirn sortiert sie als Ausnahme ein.

Deshalb ist es wichtig, zu wissen, dass wir Vorurteile haben, und offen für neue Erfahrungen zu
30 bleiben.
Jedes Mal, wenn wir einen Menschen treffen und eine Meinung über ihn haben, sollten wir daran denken, dass diese Meinung vielleicht auf einem Vorurteil basiert. Es ist schwer, Vorurteile loszu-
35 werden, aber nicht unmöglich. Studien konnten zeigen, dass vor allem intensive Kontakte dabei helfen. Denn erst, wenn wir oft genug positive Erfahrungen mit anderen Personen machen, lernen wir, dass sie vielleicht ganz anders sind, als wir am
40 Anfang dachten.

~ Louise Mahner ~

3.2 Wo steht diese Information? Lesen Sie noch einmal und notieren Sie die Zeilen.

1 Vorurteile entstehen, weil das Gehirn Informationen schnell einsortiert. *Zeile 2 – 4*

2 Vorurteile kann man überwinden, auch wenn es schwer ist. _____

3 Kinder, die durch Vorurteile diskriminiert werden, glauben auch an diese Vorurteile. _____

4 Es ist wichtig, Menschen besser kennenzulernen. Dann kann man verstehen, wie sie wirklich sind. _____

5 Kinder unter drei Jahren sortieren Informationen noch nicht in Schubladen. _____

6 Informationen, die dem Vorurteil widersprechen, merkt man sich schlechter. _____

3.3 Wählen Sie A oder B und schreiben Sie einen kurzen Text.

| A | Schreiben Sie eine kurze Zusammenfassung des Artikels in 3.1. |

| B | Schreiben Sie über Ihre eigenen Erfahrungen mit Stereotypen und Vorurteilen. |

Frauen sind eitel. Männer? Nie!

1 Eitelkeit

1.1 Wie ist die Reihenfolge? Lesen Sie die Kurzgeschichte im Kursbuch auf Seite 20 noch einmal und bringen Sie die Bilder in die richtige Reihenfolge.

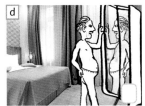

1.2 Was bedeuten die Wörter? Verbinden Sie.

1 stundenlang	a	ein Lob, um jemandem eine Freude zu machen
2 dreiteilig	b	den Mut haben, etwas zu tun
3 egoistisch	c	etwas besteht aus drei Teilen
4 die Gardine	d	abwaschen, mit Wasser sauber machen
5 starren	e	Stoff, den man vor das Fenster hängt
6 zurücktreten	f	mehrere Stunden
7 das Kompliment	g	springen
8 etwas wagen	h	nur an sich selbst denken
9 hüpfen	i	einen Schritt nach hinten machen
10 abspülen	j	jemanden sehr direkt und lange ansehen

1.3 Wiederholung: Zeitangaben und temporale Nebensätze. Was passt?
Lesen Sie die Kurzbiografie von Kurt Tucholsky und ergänzen Sie.
Der Grammatikanhang (B 2.2.1) hilft.

als – bevor – danach (2x) – nach – nachdem – vorher – während

Kurt Tucholsky wurde am 9. Januar 1890 in Berlin geboren. Er wuchs zusammen mit zwei Geschwistern in Berlin und Stettin auf und besuchte von 1899 bis 1906 das Gymnasium. *Danach* [1] hatte er ein Jahr Privat-unterricht. _____ [2] er sein Abitur gemacht hatte, begann er im Oktober 1909 ein Jurastudium. Schon als Schüler interessierte sich Tucholsky sehr für Literatur und schrieb seine ersten journalistischen
5 Artikel. _____ [3] seines Studiums schrieb er unter anderem für die sozialdemokratische Parteizeit-schrift „Vorwärts". _____ [4] seinem Studienabschluss musste er 1915 als Soldat im Ersten Weltkrieg kämpfen. _____ [5] er 1918 aus dem Krieg zurückkam, war er ein überzeugter Kriegsgegner und Pazifist. _____ [6] arbeitete er als Journalist und Schriftsteller in Deutschland, _____ [7] er 1924 nach Frankreich auswanderte. Er schrieb und veröffentlichte Satiren, Texte, Liedtexte, Erzählungen,
10 Romane und Gedichte. In seinen Texten kritisierte er die politischen Verhältnisse in Deutschland und setzte sich für Demokratie und Menschenrechte ein. 1929 wanderte er nach Schweden aus. _____ [8] hatte er in seinen Texten vor Hitler und einem neuen Weltkrieg gewarnt. 1933 wurden seine Bücher von den National-sozialisten verbrannt und er verlor die deutsche Staatsangehörigkeit. Am 21. Dezember 1935 starb er in Göteborg in Schweden im Alter von nur 45 Jahren.

1.4 Richtig oder falsch? Lesen Sie die Kurzbiografie in 1.3 noch einmal und kreuzen Sie an.

	richtig	falsch
1 Kurt Tucholsky wurde Ende des 19. Jahrhunderts geboren.	○	○
2 Er studierte Literatur, weil er Schriftsteller werden wollte.	○	○
3 Nach dem Ersten Weltkrieg setzte er sich für den Frieden ein.	○	○
4 Mit 34 Jahren wanderte er nach Schweden aus.	○	○
5 Er schrieb kritisch über die politische Situation in Deutschland.	○	○

2 Strategietraining: sich unbekannte Wörter erschließen

2.1 Welche Strategien helfen, um unbekannte Wörter zu verstehen? Notieren Sie im Strategiekasten.

> **sich unbekannte Wörter erschließen**
>
> Diese Informationen helfen: *der Kontext, in dem das Wort steht;*

2.2 Was bedeuten die gelb markierten Wörter in der Biografie in 1.3? Ordnen Sie die Wörter zu.

1 ein Text, in dem man durch Übertreibung oder Ironie Kritik äußert: *Satire*

2 eine Person, die Kriege ablehnt und sich für den Frieden einsetzt:

3 Texte, die in einer Zeitung oder Zeitschrift veröffentlicht werden:

4 eine Person, die in einem Krieg kämpft:

5 ein Krieg, an dem viele Länder beteiligt sind:

6 wenn man zu Hause Unterricht von einem Lehrer bekommt:

7 die Nationalität, die im Pass steht:

8 eine Zeitschrift, die von einer politischen Partei gemacht wird:

2.3 Welche Strategien haben Ihnen dabei geholfen, die Wörter zu verstehen? Vergleichen Sie Ihre Lösungen in 2.2 zu zweit und tauschen Sie sich aus.

3 Ein überraschendes Ende. Wo steht das im Text? Lesen Sie im Kursbuch auf Seite 21 noch einmal und notieren Sie die Zeilen.

1 Der Mann lächelt der Frau zu.

2 Im Zimmer gegenüber steht eine Zimmerpflanze und eine Garderobe.

3 Der Mann kämmt sich die Haare.

Wenn sich Kulturen begegnen

1 Kulturelle Stereotype

1.1 Wortfamilien. Wie heißen die passenden Adjektive zu den Nomen? Ergänzen Sie.

1 die Freundlichkeit
2 der Stolz
3 die Kreativität
4 der Fleiß
5 das Temperament
6 die Offenheit
7 die Arroganz
8 der Optimismus

9 die Ehrlichkeit
10 der Humor
11 die Korrektheit
12 die Kritik
13 die Zuverlässigkeit
14 das Selbstbewusstsein
15 die Hilfsbereitschaft
16 die Gastfreundschaft

1.2 Was passt? Ergänzen Sie.

1 In Deutschland muss man für alles Formulare ausfüllen. Das finde ich ziemlich _____ .

2 Meine Freundin ist so _____ . Sie geht jeden Morgen joggen, um fit zu bleiben.

3 Mein Bruder hat den Urlaub für die ganze Familie bezahlt. Er ist so _____ .

   – Echt? Mein Bruder ist leider das Gegenteil. Er will immer sparen und ist sehr _____ .

4 Mein Nachbar ist sehr _____ . Immer wenn ich im Urlaub bin, gießt er meine Blumen.

5 Die neue Kollegin ist super. Ich verstehe gar nicht, warum sie nicht Teamleiterin geworden ist.

   – Sie ist einfach zu _____ . Sie sollte öfter sagen, was sie will.

2 Transkulturelle Kommunikationsschwierigkeiten. Arbeiten Sie in Gruppen. Beantworten Sie die Fragen und berichten Sie in der Gruppe.

– Welche transkulturellen Schwierigkeiten oder Missverständnisse könnten Menschen aus anderen Ländern in Ihrer Heimat erleben?
– Welche Tipps würden Sie ihnen geben, um diese Schwierigkeiten zu vermeiden?

An seine Grenzen gehen

1 Extreme Hobbys. Welches Verb passt? Ergänzen Sie.

eingehen – ~~gehen~~ – haben – hochklettern – kommen – überwinden

1 an seine Grenzen *gehen*	3 im Team Spaß _____	5 ans Ziel _____
2 an einem Seil _____	4 ein Hindernis _____	6 ein Risiko _____

2 Extreme Erfahrungen

1.05 2.1 Worüber sprechen Georg und Klara? Hören Sie und kreuzen Sie an.

1 ◯ Gefahren des Extremsports
2 ◯ Erfahrungen auf einer Fahrradreise
3 ◯ Überlebenstraining in der Natur
4 ◯ eine Foto-Ausstellung über Fahrräder

1.05 2.2 Was ist richtig? Hören Sie noch einmal und kreuzen Sie an.

1 Klara war allein mit dem Fahrrad unterwegs, …
   a ◯ um möglichst schnell ans Ziel zu kommen.
   b ◯ weil sie flexibel entscheiden wollte, wohin und wieviel sie fährt.

2 Draußen in der Natur hat sie manchmal, …
   a ◯ ohne Streichhölzer Feuer gemacht.
   b ◯ Insekten gegessen.

3 Sie hat ihre Familie manchmal vermisst, weil sie …
   a ◯ ihr Smartphone kaum benutzt hat.
   b ◯ kein Smartphone dabei hatte.

4 Während ihrer Reise …
   a ◯ hat sie einige schwierige Situationen erlebt.
   b ◯ hatte sie kaum Kontakt zu anderen Menschen.

5 Klara hat …
   a ◯ ihre Reise sehr genau geplant.
   b ◯ viele Entscheidungen spontan getroffen.

6 Die Fotos von ihrer Reise …
   a ◯ möchte Klara in einer Ausstellung zeigen.
   b ◯ hat Klara in einer Zeitschrift veröffentlicht.

2.3 Und Sie? Wie reisen Sie gern? Schreiben Sie einen kurzen Text. Die Fragen helfen.

– Was denken Sie über Klaras Reise? Hätten Sie selbst Lust darauf? Oder wäre Ihnen das zu extrem?
– Wie verbringen Sie gern Ihren Urlaub? Wollen Sie Abenteuer erleben oder mögen Sie es entspannt?
– Was würden Sie gern im Urlaub machen, wenn Sie mehrere Wochen oder Monate Zeit hätten?

Prüfungstraining

1 Mündlicher Ausdruck Teil 1: Über Erfahrungen sprechen

Berichten Sie Ihrer Partnerin / Ihrem Partner über Ihre Erfahrungen zu einem der folgenden Themen. Beantworten Sie im Anschluss die Fragen Ihrer Partnerin / Ihres Partners. Tauschen Sie danach die Rollen.

Themen zur Auswahl:
– Ihr Lieblingsbuch (Titel, Autor, Geschichte usw.)
– Ihre Lieblingsserie (Handlung, Schauspieler usw.)
– ein Familienmitglied, das Sie bewundern (wer, warum usw.)
– eine wichtige Erfahrung in einer anderen Kultur (was, wann, wo, warum wichtig usw.)
– etwas Neues, das Sie ausprobiert haben (Art der neuen Erfahrung, Ort, Dauer, Ergebnis usw.)
– ein spannendes Erlebnis, das Sie in Ihrem Leben hatten (was, wann, wo, mit wem, warum spannend usw.)

Tipp: In dieser Aufgabe sprechen Sie über Ihre eigenen Erfahrungen. In der Prüfung stehen immer verschiedene Themen zur Auswahl. Wählen Sie ein Thema, für das Sie sich interessieren und zu dem Sie einen persönlichen Bezug haben. Sie haben für die Aufgabe 1 ½ Minuten Zeit. Notieren Sie in der Vorbereitungszeit Stichpunkte und probieren Sie zu Hause aus, wie viel Sie in 1 ½ Minuten erzählen können.

2 Lesen Aufgabe 4

Welches Wort passt? Lesen Sie den Brief und ergänzen Sie. Achten Sie auf die grammatische Form.

Sehr *geehrte* ⁰ **Damen und Herren,**

haben Sie Lust auf eine wirklich spannende Reise? Ist es _____¹ Traum, einmal nicht nur Touristin

oder Tourist zu sein, _____² auch richtig in die Kultur und das Lebensgefühl eines anderen Landes

einzutauchen? Dann probieren _____³ doch mal etwas Neues und erleben Sie Ihre Abenteuerreise!

„Reisen und arbeiten" bietet Ihnen vielfältige Möglichkeiten, _____⁴ Traum vom Auslandsaufenthalt

zu verwirklichen. Ganz egal, _____⁵ welches Land Sie fahren, wie lange Sie Zeit haben und ob Sie

studieren oder im Beruf tätig sind. „Reisen und arbeiten" findet genau das Richtige _____⁶ Sie!

Stellen Sie _____⁷ vor: Freiwilligenarbeit in den verschiedensten Ländern! Wäre das nicht großartig?

Für Tier- und Naturbegeisterte gibt _____⁸ zum Beispiel Angebote in Lateinamerika, Afrika, Asien und

Ozeanien. Wir zeigen Ihnen, wie Sie ein Jahr im Ausland verbringen können. Sie entscheiden, _____⁹

flexibel Sie auf Ihrer Reise sein wollen!

Unser gesamtes Angebot finden Sie im Internet _____¹⁰ www.reisenundarbeiten.beispiel.org.

Die beste Zeit Ihres Lebens liegt vor Ihnen – nutzen Sie sie!

Corinna Bernauer

Geschäftsführerin *Reisen und arbeiten*

Tipp: Lesen Sie den Text und versuchen Sie aus dem Kontext zu erschließen, welches Wort inhaltlich passen könnte. Achten Sie hierbei immer auf die Grammatik. Wo steht das Verb im Satz?
Ist es ein Hauptsatz oder ein Nebensatz? Fehlt ein Konnektor, der die beiden Sätze miteinander
verbindet? Stellen Sie sich Fragen wie: Gibt es Verben mit Präpositionen? Handelt es sich um einen
indirekten Fragesatz? Welche Anredeform könnte passen (du/Sie)? Achten Sie immer darauf,
dass die Lösungen sowohl inhaltlich als auch sprachlich Sinn ergeben.

ÖSD
1.06

3 Hören Aufgabe 2

Sehen Sie sich zuerst die Kursangebote an. Hören Sie dann ein Gespräch zwischen zwei Personen.
Ergänzen Sie die fehlenden Informationen und kreuzen Sie an. Sie hören das Gespräch einmal.

Sprachkursangebot	Abendkurs I	Abendkurs II	Kompaktkurs
Zielgruppe	○ Berufstätige ○ Studienbewerber	○ Berufstätige ○ Studienbewerber	○ Berufstätige ○ Studienbewerber
Sprachniveau	○ B 2 ○ C 1	○ B 2 ○ C 1	○ B 2 ○ C 1
Kursmodule	○ Lernen mit dem Kursbuch ○ Konversation ○ Schreiben	○ Lernen mit dem Kursbuch ○ Konversation ○ Schreiben	○ Lernen mit dem Kursbuch ○ Konversation ○ Schreiben
Kosten für vier Unterrichtseinheiten	_____ Franken	_____ Franken	_____ Franken
Ermäßigung für Studierende	_____ %	_____ %	_____ %
Gruppengröße	mindestens: _____ maximal: _____	mindestens: _____ maximal: _____	mindestens: _____ maximal: _____
festgelegte inhaltliche Schwerpunkte	○ Ja ○ Nein	○ Ja ○ Nein	○ Ja ○ Nein
besonderes Angebot	○ Film ○ Lesung ○ Besuch im Museum ○ Führungen	○ Film ○ Lesung ○ Besuch im Museum ○ Führungen	○ Film ○ Lesung ○ Besuch im Museum ○ Führungen
Abschlussprüfung möglich	○ Ja ○ Nein	○ Ja ○ Nein	○ Ja ○ Nein
Kursbeginn und Uhrzeit	Datum: _____ Uhrzeit: _____	Datum: _____ Uhrzeit: _____	Datum: _____ Uhrzeit: _____

Tipp: Schauen Sie sich die Angebote vor dem Hören genau an. Sie haben beim Hören wenig Zeit
und müssen auf mehrere Informationen gleichzeitig achten. Da die Informationen chronologisch
abgefragt werden, können Sie Schritt für Schritt vorgehen. Achten Sie beim Hören auf die Schlüsselwörter und/oder Synonyme, die signalisieren, welches Thema angesprochen wird.

Wie würden Sie gern leben?

1 Zu Hause

1.1 Wie heißen die Wörter? Lösen Sie das Rätsel und schreiben Sie das Lösungswort in Ihr Heft.

1 ein Ort, an dem Bauwagen stehen können: A   N

2 ein Haus, in dem Studierende wohnen können: N   O

3 eine Wohnform, bei der man auf dem Wasser wohnt: S   O

4 eine Wohnung auf vier Rädern: U   A

5 eine Wohnung, die man nicht besitzt, sondern mietet: E   H

6 eine Gruppe von unabhängigen Personen, die sich gemeinsam eine Wohnung teilen:

     N   M

7 Personen, mit denen man sich eine Wohnung oder ein Haus teilt: T   N

1.2 Was ist richtig? Lesen Sie den Text und kreuzen Sie an.

> Kurz vor der Veröffentlichung ihres Albums „Sturm & Dreck" im Jahr 2018 zeigte die Band **Feine Sahne Fischfilet** ein erstes Musikvideo zu ihrem Song „Zuhause". Das Video nimmt uns mit in die Lebenswelten verschiedener Menschen und zeigt uns, dass uns alle ein gemeinsamer Wunsch verbindet: Wir möchten ein Zuhause in Freiheit und Frieden – frei von Krieg, Unsicherheit oder finanziellen Sorgen. Wir wünschen uns ein paar Quadratmeter, über die wir frei entscheiden können, und wir wollen Nachbarn, die uns freundschaftlich zur Seite stehen. Das Video erzählt von Menschen, die geflohen sind, und davon, dass das *Zuhause* nicht nur Ruhe und Geborgenheit, sondern auch Sicherheit und Schutz bedeutet. Die Botschaft: Jeder Mensch hat das Recht auf ein sicheres Zuhause. Es wird Zeit, Grenzen zu überwinden, und zwar nicht nur die Grenzen zwischen den Ländern, sondern auch die Grenzen in unseren Köpfen.

Im Video geht es darum, dass …
1 ◯ die meisten Menschen ein sorgenfreies Leben führen.
2 ◯ alle Menschen ein sicheres Zuhause wollen.
3 ◯ niemand sich unfreundliche Nachbarn wünscht.
4 ◯ Grenzen Sicherheit bieten.

2 Alternative Wohn- und Lebensmodelle

2.1 Welches Wort passt? Ergänzen Sie.

Bedürfnis – Kommune – Mietvertrag – Nachbarschaft – Unabhängigkeit

Vor einem halben Jahr hatte ich das _____ [1] nach Veränderung. Da habe ich mir

eine _____ [2] auf dem Land angesehen. Es hat mir gleich gefallen. Vor allem, weil

ich das Gefühl hatte, dass dort alle Bewohnerinnen und Bewohner ihre _____ [3]

behalten können. Alle können machen, was sie wollen. Deshalb habe ich sofort zugesagt und meinen

neuen _____ [4] schon ein paar Tage später unterschrieben. Und ich muss sagen, dass ich

die Stadt kaum vermisse. Das Leben hier ist einfach nicht so anonym. In der neuen

_____ [5] kenne ich fast alle Menschen!

1.07 🔊 **2.2** Uta und John wollen anders wohnen. Wer hat welche Wünsche? Hören und ergänzen Sie die Namen.

1 _____ würde gerne einen alten Bauernhof kaufen.

2 _____ ist es wichtig, finanziell unabhängig zu bleiben.

3 _____ würde es Spaß machen, auf einem Hausboot zu wohnen.

4 _____ wünscht sich einen Wohnort, der auch für Kinder praktisch ist.

5 _____ hat Bedenken, in einer Kommune zu wohnen.

6 _____ hat keine Lust, einen komplizierten Alltag zu haben.

1.07 🔊 **2.3** Welche Vor- und Nachteile nennen Uta und John? Hören Sie noch einmal und notieren Sie.

	Vorteil	*Nachteil*
Bauernhof auf dem Land:	+ *Freiheit, zu tun, was man will*	− *finanzielle Abhängigkeit*
	+ *Ruhe und frische Luft*	−
Hausboot:		
Groß-WG:		
Wohnmobil:		

3 Ich habe keine Lust, in einem spießigen Reihenhaus zu leben.

3.1 Schreiben Sie Sätze mit Infinitiv mit *zu*.

1 Ich lebe in einem Reihenhaus am Stadtrand. *(Es gefällt mir nicht so gut, …)*
2 Ich kann in der Nachbarschaft nur zwischen wenigen kulturellen Angeboten auswählen. *(Ich finde es schade, …)*
3 Jeden Tag fahre ich mit den öffentlichen Verkehrsmitteln zur Arbeit. *(Es stresst mich, …)*
4 Ich möchte wie die meisten meiner Freunde im Stadtzentrum wohnen. *(Es wäre schön, …)*
5 Ich suche mir eine kleine Wohnung im Stadtzentrum. *(Ich habe vor, …)*
6 Dann verbringe ich mehr Zeit mit meinen Freunden. *(Ich habe die Hoffnung, …)*

> *1 Es gefällt mir nicht so gut, in einem Reihenhaus am Stadtrand zu leben.*

3.2 Wann benutzt man den Infinitiv mit *zu*? Lesen Sie die Sätze in 3.1 noch einmal und ergänzen Sie die Regeln und jeweils ein weiteres Beispiel.

Verben – Objekt – Adjektiv – ~~Nomen~~

Infinitiv mit *zu*

Der Infinitiv mit *zu* folgt oft nach:

– abstrakten *Nomen* + *haben* (oder + anderes Verb): *die Absicht haben, es macht Spaß,*
_____

– *es* + Verb + _____ : *es freut mich, es gefällt mir,* _____

– *es ist / ich finde es* + _____ : *es ist praktisch, ich finde es schade,* _____

– _____ : *empfehlen, anfangen,* _____

3.3 Was drückt das Verb vor dem Infinitiv mit *zu* aus? Ordnen Sie die Verben den Kategorien zu und schreiben Sie pro Kategorie einen Satz. Der Grammatikanhang (B 2.2.1) hilft.

sich vorstellen – empfehlen – vorschlagen – sich freuen – raten – anfangen – vorhaben – erlauben – hoffen – beginnen – verbieten – vergessen – aufhören – versuchen – versprechen – sich ärgern

Vorschläge	Gedanken und Gefühle	Wünsche und Pläne	Anfang und Ende	Erlaubnis und Verbot	Sonstiges
– empfehlen	– sich vorstellen	– versuchen	–	–	– vergessen
–	–	–	–	–	– versprechen
–	–	–	–		

3.4 Welche Sätze kann man auch mit Infinitiv mit *zu* schreiben? Kreuzen Sie an und schreiben Sie die Sätze.

1 ☒ Ich fand es blöd, dass ich wegen der hohen Miete umziehen musste.
2 ◯ Es ist nicht normal, dass man so viel Miete zahlt.
3 ◯ Ein Freund hat mir vorgeschlagen, dass ich eine 3-Zimmer-Wohnung am Stadtrand miete.
4 ◯ Zuerst hatte ich Angst, dass auch diese Wohnung für mich zu teuer wäre.
5 ◯ Meine gute Freundin Ana sagte aber, dass sie Interesse an einem der beiden Zimmer hätte.
6 ◯ Wir haben uns dann entschieden, dass wir demnächst zusammenziehen.

1 Ich fand es blöd, wegen der hohen Miete umziehen zu müssen.

3.5 Lesen Sie die Sätze in 3.4 noch einmal und ergänzen Sie den Grammatikkasten.

verschieden – Hauptsatz – identisch – man – Subjekte

Infinitiv mit *zu* und Nebensätze mit *dass*

Ein Infinitivsatz mit *zu* ist möglich, wenn …

– die _____ im Hauptsatz und *dass*-Satz identisch sind.

– das Objekt im Hauptsatz _____ mit dem Subjekt im *dass*-Satz ist.

– das Subjekt im Hauptsatz *es* und das Subjekt im *dass*-Satz _man_ ist.

Ein Infinitivsatz ist nicht möglich, wenn …

– die Subjekte im Hauptsatz und Nebensatz _____ sind.

– im _____ ein Modalverb oder ein bestimmtes Verb wie z. B. *wissen*, *sagen* oder *antworten* steht.

3.6 Infinitivsatz mit *zu* oder Nebensatz mit *dass*? Verbinden Sie die Sätze. Benutzen Sie, wenn möglich, den Infinitiv mit *zu*.

1 Ich wohne jetzt in einer WG am Stadtrand. Das gefällt mir.
2 Zum Einkaufen muss ich in die Innenstadt fahren. Ich finde das etwas unpraktisch.
3 Ich lebe mit einer sehr guten Freundin zusammen. Ich habe wirklich Glück.
4 Meine Mitbewohnerin arbeitet jeden Tag sehr lange. Das ist schade.
5 Wir kochen und essen so oft wie möglich zusammen. Wir versuchen das.
6 Ich werde noch lange dort wohnen, wenn alles so bleibt und die Miete nicht steigt. Das weiß ich.

1 Es gefällt mir, jetzt in einer WG am Stadtrand zu wohnen.

4 Und wie leben Sie?

4.1 Und Sie? Machen Sie sich Notizen zu den folgenden Fragen.

– Was ist Ihnen beim Wohnen wichtig?
– Was gefällt Ihnen an Ihrer jetzigen Wohnsituation?
– Was stört Sie an Ihrer jetzigen Wohnsituation?
– Haben Sie vor, umzuziehen?
– Wo oder wie könnten Sie sich vorstellen, zu wohnen?

Das ist mir wichtig: Lage, Familie in der Nähe, Garten …

4.2 Fragen und antworten Sie wie im Beispiel.

Ist es dir wichtig, dass deine Familie in der Nähe wohnt?

Nein, es ist mir vor allem wichtig, einen kurzen Arbeitsweg zu haben.

Beziehungen im digitalen Zeitalter

1 Digitale Kommunikation

1.1 Was passt? Lesen und ergänzen Sie.

Bekanntschaften – skeptisch – heutzutage – hilfreich – oberflächlich

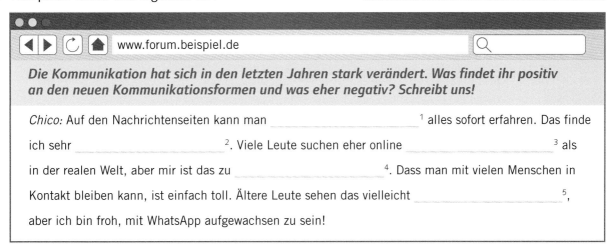

Die Kommunikation hat sich in den letzten Jahren stark verändert. Was findet ihr positiv an den neuen Kommunikationsformen und was eher negativ? Schreibt uns!

Chico: Auf den Nachrichtenseiten kann man _____ [1] alles sofort erfahren. Das finde ich sehr _____ [2]. Viele Leute suchen eher online _____ [3] als in der realen Welt, aber mir ist das zu _____ [4]. Dass man mit vielen Menschen in Kontakt bleiben kann, ist einfach toll. Ältere Leute sehen das vielleicht _____ [5], aber ich bin froh, mit WhatsApp aufgewachsen zu sein!

1.2 Und wie sehen Sie das? Schreiben Sie einen kurzen Kommentar wie in 1.1.

1.3 Was bedeuten die Sätze? Verbinden Sie.

1 Ich bin froh, mit WhatsApp aufzuwachsen.
2 Ich war froh, mit WhatsApp aufzuwachsen.
3 Ich bin froh, mit WhatsApp aufgewachsen zu sein.

a Ich war froh, dass ich mit WhatsApp aufgewachsen bin.
b Ich bin froh, dass ich mit WhatsApp aufgewachsen bin.
c Ich bin froh, dass ich mit WhatsApp aufwachse.

1.4 Was ist falsch? Lesen Sie die Regeln und streichen Sie die falschen Informationen durch.

Infinitivsätze mit *zu* in der Gegenwart und Vergangenheit

Infinitivsatz in der Gegenwart
Die Handlungen im Hauptsatz und Infinitivsatz passieren *gleichzeitig / nicht gleichzeitig*.

Infinitivsatz in der Vergangenheit
Die Handlung im Infinitivsatz passiert *vor/nach* der Handlung im Hauptsatz.
Zu steht *zwischen/vor* dem Partizip II und *haben* oder *sein*.

1.5 Infinitivsätze in der Gegenwart oder Vergangenheit? Lesen und ergänzen Sie. Der Grammatikanhang (B 2.1.2) hilft.

zu schicken – verbracht zu haben – zu kommen – zu haben – zu suchen – zu sitzen – verloren zu haben – gesehen zu haben

Ich finde es so schade, den Kontakt zu meinem besten Schulfreund Manuel _____ 1.

Ich habe das Gefühl, ihn erst gestern noch _____ 2. Es war immer sehr lustig, in der

Klasse neben ihm _____ 3! Ich bin froh, so viele schöne Jahre mit ihm zusammen

_____ 4. Ich habe meinem Mitbewohner von Manuel erzählt und er hat mir geraten,

ihn über die sozialen Medien _____ 5. Es ist doch toll, heutzutage diese Möglichkeit

_____ 6. Ich habe jetzt vor, ihm eine Nachricht _____ 7 und

hoffe, so mit ihm in Kontakt _____ 8.

1.6 Ergänzen Sie den Infinitiv in der Vergangenheit.

1 Ich erinnere mich gar nicht daran, meine letzten Urlaubsfotos *geteilt zu haben* (teilen).

2 Ich bin mir sicher, diese E-Mail schon _____ (abschicken).

3 Ich bin sehr froh, auf der Dating-Seite _____ (sein).

4 Es war gut, mich damals bei der App _____ (anmelden).

5 Es tut mir leid, diesen eher unhöflichen Text _____ (twittern).

6 Ich finde es großartig, meine Freunde in Kontakt _____ (bringen).

1.7 Umgang mit dem Smartphone. Formulieren Sie die *dass*-Sätze, wenn möglich, in Infinitivsätze in der Gegenwart oder Vergangenheit um.

Mir ist es wichtig, dass ich heutzutage überall und jederzeit ins Internet gehen kann. Früher fand ich es stressig, dass ich immer erreichbar war. Aber mittlerweile habe ich gelernt, dass meine Zeit mir gehört. Ich freue mich darüber, dass ich mich mithilfe der digitalen Medien so gut vernetzt habe. Aber ich bin natürlich auch froh, dass ich bisher immer noch genug Zeit zum Entspannen gefunden habe.

Mir ist es wichtig, heutzutage überall und jederzeit ins Internet gehen zu können.

2 Strategietraining: eine Diskussion führen

1.08 **2.1** Ein Smartphone für Leo. Was ist richtig? Hören Sie die Diskussion und kreuzen Sie an.

1 ○ Philipp ist für ein Smartphone, Vera dagegen. Sie finden keine Lösung.
2 ○ Vera ist für ein Smartphone, Philipp dagegen. Sie finden eine Lösung.
3 ○ Philipp ist für ein Smartphone, Vera dagegen. Sie finden eine Lösung.

1.08 **2.2** Richtig oder falsch? Hören Sie die Diskussion noch einmal und kreuzen Sie an.

	richtig	falsch
1 Vera befürchtet, dass Leo das Smartphone verlieren könnte.	○	○
2 Philipp glaubt, dass Leo mit einem Handy lernen kann, verantwortungsbewusster zu sein.	○	○
3 Philipp findet, dass das Smartphone Leo bei den Hausaufgaben unterstützen kann.	○	○
4 Vera befürchtet, dass Leo durch ein Smartphone unsozialer wird.	○	○
5 Vera hält nichts davon, dass Kinder so viel Zeit mit ihrem Handy verbringen.	○	○
6 Philipp schlägt vor, ihm ein altes Smartphone zu schenken.	○	○

2.3 Eine Diskussion führen. Welche Redemittel drücken etwas Ähnliches aus? Verbinden Sie.

1 Ich finde es problematisch, wenn …
2 Meiner Meinung nach …
3 Zum einen … , zum anderen …
4 Ein weiteres Argument dafür/dagegen ist …
5 Teilweise hast du / haben Sie recht, aber …
6 Da muss ich widersprechen.

a Ich bin der Ansicht, dass …
b Dafür/Dagegen spricht, dass …
c Ich verstehe deine/Ihre Position, aber …
d Das sehe ich ganz anders.
e Ich halte nichts davon, … zu …
f Einerseits … , andererseits …

2.4 Was finden Sie beim Diskutieren wichtig? Sehen Sie das Strategievideo noch einmal und ergänzen Sie.

Formulierungen – begründen – sortieren – Gegenargumente – Rückfragen – notieren

> **eine Diskussion führen**
>
> – Für eine gute Argumentation ist es wichtig, die eigene Meinung zu _____ .
> – Man sollte die Argumente vorher nicht nur sammeln, sondern auch _____ .
> – Es ist auch wichtig, sich die _____ der Gesprächspartner zu überlegen.
> – Alle Argumente und Gegenargumente sollte man vorher _____ .
> – Hilfreich beim Diskutieren sind feste _____ .
> – Falls man etwas nicht versteht, kann man immer _____ stellen.

2.5 Und wie ist Ihre Meinung? Wem stimmen Sie zu: Vera oder Philipp? Würden Sie Leo ein Smartphone kaufen? Schreiben Sie einen kurzen Text. Verwenden Sie dabei die Redemittel aus 2.3.

Miteinander arbeiten

1 Probleme am Arbeitsplatz und an der Universität

1.1 Wie heißen die Nomen? Suchen Sie in der Wortschlange und markieren Sie sie.

HAIBETRIEBSRATOMSEMINARZARKOMMILITONEIKALUELTERNZEITPISOGEHALTSUNTERSCHIEDOLIVORLESUNGNIE

1.2 Welche Definition passt? Ergänzen Sie die Definitionen mit den Nomen aus 1.1.

1 Der _____ ist eine gewählte Gruppe von Angestellten eines Unternehmens, die sich für die Rechte aller Angestellten einsetzt.

2 Die _____ ist eine Auszeit vom Berufsleben für Eltern, die ihre Kinder selbst betreuen und erziehen.

3 Der _____ bezeichnet die Situation, in der sich der Lohn von zwei oder mehr Personen unterscheidet.

4 Der _____ ist ein Studienkollege, der dasselbe studiert.

5 Die _____ ist eine Unterrichtsform an der Universität, bei der eine Dozentin oder ein Dozent Vorträge hält.

6 Das _____ ist eine Veranstaltung, bei der Studierende wissenschaftliche Methoden nicht nur theoretisch lernen, sondern auch praktisch anwenden.

1.3 Welche Überschrift passt? Lesen Sie den Artikel und ordnen Sie die Überschriften zu.

Keine echte Elternzeit – Familienfreundliche Betriebe suchen – Alte Rollenbilder

Leben mit kleinen Kindern   04/19

Elternzeit für den Vater

„Ich wollte wirklich gern in Elternzeit gehen, als Mara vor zwei Jahren geboren wurde", erzählt Amadou Keller, 38 Jahre alt und IT-Manager eines internationalen Unternehmens. 50 bis 70 Arbeitsstunden pro Woche
5 waren normal für ihn und auch am Wochenende hat er gearbeitet.
Als er seinen Chef über die zukünftige Geburt informierte, war dieser nicht gerade begeistert von seinem Wunsch nach Elternzeit. „Er gab mir sein Okay, aber
10 gleichzeitig gab er mir eine lange Liste mit Projekten, für die ich die Verantwortung übernehmen sollte. Er wollte, dass ich für Notfälle immer erreichbar bin." Amadou Keller entschied sich also gegen die Elternzeit. „Ich hätte genauso viel gearbeitet, aber auf einen
15 Großteil meines Gehalts verzichtet."

Es gibt weitere Gründe, warum Männer ihr Recht auf Elternzeit nicht wahrnehmen. In manchen Fällen erklären die Arbeitgeber, dass der Zeitpunkt nicht geeignet ist. Und bitten die Angestellten darum, die Eltern-
20 zeit etwas später zu nehmen. Ein geeigneter Zeitpunkt findet sich dann aber nie. Außerdem gilt in vielen

Betrieben noch ein traditionelles Männerbild. Dort werden Männer, die Elternzeit nehmen wollen, als schwach und nicht männlich angesehen. Was dem Arbeitgeber oft nicht klar ist: Männer, die in Elternzeit 25 waren, kommen meist gestärkt und mit mehr sozialer Kompetenz zurück. Davon können die Firmen profitieren.

Amadou Keller hat etwas daraus gelernt: Vor einem Jahr hat er eine neue Arbeitsstelle gefunden. Er ist zufrieden 30 mit seiner Entscheidung. Er verdient jetzt zwar weniger als vorher, aber für ihn war es wichtiger, rechtzeitig Feierabend zu machen und am Wochenende Zeit für Familie und Freunde zu haben. „Schon gleich beim Vorstellungsgespräch habe ich mich danach erkundigt, 35 wie es in dieser Firma mit der Elternzeit aussieht. Ich wollte sicher sein, dass sie offen für das Thema sind", berichtet er. Es hat funktioniert: Er wird sechs Monate frei nehmen, wenn sein zweites Kind Nele acht Monate alt ist. Und darauf freut er sich. Einen Tipp hat er noch: 40 „Falls der Arbeitgeber Probleme bei der Elternzeit macht, sollte man unbedingt mit dem Betriebsrat der Firma sprechen. Nach dem Gesetz haben alle Angestellten ein Recht auf Elternzeit."

1.4 Was ist richtig? Lesen Sie noch einmal und kreuzen Sie an.

1 ◯ Herr Keller ist nicht in Elternzeit gegangen, weil er für die Arbeit erreichbar sein wollte.
2 ◯ Die Elternzeit wird manchmal so oft verschoben, dass sie nicht mehr realisiert wird.
3 ◯ Arbeitgeber akzeptieren die Elternzeit oft nur, wenn sie Vorteile für ihre Firma bringt.
4 ◯ Herr Keller gibt Männern den Ratschlag, sich Hilfe in der eigenen Firma zu suchen.

1.5 Sprachmittlung: Gibt es Elternzeit in Ihrem Heimatland? Wie heißt der Begriff „Elternzeit" in Ihrer Muttersprache? Übersetzen Sie ins Deutsche und vergleichen Sie.

1.6 Markieren Sie im Text aus 1.3 alle Verben, Adjektive und Nomen mit einer Präposition. Machen Sie eine Liste in Ihrem Heft und ergänzen Sie im Grammatikkasten weitere Beispiele.

– *informieren über*
– *begeistert von*

> **Nomen und Adjektive mit Präpositionen**
>
> mit Akkusativ: *offen für,*
>
> mit Dativ: *begeistert von,*

1.7 Welche Präposition passt? Wie ist der Kasus? Ergänzen Sie. Die Listen im Anhang auf Seite 194–196 helfen.

Unzufrieden mit der beruflichen Situation?

Sind Sie enttäuscht *von den* [1] Gehaltsunterschieden in Ihrer Abteilung? Sind Sie nicht zufrieden

d_____ [2] Teamarbeit? Haben Kollegen und Kolleginnen wenig Interesse _____ Ihr_____ [3] Arbeit? Oder

haben Sie sogar den Wunsch _____ beruflich_____ [4] Neuorientierung? Jeder Mensch kann Schwierig-

keiten am Arbeitsplatz haben. Dafür müssen Sie nur die Angst _____ [5] Konflikten oder Veränderungen

verlieren. Wenn Sie offen _____ [6] Neues sind und Verantwortung _____ ein glücklich_____ [7] Berufsleben

übernehmen wollen, möchte ich Sie zur Teilnahme _____ mein_____ individuell_____ [8] Coachings

einladen. Mein Wunsch ist es, dass Sie wieder Lust _____ Ihr_____ beruflich_____ [9] Zukunft bekommen.

Kontakt: Hedwig Schönhausen glücklicharbeiten@beispiel.net

2 Ich habe Angst davor, dass man mir kündigt.

2.1 Wiederholung: Fragewörter und Präpositionaladverbien. Lesen Sie die Dialoge und ergänzen Sie. Der Grammatikanhang (A 4.2) hilft.

1 👍 Bist du zufrieden mit den Aufgaben bei deiner neuen Arbeitsstelle?

  💬 Ja, *damit* bin ich zufrieden. Aber es gibt ein paar Leute, über die ich mich manchmal ziemlich ärgere.

  👍 Echt? *Über wen* ärgerst du dich denn?

  💬 Zum Beispiel über meine Chefin.

2 👍 Nimmst du morgen auch an der Teambesprechung teil?

  💬 Oh, sorry, ich habe gerade nicht zugehört, _____ soll ich teilnehmen?

  👍 An der Teambesprechung. Das Thema ist – glaube ich – Mobiles Arbeiten.

  💬 Ah, ja stimmt! Klar, _____ würde ich sehr gern teilnehmen.

3 👍 Ich möchte mich über die Elternzeit informieren. Weißt du, _____ ich darüber sprechen kann?

  💬 Ja, du kannst mit Herrn Kiparski vom Betriebsrat sprechen.

  👍 Ah, okay. Hast du schon einmal mit ihm _____ gesprochen?

  💬 Ja, keine Angst. Ich habe auch _____ über meine Elternzeit gesprochen. Er ist sehr freund-lich und kann dir sicher helfen.

2.2 Was passt zusammen? Verbinden Sie.

1 Ich freue mich darauf,	a für deine große Hilfe bei der Bewerbung.
2 Ich freue mich	b dass du mir so gut bei der Bewerbung geholfen hast.
3 Ich danke dir dafür,	c mein neues Projekt nächste Woche anzufangen.
4 Ich danke dir	d auf mein neues Projekt nächste Woche.

2.3 Was ist falsch? Lesen Sie die Sätze in 2.2 noch einmal und streichen Sie die falschen Informationen durch.

Nebensätze und Infinitivsätze nach Präpositionaladverbien
Das Präpositionaladverb (*dafür, darauf*) leitet einen Nebensatz oder *Hauptsatz/Infinitivsatz* ein.
Es steht normalerweise am *Satzende/Satzanfang* bzw. vor *dem Verb / der Präposition* am Satzende.

2.4 Präposition oder Präpositionaladverb? Was passt? Ergänzen Sie. Der Grammatikanhang (A 4.2) hilft.

1 Viele Artikel berichten *darüber* , dass Männer und Frauen immer noch unterschiedlich verdienen.

2 Alle Angestellten können sich beim Betriebsrat _____ die Elternzeit informieren.

3 Beide Elternteile haben ein Recht _____ , Elternzeit für die Kinder zu nehmen.

4 Der Studentenrat kümmert sich _____ , dass die Rechte der Studierenden beachtet werden.

5 Viele Studierende übernehmen die Verantwortung _____ die Finanzierung ihres Studiums.

6 Die Teilnahme _____ den Seminaren ist für viele Studierende verpflichtend.

2.5 Und Sie? Beantworten Sie die Fragen in Ihrem Heft.

1 Wofür sind Sie bei der Arbeit / in Ihrem Studium verantwortlich?
2 Worüber ärgern Sie sich bei Ihren Kolleginnen und Kollegen / Mitstudierenden?
3 Wovon sind Sie begeistert in Ihrem Beruf / Studium?
4 Womit sind Sie in Ihrer aktuellen Situation unzufrieden?
5 Worauf hätten Sie beruflich noch Lust?

> *1 Bei meiner Arbeit bin ich für die Organisation der Veranstaltungen verantwortlich. /*
> *Ich bin verantwortlich dafür, die Veranstaltungen zu organisieren.*

3 An deiner Stelle würde ich ...

3.1 Was raten Sie? Lesen Sie und schreiben Sie Ratschläge in Ihr Heft. Benutzen Sie die Satzanfänge.

1 Ich weiß nicht, wo ich ein Stipendium bekommen kann. – An deiner Stelle ...
2 Ich bin mir unsicher, ob ich Elternzeit beantragen kann. – Wenn ich du wäre, ...
3 Ich möchte mich beruflich neu orientieren. – Wie wäre es, wenn ...
4 Ich muss jeden Tag Überstunden machen. – Ich kann dir nur raten, ...
5 Meine Kollegen verdienen mehr als ich. – Ich würde dir vorschlagen, ...

1.09 🔊 3.2 Phonetik: Ratschläge flüssig sprechen. Hören Sie und antworten Sie flüssig mit Ihren Ratschlägen aus 3.1.

4 Ihre Freunde brauchen Ihren Rat. Welche Tipps können Sie geben? Lesen Sie die WhatsApp-Nachrichten und beantworten Sie jede Nachricht mit einem Ratschlag.

1

Hallo du, der Geburtstermin rückt immer näher und ich habe von meinem Chef immer noch keine Antwort bekommen, was die Elternzeit betrifft. Dabei habe ich schon zweimal mit ihm darüber gesprochen. Hast du einen Tipp für mich? LG Erik.

2

... ich bin so wütend. Gerade hat mein neuer Arbeitskollege mir erzählt, was er verdient: brutto fast ein Fünftel mehr!! Seit fast drei Jahren bin ich schon hier und habe niemals eine Gehaltserhöhung bekommen! ☹ Was soll ich denn machen? Deine Hanna.

3

Hey, wie geht es dir? Ich habe heute meinen neuen Arbeitsvertrag bekommen. Aber er ist schon wieder für ein Jahr befristet! Das ist nun schon der dritte Vertrag! Das geht doch nicht. Ich habe nicht das Gefühl, dass meine Chefin meine Arbeit gut findet. Was soll ich denn jetzt machen? Verzweifelte Grüße von Joe.

> *1 Hallo Erik, wenn ich du wäre, würde ich unbedingt ...*

Mehrere Generationen unter einem Dach

1 Das Zusammenleben mit älteren Menschen

1.1 Welches Foto passt? Lesen Sie und kreuzen Sie an.

Willkommen bei „Wohntraum"!

Unser Co-Housing-Projekt „Wohntraum" wurde 2011 auf einem Landgut in Herbstdorf gegründet. Es ist ein besonderes Projekt, da wir – anders als in einer WG oder einer Kommune – zwar als Gemeinschaft zusammenleben, aber immer noch unsere eigenen Privatwohnungen haben. Wir leben in einer Gemeinschaft von aktuell 54 Menschen zwischen 0 und 76 Jahren: Wir sind 10 Kinder, 11 Jugendliche und 33 Erwachsene. Unser Wunsch ist es, so wenig wie möglich zu konsumieren, um so der Umwelt weniger zu schaden. In den Gemeinschaftsräumen stehen die Haushaltsgeräte wie Waschmaschine oder Kühlschrank, die wir gemeinsam nutzen. Und in unserem Gemeinschaftsgarten bauen wir Gemüse an. Zusammenarbeit und gegenseitige Unterstützung bei Alltäglichem ist uns sehr wichtig. Aber auch der generationenübergreifende Aspekt spielt eine große Rolle. Jung und Alt wollen in diesem Projekt voneinander lernen und eine neue Form des Zusammenlebens entwickeln. Da wir uns alle bereits in der Planungsphase kennenlernten, konnten wir unsere eigenen Vorschläge und Wünsche einbringen und unseren „Wohntraum" so gestalten, wie wir wollten. Sind Sie neugierig darauf, wer wir sind? Kommen Sie einfach vorbei! Wir freuen uns auf Sie!

1.2 Was ist falsch? Lesen Sie noch einmal und kreuzen Sie an.

Alle Bewohnerinnen und Bewohner …
1 ◯ nutzen die Gemeinschaftsräume.
2 ◯ leben umweltbewusst.
3 ◯ teilen ihre Wohnräume.
4 ◯ konnten das Projekt mitgestalten.

2 Das Leben in einem Co-Housing-Projekt

2.1 Welche Vor- und Nachteile nennen die Bewohnerinnen und Bewohner von „Wohntraum"? Lesen Sie die Aussagen und machen Sie Notizen.

Pablo: „Ich mag das Gemeinschaftsgefühl. Zu fünft spontan kochen und dann noch spontaner mit 20 Leuten essen – bei uns ist das ein ganz normaler Abend."

Kurt: „Das Leben hier ermöglicht mir mehr Kontakt zu anderen Menschen. Ich mag es sehr, auf die Kinder aufzupassen."

Jakob: „Herbstdorf liegt sehr abgelegen: Mir gefällt die Ruhe sehr, aber leider braucht man mindestens eine Stunde bis zur nächsten Stadt."

Ezra: „Alle profitieren voneinander, egal ob von Wissen, Zeit oder Lebenserfahrung. Obwohl es manchmal schwierig ist, gemeinsam Entscheidungen zu treffen, versuchen wir immer, auf die Bedürfnisse aller einzugehen."

Meike: „Nicht mehr abhängig von der Kita zu sein und meine Kinder in besten Händen zu wissen – das ist für mich Luxus!"

Leni: „Einen gemeinsamen Wohnort zu haben, ist wunderschön, aber bedeutet auch sehr viel Arbeit. Zum Glück können wir unser Gelände so gestalten, dass es uns allen gefällt."

2.2 Können Sie sich vorstellen, in einem Co-Housing-Projekt zu wohnen? Warum (nicht)? Schreiben Sie einen kurzen Text. Ihre Notizen aus 2.1 helfen.

Mensch und Maschine

1 Digitale Technik. Was passt? Ergänzen Sie.

Tablet – Nachricht – Spracherkennung – Navigations-App – Online-Wörterbuch

> *Ich telefoniere selten. Wenn irgendetwas ist, schreibe ich meinen Freunden eine* _____ 1.

> *Ich benutze sehr häufig die* _____ 2. *So kann ich schnell Textnachrichten verschicken, ohne etwas zu tippen!*

> *Ohne meine* _____ 3 *würde ich in der Groß-stadt den Weg nicht finden, vor allem beim Autofahren.*

> *Ich bin beruflich viel unterwegs und habe immer mein* _____ 4 *zum Arbeiten dabei.*

> *Wenn ich ein deutsches Wort nicht weiß, benutze ich immer ein* _____ 5.

2 Wie Digitalisierung die Gesellschaft verändert

2.1 Wie findet Moritz Freudhagen die Digitalisierung? Hören Sie und kreuzen Sie an.

Für Moritz Freudhagen ist die Digitalisierung eher ◯ positiv ◯ negativ.

2.2 Was ist richtig? Hören Sie noch einmal und kreuzen Sie an.

1 ◯ Moritz meint, dass die Digitalisierung es den Menschen ermöglicht, sich öfter zu verabreden.
2 ◯ Er denkt, dass es mehr persönlichen Austausch zwischen Menschen gibt als früher.
3 ◯ Moritz nutzt soziale Netzwerke. Er ist zum Beispiel bei Twitter angemeldet.
4 ◯ Moritz merkt, dass die zunehmende Digitalisierung zu Einsamkeit führt.
5 ◯ Die Digitalisierung hat Berufsleben und Alltag von Moritz leichter gemacht.
6 ◯ Er findet, dass man aufmerksam mit den digitalen Medien umgehen soll.
7 ◯ Moritz hat Angst, dass seine persönlichen Informationen nicht ausreichend geschützt werden.

2.3 Welche Wörter haben Ihnen bei der Lösung geholfen? Hören Sie noch einmal und unterstreichen Sie die Schlüsselwörter in 2.2. Welche Wörter benutzt Moritz? Notieren Sie Synonyme zu den Schlüsselwörtern.

> 1 *sich verabreden = treffen*
> 2 *...*

2.4 Strategietraining: Detailinformationen mithilfe von Schlüsselwörtern verstehen. Beantworten Sie die Fragen und ergänzen Sie den Strategiekasten.

– Was sind Schlüsselwörter?
– Wie helfen sie beim Hören?

> **Detailinformationen mithilfe von Schlüsselwörtern verstehen**

3 Und was denken Sie? Lesen Sie die Aussagen und schreiben Sie Ihre Meinung dazu.

> *Persönliche Daten sollten im Internet besser geschützt werden.*

> *Leute dürfen ruhig alles von mir wissen. Ich habe keine Geheimnisse.*

Zukunftswünsche

1 **Was ist wichtig im Leben? Was ist den Deutschen wichtig? Sehen Sie sich die Grafik an und formulieren Sie Sätze.**

Die guten Vorsätze für 2020

Viele Deutsche starten das Jahr mit guten Vorsätzen! Aber was genau sind ihre Pläne fürs neue Jahr? Hier sehen Sie die Top 5!

1	weniger Stress	72%
2	mehr Freizeit	65%
3	mehr Bewegung/Sport	57%
4	gesunde Ernährung	53%
5	höheres Gehalt	49%

1 *Viele Deutsche wünschen sich weniger Stress.*
2 *… ist ihnen wichtig.*
3 *Sie haben vor, …*
4 *Sie planen, …*
5 *Sie möchten unbedingt …*

2 **Und Sie? Was ist Ihnen wichtig im Leben? Haben Sie Vorsätze für das neue Jahr? Schreiben Sie einen kurzen Text und beantworten Sie folgende Fragen.**

– Was wollen Sie im nächsten Jahr auf jeden Fall erreichen? Warum?
– Was müssen Sie tun, um Ihre Ziele zu erreichen?

Unter Freunden

1 **Freundschaften**

1.1 Was passt zusammen? Verbinden Sie.

1 Geheimnisse voreinander   a bleiben
2 offen miteinander   b einsetzen
3 sich auf jemanden   c unterstützen
4 sich füreinander   d verlassen (können)
5 sich gegenseitig   e haben
6 unabhängig voneinander   f verbringen
7 Zeit miteinander   g sprechen

1.2 Was bedeutet eine gute Freundschaft für Sie? Schreiben Sie einen Text. Verwenden Sie die Begriffe aus 1.1.

2 **Ratschläge in Sachen Freundschaft**

 2.1 Welches Problem hat Markus? Hören Sie die Sprachnachricht und machen Sie Notizen.

2.2 Welchen Ratschlag würden Sie Markus geben? Machen Sie Notizen und sprechen Sie Ihren Ratschlag als Sprachnachricht auf Ihr Handy.

2.3 Arbeiten Sie zu zweit. Hören Sie die Sprachnachricht von Ihrer Partnerin / Ihrem Partner und vergleichen Sie Ihre Ratschläge.

Prüfungstraining

GI **1 Lesen Teil 1**

Sie lesen in einem Forum, wie Menschen über ihre Wohnsituation und Wohnform denken.

Welche der Aussagen 1–10 trifft auf die Personen a–d zu? Lesen und notieren Sie. Die Personen können mehrmals gewählt werden.

1 [a] Wer findet, dass die Mieten in den Städten zu hoch sind?

2 ☐ Wer könnte beim Wohnen nicht auf Luxus verzichten?

3 ☐ Wer denkt, dass Wohnen oft überbewertet wird?

4 ☐ Wer kann sich nicht vorstellen, auf dem Land zu wohnen?

5 ☐ Wer hat zwar eine bezahlbare Wohnung, aber dennoch hohe Wohnkosten?

6 ☐ Wer hat keine Lust, lange einen Parkplatz zu suchen?

7 ☐ Wer interessiert sich für alternative Wohnformen?

8 ☐ Für wen sind sowohl Umweltschutz als auch bezahlbare Energiekosten wichtig?

9 ☐ Für wen ist eine ruhige Wohnumgebung wichtig?

10 ☐ Wer macht sich Sorgen um die Zukunft?

Wie wir wohnen …

a Holger

Eigentlich war ich immer ein Stadtmensch. Da die Mieten für Wohnraum in den Städten immer mehr steigen und gutes Wohnen bald unbezahlbar wird, haben meine Frau und ich uns entschieden, die Stadt zu verlassen. Seit einem halben Jahr leben wir auf dem Land, in einem kleinen Dorf. Und ich muss sagen, wir bereuen unsere Entscheidung nicht. Natürlich müssen wir öfter das Auto benutzen als früher, aber im Gegensatz zu unserer Wohnung in der Stadt gibt es jetzt keine Parkplatzprobleme mehr, wir sind nicht ständig auf Parkplatzsuche. Und das ist natürlich eine Erleichterung. Die Hektik in der Stadt stört mich zwar eigentlich nicht, aber trotzdem liebe ich die Ruhe auf dem Land. Es ist schon angenehm, in der Natur zu leben. Ich finde, Wohnen auf dem Land kann durchaus eine Alternative zu den hohen Mietkosten in den Städten sein.

b Julia

Ich brauche Leben, kulturelle Angebote, kurze Wege zur Arbeit. Auf dem Land zu leben, wäre nichts für mich. Für mich ist es wichtig, in der Stadt zu wohnen, im Zentrum. Was mir in unserem Haus vor allem gefällt, ist der gute Kontakt zu den Nachbarn. Bei uns gibt es einen großen Hof, im Sommer grillen wir oft oder sitzen zusammen und plaudern. Vor kurzem wurde unser Haus saniert, es wurde außen komplett isoliert und wir bekamen neue Fenster und Türen. All das hat zu einer höheren Miete geführt. Dagegen steht aber, dass die Kosten für Strom und Gas gesunken sind. Und Umbaumaßnahmen, die die Wohnung ökologischer machen und bei denen man auch noch Geld spart, finde ich sehr sinnvoll. Dafür zahle ich dann auch gern etwas mehr. Sparen kann man ja bei den Möbeln und der Einrichtung. Man muss nicht immer das Teuerste anschaffen.

c Katja

Ich habe eine relativ günstige Wohnung. Trotzdem gebe ich das meiste Geld für Wohnen aus. Und das finde ich in Ordnung. Wenn ich den ganzen Tag bei der Arbeit war, brauche ich in meiner freien Zeit eine schöne Umgebung, in der ich mich wohl fühle. Und dazu gehören schöne, bequeme Möbel und schöne Farben. Ich war sogar bei einer Einrichtungsberaterin, die mir Tipps gegeben hat, wie ich meine Zimmer schön gestalten kann. Super ist auch, dass die Wohnung am Stadtrand liegt, es gibt hier kaum Verkehr. Da ich eine sehr stressige Arbeit habe, sind in meiner Freizeit Erholung und Ruhe für mich sehr wichtig. Deswegen bin ich auch an den Stadtrand gezogen. Das Leben hier ist wirklich eine Alternative zum hektischen Stadtleben.

d Ricardo

Ich werde bald 65 und möchte mich über Wohnprojekte im Alter informieren oder über Mehrgenerationenhäuser. Denn am wichtigsten ist für mich der Kontakt zu den Mitmenschen im Haus. Und im Alter alleine zu sein, das macht mir Angst. Wohnen war für mich nie so wichtig, aber jetzt im Alter wird sich das für mich ändern. Nach wie vor bin ich aber der Meinung, dass in Deutschland Wohnen eine zu große Rolle spielt. Es gibt so viele Zeitschriften mit Einrichtungstipps, immer soll man neue teure Möbel kaufen, auf die neuesten Einrichtungstrends achten. Etwas Luxus brauche auch ich, aber man muss es ja nicht übertreiben. Vielleicht wird in Deutschland für Wohnen so viel Geld ausgegeben, weil aufgrund des schlechten Wetters die Leute hier sehr viel zu Hause sind. In meiner alten Heimat, Spanien, war Wohnen natürlich auch wichtig, aber man traf sich nicht so oft in der Wohnung, sondern draußen, auf der Straße, in Cafés.

Tipp: Lesen Sie die Fragen oder Aussagen und markieren Sie Schlüsselwörter, die den Kern der Aussage ausdrücken. Überfliegen Sie dann die Beiträge und suchen Sie in den Beiträgen nach ähnlichen Begriffen. Das können Synonyme oder auch Umformulierungen sein. Stellen Sie sich jetzt die Frage: Welche Aussage könnte zu welchem Beitrag passen? Prüfen Sie Ihre Vermutung, indem Sie jetzt detailliert lesen. Achten Sie darauf, dass mehrere Aussagen zu einer Person passen können.

GI 2 Sprechen Teil 2

Smartphones im Unterricht – ja oder nein? Diskutieren Sie zu zweit. Nennen Sie Ihre Argumente, reagieren Sie auf die Argumente Ihrer Partnerin / Ihres Partners und fassen Sie am Ende zusammen: Sind Sie dafür oder dagegen? Die Stichpunkte helfen.

- Smartphones sind beim Lernen hilfreich / nicht hilfreich?
- Die Interaktion im Unterricht verbessert/verschlechtert sich?
- Lernende ohne Smartphone sind im Unterricht ausgeschlossen?

Tipp: Vor der Prüfung haben Sie circa 5–10 Minuten Zeit, sich Notizen zu machen, welche Meinung Sie vertreten und warum. Notieren Sie nur Stichpunkte, da Sie in der Prüfung frei sprechen sollen. Auch beim Diskutieren können Sie sich stichpunktartige Notizen machen. So vergessen Sie nicht, was Sie sagen bzw. wie Sie auf die Argumente Ihrer Partnerin / Ihres Partners reagieren wollen.

GI 3 Schreiben Teil 1

Schreiben Sie einen Forumsbeitrag (mindestens 150 Wörter) zu unterschiedlichen Wohnformen.

- Beschreiben Sie eine bestimmte Wohnform.
- Äußern Sie Ihre Meinung zu dieser Wohnform und begründen Sie sie.
- Nennen Sie andere Möglichkeiten des Wohnens.
- Nennen Sie Vorteile dieser Wohnformen.

Tipp: Machen Sie sich zuerst Notizen zu jedem der vier Punkte und gehen Sie dann beim Schreiben der Reihe nach auf jeden Punkt ein. Verbinden Sie die Sätze logisch miteinander und verwenden Sie dafür Konnektoren. Da bei der Bewertung darauf geachtet wird, wie genau Sie die Inhaltspunkte bearbeitet haben, wie gut Sie die Sätze und Abschnitte miteinander verknüpft haben und ob Ihr Text Grammatikfehler enthält, ist es wichtig, dass Sie Ihren Text nach dem Schreiben überprüfen und, wenn nötig, korrigieren.

Auf der Suche nach Informationen

1 Wissen auf Abruf

1.1 Welche Definition passt? Verbinden Sie.

1 die Suchmaschine	a das Wort, das man in eine Suchmaschine eingibt
2 der Podcast	b eine Information, die bewiesen wurde
3 der Nutzer	c eine Sendung, die man online anhören oder herunterladen kann
4 der Suchbegriff	d ein Text, aus dem man in einer wissenschaftlichen Arbeit zitiert
5 der Treffer	e ein Programm, mit dem man online suchen und recherchieren kann
6 das Lexikon	f das Ergebniss einer Online-Suche
7 die Quelle	g eine Person, die ein Programm benutzt
8 der Fakt	h ein Buch oder eine Webseite, wo man Informationen zu verschiedenen Begriffen findet

1.2 Welches Verb passt? Ergänzen Sie.

eingeben – hinterlassen – nominieren – recherchieren – weiterbilden – ~~zitieren~~

1 eine Quelle *zitieren*

2 im Internet Informationen

3 einen Film für einen Oscar

4 sich mit Blogs oder YouTube-Videos

5 seinen digitalen Fußabdruck

6 einen Begriff in eine Suchmaschine

1.3 Wo steht das im Text? Lesen Sie den Artikel im Kursbuch auf Seite 38 noch einmal und notieren Sie die Zeilen.

1 Die Suchergebnisse sind normalerweise nicht neutral. *Zeile 27–28*

2 Die Ergebnisse können sich auf verschiedenen Geräten voneinander unterscheiden.

3 Es ist manchmal schwierig zu erkennen, welche Informationen wirklich stimmen.

4 Heutzutage braucht man weniger Faktenwissen, sondern eher das Wissen, wie und wo man Informationen findet.

5 Experten werden seltener gebraucht, weil man sich online selbstständig weiterbilden kann.

6 Im Internet findet man z. B. Rezepte, Bewerbungstipps oder Reparaturanleitungen.

1.12 🔊 **1.4** Nutzen die Studierenden das Internet für die Uni oder den Alltag? Hören Sie die Umfrage und notieren Sie.

Emma

Johan

Bojana

1.12 🔊 **1.5** Wer sagt was? Emma (E), Johan (J) oder Bojana (B)? Hören Sie noch einmal und kreuzen Sie an. Manchal passen mehrere Personen.

	E	J	B
1 Sie/Er sucht Kochrezepte im Internet.	○	○	○
2 Sie/Er informiert sich gern in Bibliotheken.	○	○	○
3 Sie/Er hört online Radio.	○	○	○
4 Sie/Er ist skeptisch, ob die Informationen im Internet immer richtig sind.	○	○	○
5 Sie/Er kritisiert, dass Suchmaschinen Informationen über die Nutzer sammeln.	○	○	○

2 Es ist sehr praktisch, sich im Internet zu informieren.

2.1 Wo braucht man ein *es*? Ergänzen Sie *es* oder *X*, wenn man kein *es* braucht.

1 Ich konnte heute Nacht nicht schlafen, weil _____ sehr laut war.

2 Kanntest du das Wort *Informationsgigant*? Ich habe _____ heute zum ersten Mal gehört.

3 Ich benutze täglich eine Wetter-App. Dann weiß ich immer, ob _____ warm oder kalt wird.

4 Ob man einer Internetseite vertrauen kann, ist _____ nicht immer klar.

5 Heutzutage ist _____ fast unmöglich, keinen digitalen Fußabdruck zu hinterlassen.

6 Dass man oft Werbung bei der Internetsuche sieht, nervt _____ mich.

7 Ich bin sicher, dass _____ Alternativen zu Google gibt.

8 Wenn ich _____ eilig habe, benutze ich gern die Spracherkennung.

2.2 Wann muss das Wort *es* stehen? Welche Regel passt zu den Sätzen in 2.1? Lesen Sie die Sätze noch einmal, ergänzen Sie den Grammatikkasten und ordnen Sie die Sätze aus 2.1 den Regeln zu.

---

es bezieht sich auf einen Nebensatz – ~~*es* als Pronomen~~ – *es* als grammatisches Subjekt – *es* als grammatisches Objekt – *es* bezieht sich auf einen Infinitivsatz

---

Das Wort *es*

es muss stehen

es als Pronomen	Dein Handy? Ich habe *es* gesehen. *Es* liegt im Regal.	○
_____	*Es* ist kalt. Hat *es* geschneit? *(Wetter)*	○
	Es riecht nach Kaffee. / *Es* hat geklingelt. *(Sinneseindrücke)*	[1]
	Es gibt … / *Es* geht um … *(feste Wendungen)*	○
_____	Sie hat *es* eilig. / Er meint *es* ernst.	○

es entfällt bei Umstellung des Satzes

_____	*Es* ist nicht sicher, ob die Information stimmt. Ob … stimmt, ist nicht sicher. *(indirekte Frage)*	○
	Es ist wichtig, dass du kritisch recherchierst. Dass du … recherchierst, ist wichtig. *(dass-Satz)*	○
_____	Heute ist *es* üblich, immer erreichbar zu sein. Immer … zu sein, ist heute üblich.	○

2.3 Wie kann man es anders sagen? Stellen Sie die Sätze um und entscheiden Sie, ob *es* entfallen kann.

> **1** Ich sehe es sehr kritisch, dass viele Suchmaschinen Nutzerdaten speichern.
> **2** Ich finde es sehr gut, dass es so unterschiedliche Suchmaschinen gibt.
> **3** Dass man heute so schnellen Zugang zu Wissen hat, ist eine große Hilfe.
> **4** Ob man den Informationen auf Wikipedia vertrauen kann, ist nicht immer sicher.
> **5** Für viele Menschen ist es wichtig, immer das neueste Smartphone zu haben.

> *1 Dass viele Suchmaschinen Nutzerdaten speichern, sehe ich sehr kritisch.*

2.4 Und Sie? Beantworten Sie die Fragen in Ihrem Heft und verwenden Sie *es*.

> **1** Wofür haben Sie das Internet heute schon benutzt?
> **2** Worum ging es bei Ihrer letzten Internetsuche?
> **3** Was nervt Sie bei der Internetrecherche?
> **4** Was ist Ihrer Meinung nach wichtig beim Recherchieren?
> **5** In welchen Situationen finden Sie es praktisch, Apps zu benutzen?

2.5 Arbeiten Sie zu zweit. Stellen Sie sich gegenseitig die Fragen aus 2.4 und antworten Sie.

3 Wikipedia – Wissen ist Macht

3.1 Wie funktioniert Wikipedia? Was passt? Lesen und ergänzen Sie.

Artikel – Autorin oder Autor – Online-Lexikon – prüfen – Quellen – sammeln – unabhängig – weiterbilden – zuzugreifen – Informationsmenge

---

Wikipedia [vɪkiˈpeːdia] ist ein _____ [1], das am 15. Januar 2001 gegründet wurde. Das Ziel ist, Wissen gemeinschaftlich zu _____ [2] und es allen Nutzer*innen zu ermöglichen, frei und kostenlos auf Informationen _____ [3]. Auf diese Weise können sich Menschen auf der ganzen Welt selbstständig _____ [4].

Wikipedia arbeitet _____ [5] von den großen Internetunternehmen, da es sich komplett selbstständig finanziert. Alle Nutzer*innen können auch als _____ [6] für Wikipedia schreiben oder Artikel ändern. Bis zum 18. Jubiläum am 15. Januar 2019 wurden fast 50 Millionen _____ [7] in circa 300 Sprachen geschrieben: eine unglaubliche _____ [8]. Die Wikipedia-Autor*innen suchen sich selbst ihre Themen aus. Wenn sie andere _____ [9] benutzen, müssen sie sie selbstverständlich zitieren. Weil so viele Menschen bei Wikipedia mitschreiben, können sie gegenseitig _____ [10], ob alle Informationen in einem Artikel korrekt sind.

3.2 Sprachmittlung: Lesen Sie den Wikipedia-Artikel über Wikipedia in Ihrer Muttersprache. Machen Sie Notizen zu den Fragen.

> – Wie viele Artikel gibt es auf Wikipedia in Ihrer Sprache?
> – Welche Möglichkeiten gibt es, um die Qualität der Artikel zu sichern?
> – Welche Kritik gibt es an Wikipedia?

3.3 Berichten Sie Ihrer Partnerin / Ihrem Partner auf Deutsch über Ihre Ergebnisse aus 3.2 und vergleichen Sie die Informationen.

Den Traumjob finden

30-11 **1 Berufliche Ziele**

1.1 Wie heißen die Komposita? Ergänzen Sie die Wörter mit Artikel.

1 *der* Arbeits*vertrag* – *die* Arbeits~~anzeige~~ *richtig?*

2 *die* *Aufnahme* prüfung – *die* *Abschluss* prüfung *entrance exam*

3 *die* Stellen *anzeige* *job ad* – *das* Stellen *angebot* *job offer*

4 *das* Studien *fach* – *die* Studien *zeit*

~~Abschluss~~ – ~~Angebot~~ – ~~Aufnahme~~ – ~~Anzeige~~ – ~~Fach~~ – ~~Richtung~~ – ~~Vertrag~~ – ~~Zeit~~

1.2 Welches Verb passt? Verbinden Sie.

1 die Studienrichtung
c 2 Erfahrungen *sammeln*
e 3 eine Prüfung *ablegen*
f 4 Verantwortung ~~ablegen~~ *übernehmen*
a 5 sich an einer Uni *einschreiben*
b 6 freiberuflich *arbeiten*
self-employed

a ~~einschreiben~~
b ~~arbeiten~~
c ~~sammeln~~
d wechseln
e ~~ablegen~~
f übernehmen

1.3 Was fragt die Redaktion?
Lesen Sie das Interview und
ergänzen Sie.

Was genau sind deine Aufgaben? – Was hast du in dieser Zeit gemacht? –
War das schon immer dein Traumberuf? – Was gefällt dir an deiner Stelle?

● ● ◐

**Hier stellen wir euch jede Woche interessante Mitarbeiter/innen und ihre Berufe
vor. Diesmal haben wir mit Klara Maller aus der Marketingabteilung gesprochen.**

Redaktion: Klara, du arbeitest seit einem halben Jahr als Marketingmanagerin in unserem
Unternehmen.

Klara Maller: Nein, eigentlich nicht. Nach der Schule habe ich erst mal ein Jahr Pause
gemacht, weil ich nicht wusste, welche Studienrichtung die richtige für mich ist. Viele
meiner Freunde haben sofort eine Ausbildung oder ein Studium begonnen, aber ich
brauchte erstmal etwas Zeit, um mich entscheiden zu können.

Redaktion: _____

Klara Maller: Ich hatte verschiedene Nebenjobs und Praktika, zum Beispiel in einer Werbeagentur, aber auch bei
sozialen Projekten. Das war sehr spannend und ich konnte viele Erfahrungen sammeln. Dabei habe ich gemerkt,
dass ich gern plane und organisiere und mir Teamarbeit viel Spaß macht. Deshalb habe ich mich für ein Marketing-
studium entschieden. Nachdem ich mein Studium abgeschlossen hatte, habe ich mich auf verschiedene Stellenangebote beworben und bin so schließlich hier im Unternehmen gelandet.

Redaktion: _____

Klara Maller: Als Marketingmanagerin arbeite ich eng mit Kolleginnen und Kollegen aus anderen Abteilungen
zusammen. Ich plane die Werbung für neue Produkte und organisiere Veranstaltungen und Messen.

Redaktion: _____

Klara Maller: Die Dienstreisen machen mir großen Spaß. Und ich finde es toll, in so vielen verschiedenen Projekten
zu arbeiten. Ich schätze auch die berufsbegleitenden Fortbildungen sehr, so kann ich mich selbst weiterbilden. Und
ich finde es gut, dass wir uns die Arbeitszeit flexibel einteilen können. So bleibt genug Zeit für Freunde und Hobbys.

1.4 Lesen Sie das Interview in 1.3 noch einmal und beantworten Sie die Fragen in Ihrem Heft.

1 Warum hat Klara nach der Schule nicht sofort studiert oder eine Ausbildung begonnen?
2 Was hat sie während dieser Pause über sich selbst erfahren?
3 Was sagt Klara über ihre Arbeitszeiten und Aufgaben?

3

(MWr 30.11)

1.5 Wiederholung: Ziele und Absichten ausdrücken mit *um ... zu* und *damit*. Schreiben Sie Sätze mit *um ... zu* oder *damit* wie im Beispiel. Nicht immer geht beides. Der Grammatikanhang (B 2.1.3 und B 2.2.8) hilft.

1 Wozu schreibt Timon dauernd Bewerbungen? → nicht mehr freiberuflich arbeiten müssen
2 Wozu muss Laila eine Prüfung ablegen? → einen Studienplatz an der Fachhochschule bekommen
3 Wozu macht Sergio einen Deutschkurs? → ein Auslandssemester in Wien machen können
4 Wozu nimmt Katja an so vielen Fortbildungen teil? → ihr Lebenslauf besser aussehen
5 Wozu hat Deniz eine eigene Webseite? → zukünftige Arbeitgeber sie leichter finden können

> *1 Timon schreibt dauernd Bewerbungen, um nicht mehr freiberuflich arbeiten zu müssen.*
> *Timon schreibt dauernd Bewerbungen, damit er nicht mehr freiberuflich arbeiten muss.*

1.6 Und Sie? Was haben Sie beruflich schon erreicht? Welche weiteren Ziele haben Sie? Was tun Sie dafür? Schreiben Sie einen kurzen Text in Ihr Heft.

2 Sich beruflich neu orientieren

2.1 Was bieten Bewerberinnen und Bewerber? Was bieten Unternehmen? Machen Sie eine Liste.

~~gute Arbeitsbedingungen~~ – ~~mehrjährige Berufserfahrung~~ – eine sichere Festanstellung – hohes Engagement – viele Weiterbildungsangebote – zeitliche Flexibilität – spannende Aufgaben – ein abgeschlossenes Studium – interkulturelle Kompetenz – eine tolle Arbeitsatmosphäre – sehr gute Fremdsprachenkenntnisse – vielfältige Tätigkeiten – sicherer Umgang mit IT-Programmen – flexible Arbeitszeiten – verantwortungsbewusstes Arbeiten – attraktive Bezahlung – Kreativität

Bewerberinnen/Bewerber
mehrjährige Berufserfahrung

Unternehmen
gute Arbeitsbedingungen

1.13 🔊 **2.2** Worüber sprechen Paul und Moritz? Hören Sie und kreuzen Sie an.

1 ⃝ Paul hat sich auf eine Stelle beworben und hofft auf die Einladung zum Vorstellungsgespräch.
2 ⃝ Paul ist unsicher, ob er sich auf eine Stelle bewerben soll. Moritz gibt ihm Ratschläge.
3 ⃝ Paul hat vor Kurzem eine neue Stelle angefangen und erzählt Moritz davon.

1.13 🔊 **2.3** Was bietet Paul und was bietet das Unternehmen? Hören Sie noch einmal und markieren Sie in 2.1.

📺 **2.4** **Strategietraining: ein Bewerbungsschreiben verfassen.** Welche Tipps für eine Bewerbung finden Sie am wichtigsten? Sehen Sie das Strategievideo noch einmal und notieren Sie. Ergänzen Sie bei Bedarf noch eigene Tipps. Vergleichen Sie danach Ihre Notizen zu zweit.

ein Bewerbungsschreiben verfassen
vor dem Schreiben:
beim Schreiben:
nach dem Schreiben:

3 Ein Bewerbungsschreiben verfassen

3.1 Was schreibt Paul in seiner Bewerbung? Lesen Sie die Stellenanzeige und ergänzen Sie.

Wir sind eine junge Berliner Medienagentur
und arbeiten für große internationale Unternehmen und bekannte Marken.

Zur Verstärkung unseres Teams suchen wir ab sofort einen/eine

Mediendesigner*in (m/w/d) in Vollzeit

Sie haben:
- kreative Ideen und Lust auf neue Herausforderungen
- einen Studienabschluss im Bereich Mediendesign
- idealerweise mindestens zwei Jahre Berufserfahrung in einer Medienagentur
- Erfahrung mit Fotografie und Videoproduktion
- sichere Kenntnisse in allen relevanten Grafikdesign-Programmen

Wir bieten: *compansation*
- eine attraktive Vergütung, flexible Arbeitszeiten und einen unbefristeten Arbeitsvertrag
- viel Raum für eigene Ideen und kreative Umsetzung innovativer Lösungen
- eine angenehme Arbeitsatmosphäre in nettem, internationalem Team
- regelmäßige berufsbegleitende Fortbildungen

---

reizt mich besonders – ~~bin ich sehr interessiert~~ – überzeuge ich Sie – neuen beruflichen Herausforderungen – Erfahrungen in den Bereichen – ~~Abschluss meines Studiums~~ – freiberuflicher Mediendesigner – in neue Inhalte einarbeiten – für die Stelle sehr geeignet bin

---

30.11

1 An der ausgeschriebenen Stelle _bin ich sehr interessiert_ die Möglichkeit, eigene Ideen einzubringen.

2 Nach erfolgreichem _Abschluss meines Studiums_ im Bereich Mediendesign konnte ich während eines sechsmonatigen Praktikums bei einer Medienagentur bereits _Erfahrungen in den Bereichen_ Fotografie und Videoproduktion sammeln.

3 An der Stelle als Mediendesigner _reizt mich besonders_ .

4 Sehr gern _überzeuge ich Sie_ von meinen Fähigkeiten in einem persönlichen Gespräch.

5 Zurzeit arbeite ich als _freiberuflicher Mediendesigner_ . Um weitere Erfahrungen zu sammeln, bin ich nun auf der Suche nach _neuen beruflichen Herausforderungen_ .

6 Ich arbeite sehr zuverlässig und kann mich schnell _in neue Inhalte erarbeiten_ . Daher glaube ich, dass ich trotz meiner fehlenden Berufserfahrung in einer Medienagentur _für die Stelle sehr geeignet bin_ .

3.2 Wie sieht Pauls Bewerbung aus? Schreiben Sie eine Kurzbewerbung für Paul. Bringen Sie dafür die Sätze aus 3.1 in die richtige Reihenfolge und beachten Sie auch den Aufbau einer Bewerbung mit Datum, Betreff, Anrede und Gruß.

Auf der Suche nach frischen Ideen

1 Unter Druck stehen

1.14 🔊 **1.1** Erfahrungen beim Assessment-Center. In welcher Reihenfolge kommen die Aufgaben im Assessment-Center vor? Hören Sie das Gespräch und ordnen Sie die Aufgaben.

a individuelle Aufgaben _____

b Vorstellung der eigenen Person _____

c Analyse des eigenen Verhaltens _____ und _____

d gemeinsame Aufgaben in der Gruppe _____

1.14 🔊 **1.2** Richtig oder falsch? Hören Sie das Gespräch noch einmal und kreuzen Sie an.

	richtig	falsch
1 Anton hat schon zweimal an einem Assessment-Center teilgenommen.	◯	◯
2 Bei der „Postkorb-Übung" geht es darum, Arbeitsaufgaben zu organisieren.	◯	◯
3 Liv fand es schwierig, ihre eigenen Entscheidungen zu begründen.	◯	◯
4 Anton hatte Probleme mit einem Mitbewerber.	◯	◯
5 Für Liv war die Gruppenaufgabe schwer, weil sie noch keine Erfahrung in der Projektplanung hatte.	◯	◯
6 Die Freunde empfehlen Carolina, sich genauer über die Aufgaben zu informieren, um beim Assessment-Center selbstbewusst zu sein.	◯	◯

1.3 Nomen-Verb-Verbindungen. Welches Nomen passt? Ergänzen Sie.

Lösung – Druck – Entscheidung – Fragen – Mühe – Kritik

1 Die Bewerber bei einem Assessment-Center geben sich immer viel _____.

2 Während der Tests stehen sie stark unter _____.

3 Sie müssen in kurzer Zeit die _____ für ein Problem finden.

4 Es ist üblich, dass die Beobachter auch _____ an den Bewerbern üben.

5 Im Feedbackgespräch stellen die Mitarbeiter der Personalabteilung viele _____.

6 Am Ende treffen sie eine _____ und wählen die besten Bewerber aus.

1.4 Was passt? Lesen Sie den Grammatikkasten und ergänzen Sie.

Bedeutung – bestimmten – Kombination – mehreren – Verb

> **Nomen-Verb-Verbindungen**
>
> Eine Nomen-Verb-Verbindung ist eine _____ aus einem Nomen und einem
>
> _____ Verb mit einer festen Bedeutung. Manchmal kann man statt einer Nomen-
>
> Verb-Verbindung ein einfaches _____ benutzen, z. B. *eine Antwort geben = antworten*.
>
> Manche Nomen kann man mit _____ Verben kombinieren, dann ändert sich die
>
> _____, z. B. *die Verantwortung tragen (verantwortlich sein) – die Verantwortung*
>
> *übernehmen (verantwortlich werden)*.

1.5 Wie kann man es anders sagen? Lesen Sie die Tipps für ein Assessment-Center und schreiben Sie die unterstrichenen Ausdrücke mit einem einfachen Verb.

Mit diesen Tipps sind Sie beim Assessment-Center erfolgreich!

1 <u>Nehmen Sie</u> erst <u>Platz</u>, wenn Sie dazu aufgefordert werden.

2 Es <u>spielt eine große Rolle</u>, dass Sie teamfähig sind. <u>Geben Sie sich</u> deshalb <u>Mühe</u>, gut im Team zu arbeiten.

3 Machen Sie eigene Vorschläge, wie man <u>eine Lösung</u> für ein Problem <u>finden</u> kann.

4 Akzeptieren Sie, dass die Beobachterinnen und Beobachter auch <u>Kritik üben</u>.

5 <u>Stellen Sie Fragen</u>, wenn Sie etwas nicht verstehen.

1 Setzen Sie sich erst, wenn Sie dazu aufgefordert werden.

2 Eine Lösung finden

2.1 Bei welchen Verben benutzt man den Konjunktiv II auch ohne *würde*? Kreuzen Sie an.

- ◯ sich bewerben
- ◯ brauchen
- ◯ dürfen
- ◯ finden
- ☒ es gibt
- ◯ gehen
- ◯ haben
- ◯ können
- ◯ kritisieren
- ◯ müssen
- ◯ planen
- ◯ sein
- ◯ sollen
- ◯ sprechen
- ◯ wissen

2.2 Was ist richtig? Lesen Sie und streichen Sie die falschen Informationen durch.

Konjunktiv II ohne *würde*
Bei Modalverben sowie besonders wichtigen Verben (z. B. *haben, sein, wissen, gehen, finden, brauchen*) benutzt man den Konjunktiv II oft oder immer *mit/ohne würde*.
Der Konjunktiv II ohne *würde* leitet sich von den Formen im *Präteritum/Präsens* ab. Bei *a, o, u* gibt es im Konjunktiv II *oft/selten* Umlaute.

2.3 Wie heißen die Verbformen? Ergänzen Sie die Tabelle.

wissen	Präteritum	Konjunktiv II
ich		wüsste
du	wusstest	
er/es/sie	wusste	
wir		wüssten
ihr		wüsstet
sie/Sie	wussten	

finden	Präteritum	Konjunktiv II
ich	fand	
du	fandest	
er/es/sie		fände
wir	fanden	
ihr	fandet	
sie/Sie		fänden

2.4 Gespräche bei einem Assessment-Center. Ergänzen Sie die Verben im Konjunktiv II ohne *würde*.

1 _____ *(dürfen)* ich Sie bitten, mir ein Feedback zu geben? – Natürlich. Ich denke, dass Sie

etwas selbstbewusster sein _____ *(sollen)*.

2 Was _____ *(brauchen)* Sie, um besser zu präsentieren? – Ich _____ *(müssen)*

vielleicht einen Rhetorik-Kurs machen. _____ *(geben)* es dazu vielleicht Fortbildungen?

3 _____ *(sein)* Sie bereit, auch manchmal am Wochenende zu arbeiten? – Also, da ich Familie

habe, _____ *(finden)* ich das schwierig. Aber, wenn ich es rechtzeitig _____ *(wissen)*,

_____ *(gehen)* das natürlich.

3

3 Eine Veranstaltung planen

1.15 🔊 **3.1** Phonetik: englische Wörter im Deutschen. Welches Wort passt? Hören Sie die Fragen und nummerieren Sie die Antworten.

a ◯ das Catering   c ◯ der Service   e ◯ der/das Event
b ◯ die Band   d ◯ die Party   f ◯ die Location

1.16 🔊 **3.2** Hören Sie noch einmal und antworten Sie. Achten Sie auf die Aussprache der englischen Wörter.

> *Wie nennt man die Bedienung und Betreuung von Gästen?*   *Das ist der Service.*

3.3 Ausflug mit dem Deutschkurs. Welche Redemittel passen? Lesen Sie den Chat und ergänzen Sie.

> Dann machen wir das so – Dann einigen wir uns also darauf, dass – ~~Wie wäre es~~ – Warum machen wir es nicht so – Es wäre vielleicht besser – Ich hätte noch eine ganz andere Idee – Dann könnten wir – Dann lasst uns lieber – Was haltet ihr davon – Keine schlechte Idee

Naima Hallo Leute, wir wollten doch mit dem Deutschkurs einen Ausflug machen. Gibt's schon Ideen?

Olivia *Wie wäre es,*¹ wenn wir eine Fahrradtour am Fluss entlang machen?
_____ ² auch grillen oder ein Picknick machen.

Naima _____ ³, aber vielleicht haben nicht alle ein Fahrrad?!

John _____ ⁴, wenn wir zu Fuß gehen würden.
Vielleicht eine kleine Wanderung in den Bergen? _____ ⁵?

Olivia _____ ⁶: Die Leute, die kein Fahrrad haben, können sich einfach eins in der Stadt leihen. Das ist super günstig.

Xingwei Und was machen wir bei schlechtem Wetter? _____
_____ ⁷: Wir gehen ins Technikmuseum! Das soll super sein.

John Nee! Das Wetter soll am Wochenende super werden! _____
_____ ⁸ Fahrräder leihen.

Naima Ja, die Idee finde ich auch gut.

Olivia Okay. _____ ⁹ wir am Wochenende eine Fahrradtour mit Picknick am Fluss machen. @Xingwei: Einverstanden?

Xingwei Gut. _____ ¹⁰. Bis Samstag!

Naima Ja, die Idee finde ich auch gut.   **John** Super!   **Naima** ☺

Der berufliche Werdegang

1 Ein Lebenslauf

1.1 Lebenslauf. Welches Wort passt nicht? Streichen Sie durch.

1	persönliche Daten:	Familienstand – Anschrift – Sprachkenntnisse – Geburtsort
2	Berufserfahrung:	Teamleiterin – Redakteur – Projektleitung – Abitur
3	Aus- und Weiterbildung:	freiberuflicher Übersetzer – Bachelor – Lehre – Studium
4	Abschlüsse:	Bachelor – Sprachzeugnis – Master – Abitur
5	sonstige Qualifikationen:	Führerschein – Fremdsprachen – Reisen – IT-Kenntnisse

1.2 Was waren wichtige Stationen im Leben von Frau Birol? Lesen Sie das Interview, unterstreichen Sie und schreiben Sie ihren Lebenslauf in Ihr Heft.

Mitarbeitermagazin

Unsere Kolleginnen und Kollegen stellen sich vor

Wie jeden Monat haben wir mit einer Kollegin oder einem Kollegen unseres Unternehmens gesprochen. Lesen Sie diesmal das Interview mit Hatice Birol.

Seit Januar 2015 arbeiten Sie bei LEO-Systems als Wirtschaftsinformatikerin. Wie sind Sie zur Informatik gekommen?
In der 10. Klasse habe ich ein Praktikum bei einem kleinen IT-Unternehmen in Hannover gemacht. Da wusste ich: Das ist genau das Richtige! Nach dem Abitur 2009 habe ich Wirtschaftsinformatik in Leipzig studiert und mein Studium 2014 mit einem Master abgeschlossen.

Und wie ging es nach der Uni weiter?
Im März 2014 habe ich eine Stelle bei einem Start-up in Berlin gefunden und dort ein halbes Jahr als Trainee gearbeitet. Ich habe Mitarbeiter und Kunden beim Einsatz von Computersoftware beraten. Und danach habe ich mich dann bei LEO-Systems beworben.

Zu Ihren jetzigen Aufgaben gehört vor allem die Planung und Koordination neuer IT-Projekte des Unternehmens. Dabei arbeiten Sie auch eng mit den Partnerfirmen in Großbritannien und Italien zusammen. In welcher Sprache kommunizieren Sie mit den Kollegen dort?
In der IT spricht man hauptsächlich Englisch. Das habe ich schon in der Schule gelernt. Da ich während meines Studiums 2012 auch ein Auslandssemester in Italien verbracht habe, ist Italienisch aber auch kein Problem. Ich habe in beiden Sprachen inzwischen ein C1-Niveau.

Noch eine Frage: Was machen Sie gern in Ihrer Freizeit?
Ich reise sehr gerne, ich fotografiere und ich treibe viel Sport. Außerdem liebe ich Designprogramme wie Adobe Illustrator oder Photoshop und bearbeite damit meine Reisefotos oder gestalte Fotobücher.

Vielen Dank für das Interview!

Berufserfahrung: seit 01/2015:   Wirtschaftsinformatikerin bei LEO-Systems (Planung und ...)
Aus- und Weiterbildung:
Praktika:
Sprachkenntnisse:
Interessen:

1.3 Wiederholung: temporale Konnektoren. Was passt?
Ergänzen Sie. Der Grammatikanhang (B 2.2.1) hilft.

wenn – bevor – sobald – während – als

1 Ich war 18 Jahre alt, _____ ich die Schule abgeschlossen habe.

2 _____ ich mein Studium begonnen habe, habe ich mich über die Studiengänge informiert.

3 Immer _____ ich Semesterferien hatte, habe ich als Kellner im Biergarten gearbeitet.

4 _____ ich studiert habe, habe ich ein Auslandssemester in Kanada gemacht.

5 _____ ich meinen Master hatte, habe ich mich bei vielen Firmen beworben.

1.4 Wiederholung: Nebensätze mit *nachdem* und Plusquamperfekt. Schreiben Sie die Sätze mit *nachdem* in Ihr Heft. Der Grammatikanhang (A 1.1.5) hilft.

1 Ich habe die Schule abgeschlossen. Dann habe ich ein Studium in Politikwissenschaft begonnen.
2 Ich habe das Bachelorstudium abgeschlossen. Danach habe ich einen Master gemacht.
3 Ich habe mein Studium beendet. Anschließend habe ich verschiedene Praktika absolviert.
4 Ich habe lange als freiberuflicher Journalist gearbeitet. Dann habe ich bei einer Zeitung angefangen.

2 Und Ihr Lebenslauf?

2.1 Schreiben Sie jeweils zwei Fragen zu den Themen Schule, Studium/Ausbildung, Berufserfahrung und Auslandserfahrung.

2.2 Arbeiten Sie zu zweit. Stellen Sie sich gegenseitig die Fragen aus 2.1 und antworten Sie.

2.3 Beschreiben Sie Ihren Lebenslauf in einem kurzen Text. Benutzen Sie dabei auch die temporalen Konnektoren aus 1.3 und 1.4.

Ruhe finden

1 Strategietraining: mit einer Mindmap arbeiten

Begriffe – Farben – Frage – Informationen – Überblick – Vokabeln

1.1 Was passt? Ergänzen Sie.

> **mit einer Mindmap arbeiten**
>
> Eine Mindmap ist eine „Gedanken-Landkarte". Man beginnt in der Mitte mit dem Thema oder
> mit einer _____ . Rund herum notiert man Unterthemen und dazu passende
> _____ und Ideen. Es hilft, wenn man dabei verschiedene _____
> und Formen benutzt. Diese Technik ist gut geeignet, um sich einen _____ über
> komplexe Themen zu machen und _____ zu strukturieren. Beim Sprachenlernen
> kann man mit einer Mindmap auch _____ zu einem Thema sammeln.

1.2 Machen Sie eine Mindmap zum Thema Internetsuche, Bewerbung oder Assessment-Center.

2 Der kleine rote Rucksack. Was passt? Ergänzen Sie.

Abwechslung bieten – eine Auszeit nehmen – im Trend liegen – ~~im Widerspruch stehen~~ – ans Ziel kommen

1 Ich hätte gern mehr Freizeit. – Trotzdem arbeitest du so viel. Das *steht* doch *im Widerspruch* dazu.

2 Die neue Arbeit ist sehr interessant. Die verschiedenen Projekte _____ mir viel _____ .

3 Ich muss noch so viel für meine Masterarbeit recherchieren. Wie soll ich das nur schaffen? – Mach dir doch einen Zeitplan. Dann _____ du schneller _____ .

4 Oh je, ich habe gerade sehr viel Stress. – Ja, du solltest dir unbedingt mal wieder _____ .

5 Ich verstehe gar nicht, warum so viele Leute bloggen. – Bloggen _____ im Moment sehr _____ .

Kreativ gelöst

🔊

1 Wer sucht, der findet ... Welche Dienstleistungen werden hier angeboten? Was kann man hier machen lassen? Schreiben Sie Sätze zu den Fotos.

die Friseurin /   der Lieferservice   der Schlüsseldienst   die Umzugsfirma   die Handwerkerin /
der Friseur   der Handwerker

Essen liefern – ~~die Haare waschen/schneiden~~ – Türen öffnen – Schlüssel machen – die Fenster reparieren – die Wohnung renovieren – Möbel transportieren/aufbauen

1 Von der Friseurin / dem Friseur kann man sich die Haare waschen und schneiden lassen.

2 Besondere Dienstleistungen

1.17 🔊 **2.1** Was könnten das für Start-up-Ideen sein? Überlegen Sie zu zweit. Hören Sie dann und bringen Sie die Bilder in die richtige Reihenfolge. Vergleichen Sie mit Ihren Ideen.

1.17 🔊 **2.2** Was ist falsch? Hören Sie noch einmal und kreuzen Sie an.

1 Auf der Lernplattform …
   a ◯ bekommen Studierende Hilfe bei der Prüfungsvorbereitung.
   b ◯ kann man andere Studierende kennenlernen, um gemeinsam zu lernen.
   c ◯ kann man Prüfungen online ablegen.

2 Der smarte Kühlschrank …
   a ◯ reagiert auf individuelle Wünsche von Mitarbeiterinnen und Mitarbeitern.
   b ◯ akzeptiert Bargeld und Bezahlung über eine App.
   c ◯ bestellt selbstständig neue Snacks.

3 Im Co-Working-Space …
   a ◯ kann man sich Arbeitsplätze pro Tag oder Woche mieten.
   b ◯ gibt es an jedem Platz ein Telefon.
   c ◯ bucht man die Räume über eine App.

3

Prüfungstraining

GI **1 Hören Teil 2**

1.18 🔊 Sie hören im Radio ein Interview mit einem Berater für Arbeitssuche.

Was ist richtig? Lesen Sie zuerst die Aufgaben 1–6. Hören Sie dann das Interview und kreuzen Sie an.

1 Was ist für eine erfolgreiche Jobsuche wichtig?
  a ○ Man muss teamfähig sein und gut kommunizieren können.
  b ○ Man sollte wissen, was man gut kann und was nicht.
  c ○ Man sollte sich nur bewerben, wenn man alle Anforderungen erfüllt.

2 Die Jobbörse der Bundesagentur für Arbeit …
  a ○ bietet europaweit pro Jahr zwei Millionen freie Stellen.
  b ○ hat Filter, damit man genauere Suchergebnisse bekommt.
  c ○ durchsucht andere Jobbörsen nach Stellenangeboten.

3 In der Zeitung findet man …
  a ○ Stellenangebote aus jeder Branche.
  b ○ manchmal aktuellere Angebote als im Netz.
  c ○ Stellenangebote von Arbeitgebern in der Nähe des eigenen Wohnortes.

4 Um sich über das Unternehmen zu informieren, …
  a ○ könnte man auf Karrieremessen mit ehemaligen Mitarbeitern sprechen.
  b ○ kann man versuchen, mit Mitarbeitern des Unternehmens Kontakt aufzunehmen.
  c ○ kann man auf der Unternehmenswebseite die Arbeitsbedingungen recherchieren.

5 Was sollte man beachten, wenn man mit dem Arbeitgeber telefoniert?
  a ○ Es ist wichtig, konkrete Fragen vorzubereiten.
  b ○ Ein Telefonat ist erst nach der schriftlichen Bewerbung sinnvoll.
  c ○ Man muss vorher die richtige Ansprechperson kennen.

6 Welche generelle Empfehlung gibt der Berater?
  a ○ Gehen Sie bei der Jobsuche keine Kompromisse ein.
  b ○ Suchen Sie, bis Sie die perfekte Stelle gefunden haben.
  c ○ Nutzen Sie Online-Möglichkeiten, damit ein Unternehmen Sie finden kann.

> **Tipp:** Unterstreichen Sie zuerst die Schlüsselwörter in den Aufgaben und Antwortoptionen. Achten Sie beim Hören auf die Schlüsselwörter bzw. auf Synonyme. In der Prüfung hören Sie das Interview zweimal. Markieren Sie beim ersten Hören die Lösungen, bei denen Sie sicher sind. Konzentrieren Sie sich beim zweiten Hören auf die Stellen, bei denen Sie unsicher waren und überprüfen Sie die Lösungen, die Sie bereits angekreuzt haben.

telc **2 Mündlicher Ausdruck Teil 3: Gemeinsam etwas planen**

Eine Marketing-Agentur möchte mit ihren 15 Mitarbeiterinnen und Mitarbeitern einen eintägigen Betriebsausflug machen. Sie sollen bei der Programmplanung helfen.

Überlegen Sie, welche Möglichkeiten es gibt und machen Sie Ihrer Partnerin / Ihrem Partner Vorschläge. Entwickeln Sie dann gemeinsam ein Programm für den Betriebsausflug.

Tipp: In dieser Aufgabe geht es darum, dass Sie verschiedene Vorschläge machen, diese begründen können und am Ende zu einer gemeinsamen Lösung kommen. Auch wenn Sie sich von Anfang an einig sind, sollten Sie verschiedene Alternativen besprechen, da dieser Prüfungsteil circa fünf Minuten dauert. Seien Sie ruhig kreativ. Vor der Prüfung haben Sie circa zehn Minuten Zeit, um sich vorzubereiten und Notizen zu machen. Lernen Sie wichtige Redemittel auswendig.

telc **3 Sprachbausteine Teil 1**

Welches Wort passt? Lesen Sie den Text und kreuzen Sie an.

Der Raum für Ihren Event!

Ob Weihnachtsfeier, Betriebsversammlung oder Firmenjubiläum – wir bieten Ihnen einen Raum für Ihre

(1) Veranstaltungen. Es gibt Platz für bis zu 350 Personen. *(2)* der Raum mit Beamern, Lautsprechern

und Flipcharts ausgestattet ist, *(3)* er sich besonders für Tagungen und Konferenzen. Auch um Service

und Catering brauchen Sie sich nicht zu *(4)* , wir sorgen für einen reibungslosen Ablauf. Dabei sind eine

hohe Qualität und ein breites Angebot an regionalen Produkten bei den Speisen und Getränken *(5)* für

uns. Alkoholfreie sowie alkoholische Getränke sind im Angebot *(6)* . Bei Firmenfeiern *(7)* natürlich

auch das Unterhaltungsprogramm eine wichtige Rolle. Gern konzipieren wir nach Ihren *(8)* ein passendes

Programm. Ob DJ, Cover-Band oder Moderation eines Quiz-Abends – Sie haben die Wahl. Lassen Sie *(9)*

einfach ein individuelles Kostenangebot schicken.

Sie können sicher sein, dass wir Ihren *(10)* zu einem unvergesslichen Erlebnis machen!

1 a ◯ alltäglichen
  b ◯ besonderen
  c ◯ privaten

2 a ◯ da
  b ◯ obwohl
  c ◯ wenn

3 a ◯ eignet
  b ◯ passt
  c ◯ trifft

4 a ◯ organisieren
  b ◯ planen
  c ◯ kümmern

5 a ◯ hervorragend
  b ◯ komplett
  c ◯ selbstverständlich

6 a ◯ enthalten
  b ◯ erreichbar
  c ◯ zubereitet

7 a ◯ hat
  b ◯ spielt
  c ◯ trägt

8 a ◯ Bedürfnissen
  b ◯ Herausforderungen
  c ◯ Träumen

9 a ◯ euch
  b ◯ sich
  c ◯ sie

10 a ◯ Event
   b ◯ Feier
   c ◯ Veranstaltung

Tipp: Diese Aufgabe fragt Ihr Textverständnis, Ihren Wortschatz und Ihre Grammatikkenntnisse ab. Manche Antwortoptionen unterscheiden sich inhaltlich, andere wegen der Grammatik. Achten Sie bei Nomen auf den Genus oder Kasus. Fragen Sie sich bei Verben, ob eine (bzw. welche) Präposition benutzt wird und ob das Verb ein Akkusativ- oder Dativobjekt verlangt.

Botschaften senden

1 Kommunikation. Was sieht man auf dem Bild? Ordnen Sie die Wörter zu.

1 die Körpersprache	4 die Musik	7 digital
2 die Gebärdensprache	5 das Zeichen	8 schriftlich
3 das Schild	6 telefonisch	9 der Gesichtsausdruck

2 Wo ist Julie? – Sie könnte krank sein.

2.1 Wiederholung: Modalverben. Welches Modalverb passt zu den unterstrichenen Informationen? Schreiben Sie Sätze mit Modalverben wie im Beispiel. Manche Verben brauchen Sie mehrmals. Der Grammatikanhang (A 1.6.1) hilft.

(nicht) dürfen – können – müssen – sollen – wollen
---

1 Für Recherchen <u>ist es den Studierenden erlaubt</u>, verschiedene Medien zu benutzen.
2 Anna <u>hat die Absicht</u>, nächstes Semester einen Gebärdensprachkurs zu besuchen.
3 Paul <u>hat den Auftrag bekommen</u>, für das Seminar über Körpersprache zu recherchieren.
4 Manche Studierende <u>haben die Fähigkeit</u>, trotz des Lärms in der Mensa zu lernen.
5 Die Studierenden <u>haben die Pflicht</u>, regelmäßig die Vorlesungen und Seminare zu besuchen.
6 In Prüfungen <u>ist es verboten</u>, ein Handy zu benutzen.
7 <u>Ist es möglich</u>, dass ich mich online zu den Kursen anmelde?

1 Die Studierenden dürfen für Recherchen verschiedene Medien benutzen.

2.2 Welche Sätze drücken eine Vermutung aus? Kreuzen Sie an.

1 ◯ Julie hat morgen eine Prüfung. Sie müsste noch in der Bibliothek sein.
2 ◯ Alexeij kann sehr gute Vorträge halten – immer interessant und sehr unterhaltsam.
3 ◯ Frau Sambanis ist seit einer Woche nicht an der Uni. Sie könnte krank sein.
4 ◯ Die Bibliothek schließt gleich. Wir müssen gehen.

2.3 Wie sicher sind die Vermutungen? Notieren Sie die Modalverben in der richtigen Reihenfolge im Grammatikkasten.

---
dürfte – kann – ~~könnte~~ – muss – müsste

Vermutungen über die Gegenwart und Zukunft mit Modalverben ausdrücken

sehr sicher (100 %) ↑

nicht so sicher | *könnte*

Die Modalverben *können*, *müssen* (im Präsens oder Konjunktiv II) und *dürfen* (im Konjunktiv II) zeigen an, wie sicher man sich bei einer Vermutung ist.

2.4 Wie kann man es anders sagen? Schreiben Sie Vermutungen mit Modalverben wie im Beispiel.

1 Mary schreibt sehr wahrscheinlich jetzt gerade ihre Prüfung.
2 Ich bin mir absolut sicher, dass Anton noch in der Uni ist.
3 Eventuell fällt die Vorlesung bei Professor Schlosser morgen aus.
4 Höchstwahrscheinlich bekommen wir morgen die Noten für das Seminar.
5 Ich nehme an, dass ich wahrscheinlich nächste Woche meine Hausarbeit beenden werde.
6 Ich bin davon überzeugt, dass Katja noch an ihrer Präsentation arbeitet.

1 Mary müsste jetzt gerade ihre Prüfung schreiben.

3 Ohne Worte

3.1 Was passt? Ergänzen Sie.

Beleidigung – Ekel – Gesprächspartner – Gestik – interpretieren – Mimik – Persönlichkeit – Scham – Sozialisation – unbewusst

Ein Teil der Kommunikation läuft _____ [1] ab, also ohne dass man es merkt.

Dabei spielt die Körpersprache eine wichtige Rolle. Der Gesichtsausdruck – der Blick und die Lippenbewegungen – wird als _____ [2] bezeichnet und zeigt die Gefühle eines Menschen.

Doch nur wenige Gefühle, zum Beispiel Trauer, Freude, _____ [3] oder

_____ [4] werden weltweit gleich ausgedrückt. Auch die _____ [5],

also wie man die Hände bewegt, verrät viel über die Gefühle. Wie viel man gestikuliert, hängt von der

kulturellen _____ [6], aber auch von der _____ [7] eines Menschen ab.

Zum Beispiel können manche Gesten, die in der eigenen Kultur als normal gelten, von anderen

Menschen als _____ [8] verstanden werden. Deshalb ist es nicht so leicht, die Körpersprache von unserem _____ [9] immer richtig zu _____ [10].

3.2 Wortfamilien „Gefühlwörter". Was fehlt? Ergänzen Sie.

Nomen	Verb	Adjektiv
1 die Dankbarkeit / der Dank	(jemandem) _____	dankbar
2 _____	(sich/jemanden) ärgern	ärgerlich/ _____
3 die Nervosität	–	_____
4 _____	(jemanden) überraschen	überrascht
5 die Traurigkeit / die Trauer	trauern	
6 die Angst	–	_____
7 die Wut	–	_____
8 _____	(jemanden) _____	enttäuscht
9 _____	(sich) freuen	froh/fröhlich
10 die Begeisterung	(sich/jemanden) begeistern	_____

3.3 Welches Verb passt? Sehen Sie sich die Bilder an und ergänzen Sie.

hängen lassen – kneten – ~~nicken~~ – runzeln – schütteln – senken – strecken – verschränken

1   mit dem Kopf

nicken

die Arme

3   den Kopf

4   den Daumen nach oben

5   die Stirn

6   die Hände

7   die Schultern

8   den Kopf

3.4 Was könnten die Gesten und Gesichtsausdrücke in 3.3 in Deutschland, Österreich oder in der Schweiz bedeuten? Ergänzen Sie die Sätze mit den passenden Formulierungen aus 3.3.

1   Wenn man *den Kopf senkt*   , schämt man sich vielleicht.

2   Wenn man zustimmt,   .

3   Manche Leute   , wenn sie nervös sind.

4   Wenn jemand   , bedeutet das vielleicht, dass er sich Sorgen macht
    oder etwas nicht gut findet.

5   Wenn man nicht einverstanden ist,   .

6   Manche Leute   , wenn sie sich ärgern oder wütend sind.

7   Viele Menschen   , wenn sie traurig sind.

8   Wenn man etwas gut findet, kann man   .

3.5 Und Sie? Wie fühlen Sie sich in diesen Situationen? Wie zeigen Sie Ihre Gefühle? Wählen Sie fünf Stichwörter und schreiben Sie Sätze. Benutzen Sie die Wörter aus 3.2 und 3.3.

ein Referat an der Uni – Abschlussprüfung – Geburtstag – Streit – Arbeit – Urlaub – Missverständnis –
Hochzeit – ein neuer Job – Deutschkurs – die erste Reise nach …

Wenn ich im Seminar an der Uni ein Referat halten muss, bin ich immer sehr nervös.
Ich gehe dann meistens beim Sprechen hin und her und knete meine Hände.

2.02 🔊 **3.6** Worum geht es in der Radiosendung? Hören Sie und kreuzen Sie an.

Es geht darum, …   1 ◯ wie Paare ihre Kommunikation verbessern können.
                        2 ◯ wie und warum beim Kommunizieren Missverständnisse entstehen.

2.02 🔊 **3.7 Was sagt die Kommunikationsexpertin? Hören Sie noch einmal und kreuzen Sie an.**

1 Beim Kommunizieren spielt …
   a ◯ das, was man sagt, keine große Rolle.
   b ◯ neben dem Inhalt auch die Beziehung zwischen den Gesprächspartnern eine Rolle.

2 Hierarchien zwischen den Gesprächspartnern …
   a ◯ zeigen sich meistens in der Körpersprache.
   b ◯ können das Gesprächsverhalten beeinflussen.

3 Missverständnisse entstehen, …
   a ◯ weil die Zuhörerin / der Zuhörer etwas falsch interpretiert.
   b ◯ weil einer der Gesprächspartner nicht richtig zuhört.

4 In dem Beispiel beim Abendessen …
   a ◯ stellt der Mann eine Frage, um eine Information zu erhalten.
   b ◯ kritisiert der Mann das Essen der Frau.

5 Bei einem Missverständnis sollte man …
   a ◯ sich fragen, warum man falsch verstanden wurde.
   b ◯ aufhören, das Gesagte zu interpretieren.

6 Um spätere Missverständnisse zu vermeiden, ist es wichtig, …
   a ◯ sich immer zu entschuldigen.
   b ◯ miteinander darüber zu sprechen.

3.8 Welche Sätze bedeuten das Gleiche? Markieren Sie die Subjekte und kreuzen Sie an.

1 ◯ Ohne dass man es merkt, / Ohne es zu merken, interpretiert man das Gesagte.
2 ◯ Ich habe sie kritisiert, ohne dass sie es wollte. / ohne es zu wollen.
3 ◯ Man versteht den anderen falsch, ohne dass der andere es so gemeint hat. / ohne es so zu meinen.

3.9 Wie ist die Regel? Lesen Sie die Sätze in 3.8 noch einmal und ergänzen Sie den Grammatikkasten.

> **Modale Infinitiv- und Nebensätze mit *ohne … zu* und *ohne dass …***
>
> Nach *ohne dass* folgt ein _____ . Nach *ohne … zu* folgt das Verb im _____ .
>
> *Ohne … zu* kann man nur benutzen, wenn das _____ im Hauptsatz und Infinitivsatz gleich ist.

3.10 Schreiben Sie Sätze mit *ohne … zu*. Wenn es nicht möglich ist, benutzen Sie *ohne … dass*.

1 Sie lernt ein bisschen Deutsch. Sie besucht keinen Sprachkurs.
2 Missverständnisse können entstehen. Man will das nicht.
3 Er kann frei Vorträge halten. Seine Notizen benutzt er nicht.
4 Sie geht zu der Besprechung. Sie ist nicht eingeladen worden.
5 Er benutzt viele Gesten. Es fällt ihm nicht auf.

1 Sie lernt ein bisschen Deutsch, ohne …

3.11 Wiederholung: Infinitivsätze. Was passt: *anstatt … zu*, *ohne … zu* oder *um …zu*? Ergänzen Sie. Der Grammatikanhang (B 2.1.3) hilft.

1 Sie will lieber eine Ausbildung machen, _____ ein Studium _____ beginnen.
2 Man muss manchmal nachfragen, _____ Missverständnisse _____ vermeiden.
3 Wenn man Feedback gibt, sollte man auch Lösungen vorschlagen, _____ nur _____ kritisieren.
4 _____ Fremdsprachen _____ sprechen, ist er schon in vielen Ländern gewesen.
5 _____ sich auf einen Vortrag vor_____ bereiten, sollte man auch die Körperhaltung üben.

4 Gesten international

4.1 In welcher Reihenfolge werden die Gesten erklärt? Lesen Sie den Artikel und ordnen Sie die Fotos. Welche Geste fehlt?

Kennen Sie diese Gesten?

„Man kommt mit Händen und Füßen im Ausland schon irgendwie weiter, wenn man die Sprache nicht spricht." So denken viele. Das stimmt aber nicht immer. Im Gegenteil: Gesten können leicht
5 die Ursache für Missverständnisse sein und viel Ärger verursachen.

Wenn Deutsche, US-Amerikaner oder Koreaner den Daumen hochhalten, dann sagen sie damit: „Super!" oder „Gut gemacht!". In Australien oder im
10 Iran fordert man damit jemanden auf, ganz schnell wegzugehen. Und in Japan bedeutet der hochgestreckte Daumen die Zahl 5.

Für den Begriff Essen gibt es weltweit viele unterschiedliche Gesten. In Südamerika oder Südeuropa
15 führen die Menschen die zusammengedrückten Fingerspitzen an den Mund, in Japan formt man die linke Hand zu einer Suppenschale und mit der rechten Hand deutet man die Essstäbchen an.

Auch um „ich" zu zeigen, gibt es verschiedene Ges-
20 ten. Deutsche zeigen mit dem Zeigefinger auf die Brust, US-Amerikaner legen ihre rechte Hand in Herzhöhe auf die Brust. In Japan dagegen deutet man mit dem Zeige- oder Mittelfinger auf seine eigene Nase. Wenn Italiener mit dem Zeigefinger an
25 die Nase klopfen, dann wollen sie damit etwas ganz anderes sagen, nämlich: „Hier stimmt etwas nicht!".

Seien Sie also vorsichtig mit Gesten in anderen Ländern. Die Bedeutung kann schnell falsch inter-
30 pretiert werden – und danach braucht man lange, um das Missverständnis zu klären.

a   b   c   d   e   f

4.2 Was bedeuten die Gesten in den verschiedenen Ländern? Lesen Sie noch einmal und notieren Sie.

Geste 1: Deutschland, USA, Korea: „Super!", aber Australien, …

Richtig streiten

1 Streitgespräche

1.1 Streit im Büro. Lesen Sie die Abschnitte und bringen Sie den Dialog in die richtige Reihenfolge.

a   ☐   Ich verstehe Ihren Wunsch, aber wir müssen uns irgendwie einigen. Ich habe dieses Jahr auch Pläne für die Osterferien. Für die erste Woche habe ich sogar schon ein Hotel gebucht.

b   ☐   Also wissen Sie, das ärgert mich jetzt wirklich: Ich habe in den letzten Jahren immer während der Osterferien gearbeitet, damit die Kollegen und Kolleginnen mit kleinen Kindern Urlaub machen können. Wenn ich die einzige bin, die das macht, ist das aus meiner Sicht nicht fair.

c   ☐ 1   Herr Thon, wir müssen noch einmal wegen der Urlaubsplanung sprechen. Ich habe gerade gesehen, dass Sie in den Osterferien zwei Wochen Urlaub beantragt haben. Das ist ungünstig, denn ich wollte auch Urlaub nehmen. Und wir können nicht gleichzeitig weg sein.

d   ☐   Und lassen sich Ihre Pläne vielleicht verschieben?

e   ☐   Also, ich finde, das ist ein guter Vorschlag. Das können wir gern so machen.

f   ☐   Frau Stanislaus, Sie wissen, dass meine Kinder noch in der Schule sind, deshalb muss ich während der Ferien Urlaub nehmen. Ihre Kinder sind ja schon erwachsen.

g   ☐   Es tut mir leid. So war das nicht gemeint. Wir können sicherlich einen Kompromiss finden. Was halten Sie davon, wenn wir die zwei Ferienwochen aufteilen? Für die erste Woche kann ich bestimmt eine Kinderbetreuung organisieren und Sie im Büro vertreten. Und in der zweiten Woche würde ich dann mit meiner Familie wegfahren.

1.2 Was ist passiert? Lesen Sie das Streitgespräch in 1.1 noch einmal und beantworten Sie die Fragen.

    1 Warum möchten beide Kollegen über Ostern Urlaub nehmen?
    2 Worüber ärgert sich Frau Stanislaus? Wie reagiert Herr Thon?
    3 Wie lösen die beiden das Problem?

2 Umgang mit Kritik

2.03 **2.1** Was passt? Ergänzen Sie die Dialoge. Hören Sie dann und vergleichen Sie.

Kannst du mir mal sagen – Wir finden bestimmt eine Lösung – Ich verstehe absolut nicht – Das ist mir nicht aufgefallen – Was soll das denn jetzt – Ich verstehe, was Sie meinen – Das war wohl ein Missverständnis

---

    1 👍 Entschuldigen Sie, Frau Walter, können wir kurz über eine Sache sprechen?
        💬 Ja, natürlich. Worum geht es denn?

        👍 Es geht um die Betreuung unserer Kunden nach 17.00 Uhr. _____ ,
        warum Sie nie da sind, und ich mich immer allein um alles kümmern muss.

        💬 _____ , aber dann müssen wir auch darüber
        sprechen, dass ich morgens ab halb acht immer allein im Büro bin.

        👍 Oh, Entschuldigung. _____ .

        💬 Gut, dass Sie es angesprochen haben. _____ ,
        die für uns beide gut ist.

    2 👍 Lena, du wolltest doch einkaufen, aber der Kühlschrank ist leer. _____ ,
        warum du nicht eingekauft hast?

        💬 _____ ?! Erstens ist der Kühlschrank halbvoll und
        zweitens habe ich dir gestern gesagt, dass ich wegen meiner Prüfung nicht einkaufen kann.

        👍 Oh, ich dachte, deine Prüfung ist erst nächste Woche. _____ .
        Entschuldige!
        💬 Ist schon gut. Wir gehen jetzt einfach zusammen einkaufen!

2.03 **2.2** Phonetik: emotionale Intonation. Welche Redemittel in 2.1 sind besonders emotional betont? Hören Sie noch einmal und markieren Sie.

2.3 Wie klingt die emotionale Intonation? Sprechen Sie zu zweit. Die Wörter im Kasten helfen.

---

laut – ruhig – schnell – langsam – stark betont – viel Melodie

---

2.4 Wie würden die Streitgespräche in Ihrer Sprache klingen? Tauschen Sie sich aus.

2.5 Was könnten die Personen sagen? Schreiben Sie ein Streitgespräch.

Warum muss immer ich alles aufräumen?!

Warum sagt sie nie, dass ich wirklich gut koche?

Digitale Kommunikation

1 Digitale Medien

1.1 Was bedeutet das Gleiche? Verbinden Sie.

1 an erster/letzter Stelle	a ein Drittel / jeder Dritte
2 90%	b neun von zehn Personen
3 75%	c auf dem ersten/letzten Platz
4 50%	d ein Viertel / jeder Vierte
5 33%	e über/unter ...%
6 25%	f die Hälfte / jeder Zweite
7 mehr/weniger als ...%	g drei Viertel

1.2 Was ist falsch? In der Grafikbeschreibung stehen acht falsche Zahlen und Mengenangaben. Lesen Sie und vergleichen Sie mit der Grafik auf Seite 54 im Kursbuch. Korrigieren Sie die Fehler.

> _meisten_
> E-Mails lesen und schreiben ist für die ~~wenigsten~~ Menschen am wichtigsten, denn fast 100 Prozent nutzen in Deutschland das Internet dafür. An zweiter Stelle werden die digitalen Medien zum Nachrichtenlesen benutzt. 86% der Befragten telefonieren über das Internet. Auch Apps haben eine große Bedeutung: Mehr als neun von zehn Personen nutzen Apps. Über Messenger-Dienste kommunizieren etwas weniger als 80% der Befragten. Die sozialen Netzwerke spielen ebenfalls eine große Rolle, denn sie werden von fast zwei Dritteln der Befragten genannt. Nur etwa drei von zehn der Befragten nutzen die digitalen Medien für die Suche nach einem Lebenspartner. Damit steht das Online-Dating auf dem ersten Platz.

1.3 Welche Medien besitzen Jugendliche zwischen 12 und 19 Jahren in Deutschland? Lesen Sie den Text und ergänzen Sie das Balkendiagramm.

> An erster Stelle steht bei deutschen Jugendlichen das Smartphone oder Handy. Fast jeder besitzt eins, nur 2% der Jugendlichen kommen ohne aus. Auf dem zweiten Platz liegen mit 71% ein Computer oder Laptop. Jeder zweite Teenager hat auch einen eigenen Fernseher und knapp die Hälfte (45%) besitzt eine Spielkonsole. Nur noch etwas mehr als ein Drittel der Jugendlichen benutzt einen MP3-Player. Die meisten nutzen ihre Smartphones zum Musikhören.
> Nur 38% der Jugendlichen brauchen dafür ein zusätzliches Gerät. Auch DVD-Player sind ziemlich aus der Mode gekommen. Mit 26% besitzt nur noch ungefähr jeder vierte Teenager einen.

Welche Medien besitzen Jugendliche (12–19 Jahre) in Deutschland?

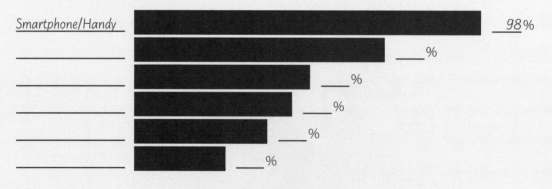

Quelle: Grunddaten Jugend und Medien 2019; © Internationales Zentralinstitut für das Jugend- und Bildungsfernsehen (IZI) (2019)

1.4 Sprachmittlung: Suchen Sie eine Statistik, die zeigt, welche Rolle die digitalen Medien in Ihrem Heimat-land spielen und präsentieren Sie die Hauptaussagen Ihrer Partnerin / Ihrem Partner auf Deutsch.

2 Der größte Teil der Befragten schreibt E-Mails.

2.1 Wiederholung: Adjektivdeklination. Welche Endung passt? Ergänzen Sie die Endungen und notieren Sie den Kasus (N = Nominativ, A = Akkusativ, D = Dativ, G = Genitiv). Der Grammatikanhang (A 2.1) hilft.

1 In der aktuellen Studie (*D*) findet man wichtig____ Informationen (___) und eine interessant____ Grafik (___).

2 Viele deutsch____ Jugendliche (___) nutzen die sogenannt____ Messenger-Dienste (___).

3 In dem Seminar meines neu____ Professors (___) habe ich viel gelernt.

4 Mit dem Smartphone kann ich schnell aktuell____ Fotos (___) oder eine persönlich____ Nachricht (___) verschicken.

5 Meinen best____ Freunden (___) schreibe ich manchmal auch eine lang____ E-Mail (___).

6 Langsam____ Internet (___) ist ein ärgerlich____ Problem (___).

7 Wegen meiner beruflich____ Tätigkeit (___) poste ich viel in sozial____ Netzwerken (___).

2.2 Welche Form passt? Streichen Sie die falsche Form durch.

1 *Die wenigsten / Am wenigsten* Befragten benutzen Dating-Portale.
2 Die Deutschen benutzen heute *häufiger/häufigere* Apps als früher.
3 Eine *kleiner/kleinere* Gruppe telefoniert über das Internet.
4 E-Mails sind *die beliebtesten / am beliebtesten*.

2.3 Wann werden Komparativ und Superlativ dekliniert? Wie werden sie gebildet? Lesen Sie die Sätze in 2.2 noch einmal, kreuzen Sie die Regel an und ergänzen Sie die Formen im Grammatikkasten.

> **Komparativ und Superlativ**
>
> Der Komparativ und Superlativ werden wie Adjektive dekliniert, wenn sie …
> ◯ als Adjektiv ohne Nomen stehen.
> ◯ als Adverb benutzt werden.
> ◯ vor einem Nomen stehen.
>
> | **ohne Nomen / als Adverb** | **vor einem Nomen** |
> |---|---|
> | Komparativ: Adjektiv + ____ | Adjektiv + ____ + Adjektivendung |
> | Superlativ: ____ + Adjektiv + ____ | Adjektiv + (e)____ + Adjektivendung |

2.4 Was passt: Komparativ oder Superlativ? Ergänzen Sie die Adjektive in der richtigen Form.

Vor 20 Jahren hatten nur die *wenigsten* [1] (wenig) Deutschen ein Smartphone. Durch _____ [2] (gut) Technik und _____ [3] (schnell) Internetzugänge hat sich das inzwischen geändert. Die _____ [4] (jung) Generation wird schon mit Internet und digitalen Medien groß. Sogar die _____ [5] (klein) Kinder können heutzutage ein Tablet oder Smartphone bedienen. _____ [6] (alt) Menschen haben aber manchmal noch Probleme mit _____ [7] (neu) Technik. Doch für den _____ [8] (groß) Teil der Menschen sind die digitalen Medien inzwischen normal. Trotzdem gibt es Bereiche, in denen _____ [9] (altmodisch) Medien weiterhin sehr beliebt sind. Zum Beispiel lesen die _____ [10] (viel) Menschen auch heute noch am _____ [11] (gern) Bücher, obwohl es mit E-Books eine _____ [12] (günstig) und _____ [13] (praktisch) Alternative gibt.

3 Strategietraining: eine Grafik beschreiben

3.1 Lesen Sie die Grafikbeschreibung und bringen Sie die Absätze in die richtige Reihenfolge.

☐ Fast 100 Prozent sagen, dass für sie das Schreiben und Lesen von E-Mails am wichtigsten ist. Auf Position zwei ist die Angabe „Apps benutzen", was mehr als acht von zehn Personen machen. Fast genauso wichtig wie Apps finden die Befragten das Kommunizieren über Messenger-Dienste. Nur etwa jeder Fünfte nutzt die digitalen Medien für das Online-Dating, das damit auf dem letzten Platz liegt.

☐ Man hat 1.000 Personen im Alter zwischen 14 und 69 befragt und die Ergebnisse in Form eines Balkendiagramms präsentiert.

☐ Die vorliegende Grafik „Digitale Medien" vom Bundesverband Digitale Wirtschaft gibt Auskunft über die Nutzung von digitalen Medien.

☐ Man kann gut sehen, dass ein Großteil der Bevölkerung die sozialen Medien sowohl beruflich als auch privat nutzt. Ich denke, dass diese Zahl in Zukunft weiter steigen wird. Besonders interessant finde ich, dass die E-Mail auf dem ersten Platz steht. Ich persönlich benutze E-Mails nicht so häufig, um mit Freunden in Kontakt zu bleiben.

3.2 Was ist bei einer Grafikbeschreibung wichtig? Sehen Sie das Strategievideo bei Bedarf noch einmal und notieren Sie Ihre drei wichtigsten Tipps.

eine Grafik beschreiben

3.3 Welche sozialen Netzwerke nutzen die 8,5 Millionen Einwohner der Schweiz? Beschreiben Sie die Grafik mithilfe der Redemittel im Kursbuch auf Seite 61.

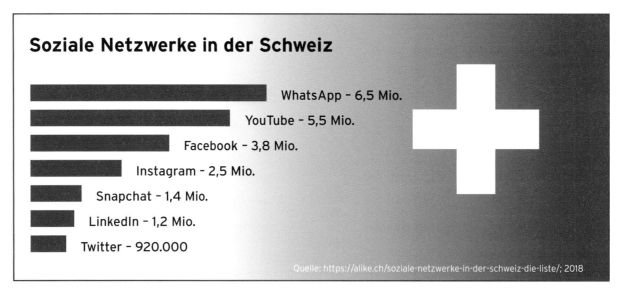

3.4 Nehmen Sie Ihre Grafikbeschreibung mit dem Smartphone auf. Spielen Sie Ihre Beschreibung Ihrer Partnerin / Ihrem Partner vor. Haben Sie die Grafik gut beschrieben? Was könnte man vielleicht besser machen? Sprechen Sie zu zweit.

Einfach mal reden!

1 Streitthema WG-Leben

1.1 Welcher Titel passt? Lesen Sie den Blogbeitrag und kreuzen Sie an.

1 ◯ Stress in der WG – bleiben oder ausziehen?
2 ◯ Streit in unserer WG – so haben wir das Problem gelöst.
3 ◯ Zusammenleben in einer WG – so klappt es!

Tayo in Heidelberg

Als ich im Herbst mit dem Studium angefangen habe, bin ich in eine WG mit drei anderen Studenten gezogen. Eine eigene Wohnung war einfach zu teuer, und außerdem bin ich nicht so gern allein. Das Zusammenleben mit den anderen macht viel Spaß, aber ich habe auch gemerkt, dass man oft Kompromisse eingehen muss, damit das WG-Leben gut funktioniert.
Bei uns war das Putzen Streitthema Nummer eins. Was für meine Mitbewohner noch sauber ist, ist für mich oft schon schmutzig. Fragt also am besten vor dem Einzug die anderen und euch selbst, wie wichtig ihr Ordnung und Sauberkeit findet. Seitdem wir einen Putzplan haben, funktioniert es in unserer WG für alle sehr gut. Jeder ist für sein eigenes Zimmer verantwortlich, aber die Küche und das Bad putzen wir einmal pro Woche – in einer festen Reihenfolge. So ist jeder mal dran.
Auch für den Umgang mit Lebensmitteln muss man eine Lösung finden. Gehört alles allen oder kauft jeder für sich selbst ein? Das müsst ihr klären. Wir haben zum Beispiel eine gemeinsame Kasse für Dinge, die alle benutzen: Waschmittel, Kaffee, Toilettenpapier usw. Unser Essen oder persönliche Pflegeprodukte wie Cremes oder Shampoo kaufen wir aber selbst. Das finde ich gut, weil wir oft unterschiedliche Bedürfnisse haben.
Nehmt Rücksicht aufeinander! Wenn einer von uns für eine wichtige Prüfung lernen muss, hören die anderen zum Beispiel keine laute Musik, um ihn nicht zu stören. Besuch ist auch manchmal ein schwieriges Thema bei uns: Mich nervt es zum Beispiel, wenn zu viele Leute in der Wohnung sind. Aber meine Mitbewohnerin bekommt oft Besuch von ihren Freunden aus Frankreich. Dann müssen wir Kompromisse finden. Sie sagt rechtzeitig Bescheid, und wenn es mir zu viel ist, dann übernachten ihre Freunde woanders. Oder ich gehe für ein paar Tage zu einem Freund. Das Wichtigste ist, Probleme anzusprechen. Wir kochen einmal die Woche alle zusammen und besprechen beim Essen, was uns stört. Dann suchen wir gemeinsam eine Lösung. Das hilft oft, Konflikte zu vermeiden.
Wie sind eure Erfahrungen mit dem WG-Leben? Was sind eure Probleme, oder welche Tipps habt ihr noch? Ich freue mich auf eure Kommentare.

1.2 Lesen Sie den Blogbeitrag in 1.1 noch einmal und beantworten Sie die Fragen in Ihrem Heft.

1 Warum ist Tayo in eine WG eingezogen?
2 Worüber haben sich die Mitbewohner am meisten gestritten? Wie haben sie das Problem gelöst?
3 Wie gehen die Mitbewohner mit dem Thema Essen und Haushaltskasse um? Wie findet Tayo das?
4 In welchen Situationen müssen die Mitbewohner Kompromisse finden? Wie sieht das aus?
5 Was empfiehlt Tayo, um Streit in der WG zu vermeiden?

1.3 Und Sie? Welche Erfahrungen haben Sie im Zusammenleben mit anderen Menschen gemacht? Gab es Probleme oder Streit? Wie haben Sie sie gelöst? Schreiben Sie eine Antwort auf Tayos Blogbeitrag.

2 Konstruktiv streiten. Was bedeuten die Ausdrücke? Verbinden Sie.

1 sich nicht um jemanden kümmern
2 jemanden respektieren
3 die Perspektive des anderen einnehmen
4 jemandem den Spaß nehmen
5 zu zweit miteinander reden
6 eine negative Meinung akzeptieren
7 jemandem etwas Schönes sagen

a Kritik annehmen
b den anderen wertschätzen
c jemandem ein Kompliment machen
d jemanden vernachlässigen
e jemandem die Laune verderben
f sich in den anderen hineinversetzen
g unter vier Augen miteinander sprechen

Kommunikation am Arbeitsplatz

1 Ärger im Berufsleben. Was passt zusammen? Verbinden Sie.

1 etwas schriftlich
2 den/einen Eindruck
3 unvorbereitet zu Terminen
4 Entscheidungen
5 die eigene Meinung
6 an einem Projekt
7 Konferenzprotokolle
8 sich Informationen selbstständig
9 Verantwortung

a erscheinen
b treffen
c darstellen
d lesen
e mitarbeiten
f haben
g übernehmen
h besorgen
i einbringen

2 Eine schwierige E-Mail

2.1 Sie sind unzufrieden mit Ihrer Arbeitssituation. Schreiben Sie eine E-Mail an Ihre Chefin. Beschreiben Sie mithilfe der Notizen Ihre Probleme und machen Sie Lösungsvorschläge.

Probleme	Lösungsvorschläge
• zu viel Arbeit, zu viele Überstunden	• Team vergrößern, Arbeit besser aufteilen
• zu wenig Infos vom Team	• regelmäßiger Austausch und Besprechungen
• wenig Feedback von der Teamleitung und persönliche Kritik wird vor anderen Kollegen geäußert	• Gespräche unter vier Augen für Feedback und Kritik

Sehr geehrte Frau Kelter,
seit zwei Monaten bin ich Teil des Projektteams „Bessere Informationen für unsere Kunden", ...

2.2 Tauschen Sie die E-Mail mit Ihrer Partnerin / Ihrem Partner und schreiben Sie eine Antwort-E-Mail aus der Perspektive von Frau Kelter.

Es liegt mir auf der Zunge

1 Strategietraining: unbekannte Wörter umschreiben. Welche Strategien gibt es? Ergänzen Sie im Strategiekasten.

~~Beispiele nennen~~ – ein Wort zeichnen – das Gegenteil nennen – Funktionen beschreiben – ein Wort pantomimisch darstellen – definieren oder erklären – Ober-/Unterbegriffe angeben – mit Bildern zeigen

unbekannte Wörter umschreiben

verbal: *Beispiele nennen;*

nonverbal:

2 Wörter raten

2.1 Wählen Sie acht Wörter oder Ausdrücke und überlegen Sie, wie Sie sie (verbal oder nonverbal) erklären oder darstellen würden. Notieren Sie die Wörter auf Kärtchen.

die Neugierde – die Bedienung – die Krankenversicherung – die Steuererklärung – aggressiv – nachdenklich – die Vermutung – freiberuflich – die Motivation – Kritik üben – recherchieren – der Ekel – interpretieren – gestikulieren – die Melodie – jemanden wertschätzen – das Hausboot – alleinerziehend – obdachlos – jemanden gut leiden können – die Strategie – eine Diskussion führen – identisch

2.2 Spielen Sie zu dritt Wörterraten. Sie haben zwei Minuten Zeit, um so viele Wörter wie möglich aus 2.1 zu erklären. Die anderen raten. Danach ist die/der Nächste an der Reihe.

2.3 Welche Strategien haben Sie benutzt? Welche Strategien waren besonders gut oder weniger gut geeignet? Tauschen Sie sich in der Gruppe aus.

Mit den Ohren sehen

1 Was bedeutet *barrierefrei*? Ergänzen Sie.

barrierefrei – blind – Gebärdensprache – gehörlos – Untertitel – übersetzen – Rollstuhl

1 Menschen, die nicht sehen können, sind _____ .

2 Jemand, der nicht hören kann, ist _____ .

3 Viele gehörlose Menschen benutzen für die Kommunikation untereinander die _____ .

4 Manche Geschäfte sind leider nicht _____ . Es gibt weder eine Rampe noch einen Aufzug.

5 Um in einem Film die Dialoge mitzulesen, gibt es _____ .

6 Personen, die nicht laufen können, benutzen oft einen _____ .

7 Mein Englisch ist leider nicht so gut. Könnten Sie für mich _____ ?

2 Der deutsche Hörfilmpreis

2.04 **2.1** Richtig oder falsch? Hören Sie und kreuzen Sie an.

	richtig	falsch
1 Der Kinoexperte hat die Verleihung des Hörfilmpreises besucht und berichtet darüber.	○	○
2 Bei einem Hörfilm wird die Handlung, die man im Film sieht, verbal beschrieben.	○	○
3 In den Kinos gibt es Kopfhörer, mit denen man die Filmbeschreibung hören kann.	○	○
4 Trotz der hohen Kosten für Hörfilme gibt es sehr viele barrierefreie Filme.	○	○
5 Die Filmbeschreibungen werden von blinden Redakteuren überprüft.	○	○
6 Nur ein Viertel des Programms der öffentlich-rechtlichen Fernsehsender ist für blinde Menschen geeignet.	○	○
7 Der Hörfilmpreis wird bisher nur für Kinoproduktionen vergeben.	○	○

2.04 **2.2** Hören Sie noch einmal und beantworten Sie die Fragen.

1 Was kann man unter anderem in einer Hörfilmfassung hören?
2 Welche technischen Voraussetzungen müssen erfüllt sein, um einen Hörfilm zu hören?
3 Wie wird eine Hörfilmfassung produziert?
4 In wie vielen und welchen Kategorien gibt es den Deutschen Hörfilmpreis?

2.3 Was ist ein Hörfilm? Würden Sie gern einen Hörfilm sehen? Fassen Sie die Informationen aus 2.1 und 2.2 in einem kurzen Text zusammen.

4

Prüfungstraining

GI **1 Lesen Teil 4**

Sie lesen in einer Zeitschrift verschiedene Meinungsäußerungen zum Thema „mehrsprachige Erziehung".

Welche Überschrift passt inhaltlich zu den Äußerungen a–f? Ordnen Sie zu. Eine Äußerung passt nicht. Die Äußerung a ist das Beispiel und kann nicht noch einmal verwendet werden.

1 [a] Die Wichtigkeit einer frühen Mehrsprachigkeit

2 [ ] Mehrsprachigkeit in der Familie braucht Regeln

3 [ ] Bessere Karrierechancen und größere Weltoffenheit

4 [ ] Herausforderung für die Schule

5 [ ] Mehrsprachigkeit in Zeiten der Migration

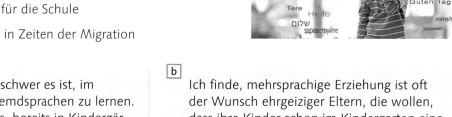

a
Wir alle wissen, wie schwer es ist, im Erwachsenenalter Fremdsprachen zu lernen. Umso wichtiger ist es, bereits in Kindergärten und Kitas eine weitere Sprache zu lernen, und zwar spielerisch, ohne Grammatikpaukerei, Regeln und ohne Angst haben zu müssen, Fehler zu machen.
Alex, Frankfurt

b
Ich finde, mehrsprachige Erziehung ist oft der Wunsch ehrgeiziger Eltern, die wollen, dass ihre Kinder schon im Kindergarten eine besondere Leistung erbringen. Man sollte die Kinder aber nicht überfordern, später in der Schule wird sich ja herausstellen, ob sie wirklich sprachbegabt sind oder andere Talente haben. Sebastian, Berlin

c
In der Diskussion über mehrsprachige Erziehung orientiert man sich zu stark an deutschen Kindern, die schon früh eine andere Sprache, meistens Englisch, lernen müssen. Deutschland ist jedoch ein Einwanderungsland. Kinder in Migrationsfamilien müssen aber nicht nur Deutsch lernen, sondern auch ihre Muttersprache weiter sprechen. Jasmin, Bonn

d
Ich finde, bei mehrsprachiger Erziehung brauchen die Kinder klare Strukturen. Wenn die Eltern aus unterschiedlichen Ländern kommen, sollte die Mutter immer nur in ihrer Sprache mit dem Kind sprechen und der Vater in seiner. Die emotionale Bindung einer Sprache zu einer Person ist meiner Meinung nach sehr entscheidend.
Sarah, München

e
In Deutschland wachsen immer mehr Kinder mehrsprachig auf, aber an Schulen wird meistens nur bilingualer Unterricht in Englisch oder Französisch angeboten. Hier ist ein Umdenken erforderlich. Warum gibt es zum Beispiel keinen Arabischunterricht? Man muss einfach erkennen, dass alle Sprachen den gleichen Wert haben.
Lena, Stuttgart

f
Wer mehrere Sprachen spricht, hat bessere Chancen im Beruf und ist offener gegenüber anderen Kulturen. Letztendlich sollte das auch ein Ziel der Politik sein. Alle EU-Bürgerinnen und -Bürger sollten zusätzlich zu ihrer Muttersprache zwei Fremdsprachen sprechen können, auch wenn das viel Arbeit bedeutet.
Jan, Regensburg

Tipp: Unterstreichen Sie die Schlüsselwörter in den Überschriften. Achten Sie darauf, dass die Schlüsselwörter in den Texten oft nicht wörtlich vorkommen, sondern manchmal mit mehreren Sätzen beschrieben werden. Wenn Sie einen Text nicht sofort verstehen, gehen Sie zum nächsten Text weiter. Wählen Sie am Ende die Überschrift aus, die am besten zum Text passt.

2 Hören Teil 1

2.05
2.06
2.07
2.08
GI

Lösen Sie zu jedem Text zwei Aufgaben. Hören Sie und kreuzen Sie an, ob die erste Aussage richtig oder falsch ist und welche Option (a, b oder c) bei der zweiten Aussage richtig ist.

1 Die Frau hatte andere Erwartungen an das Seminar. ○ richtig ○ falsch

2 Sie wusste schon vor dem Seminarbesuch, dass …
  a ○ die gesprochene Sprache beim ersten Kontakt zwischen Menschen fast keine Rolle spielt.
  b ○ Gesten kulturell unterschiedlich interpretiert werden können.
  c ○ manche Gefühle überall auf die gleiche Weise gezeigt werden.

3 Der Kollege kritisiert seine Kollegin. ○ richtig ○ falsch

4 Die beiden streiten, weil …
  a ○ die Projektplanung schlecht ist.
  b ○ es finanzielle Schwierigkeiten gibt.
  c ○ unbeliebte Aufgaben ungerecht verteilt sind.

5 Eine Journalistin berichtet über Vor- und Nachteile des Fernsehkonsums. ○ richtig ○ falsch

6 Ein Ergebnis der Studie ist, dass …
  a ○ in Deutschland junge Leute weniger fernsehen als alte Menschen.
  b ○ Deutschland im europäischen Vergleich im ersten Drittel liegt.
  c ○ in Portugal und Rumänien am wenigsten ferngesehen wird.

7 Die beiden Kommilitonen wollen in einen barrierefreien Kinofilm gehen. ○ richtig ○ falsch

8 Die Studentin …
  a ○ benutzt ein Hörgerät, weil sie gehörlos ist.
  b ○ nutzt eine App für sehbehinderte Menschen.
  c ○ findet, dass Hörfilme für Menschen, die sehen können, nicht geeignet sind.

> **Tipp:** In diesem Prüfungsteil hören Sie die Texte nur einmal. Lesen Sie deshalb vorher die Aufgaben genau und markieren Sie Schlüsselwörter. Die erste Aufgabe (richtig/falsch) fragt nach dem globalen Thema, für die zweite Aufgabe müssen Sie auf Detailinformationen achten. Auch wenn Sie bei einer Aufgabe unsicher sind, sollten Sie auf jeden Fall etwas ankreuzen.

3 Schreiben Teil 2

GI

Sie arbeiten bei einer deutschen Firma in der Marketingabteilung. In der letzten Teambesprechung wurde festgelegt, dass Sie eine Präsentation über die neue Marketingstrategie erstellen sollen. Sie konnten die Präsentation aber leider nicht pünktlich fertigstellen.

Schreiben Sie eine Nachricht (mindestens 100 Wörter) an die Abteilungsleiterin Frau Arghan. Überlegen Sie sich eine passende Reihenfolge der Inhaltspunkte und denken Sie auch an Anrede und Gruß.

| Entschuldigen Sie sich für die Verspätung. | Erklären Sie, wie das passieren konnte. | Machen Sie einen Vorschlag zur Lösung des Problems. | Bitten Sie um Verständnis für Ihre Situation. |

> **Tipp:** Für diesen Prüfungsteil haben Sie 25 Minuten Zeit. Lesen Sie den Einleitungstext und unterstreichen Sie wichtige Informationen (Wer? Was? Warum?). Machen Sie Notizen zu den vier Inhaltspunkten und legen Sie die Reihenfolge fest. Achten Sie beim Schreiben darauf, dass Sie zu jedem Inhaltspunkt mit Ihren eigenen Worten mindestens ein bis zwei Sätze schreiben.

Den Kopf frei bekommen

1 Einfach mal abschalten. Was kann man machen, um abzuschalten? Notieren Sie Ihre Ideen in einer Mindmap und vergleichen Sie zu zweit.

[handwritten mindmap: Spaziergang, draußen, allein – ein Buch lesen, ein Bad nehmen, eine gute Serie gucken, drinnen, mit anderen, einen Film gucken, Kaffee trinken, Schlafen, Fotos machen, abschalten]

2 Der perfekte Ausgleich

2.1 Welches Verb passt? Lesen und ergänzen Sie die Verben in der richtigen Form.

abfallen – bekommen – denken – entdecken – erholen – hingeben – kommen – nehmen – ~~verbringen~~ – vergessen

---

Uni-Magazin   *Spaß im Studium 02/20*

Abschalten vom Uni-Stress

Das Semesterende steht vor der Tür und die Prüfungszeit ist für viele Studierende sehr stressig. Wir haben euch gefragt, was ihr tut, damit eure Gedanken zwischendurch zur Ruhe *kommen*[1] und wie ihr euch vom Prüfungsstress *erholt*[2].

Jan: Was mir guttut? Ich habe Sport für mich *entdeckt*[3]. Beim Schwimmen kann ich mich ganz dem Wasser und den Wellen *hingeben*[4]. Früher fand ich Schwimmen langweilig, aber inzwischen merke ich, wie gut es mir tut: Im Wasser kann der Stress sofort von mir *abfallen*[5]. Seitdem ich regelmäßig Zeit im Wasser *verbringe*[6], bin ich viel ausgeglichener.

Amélie: Sport ist nichts für mich. Ich bin lieber kreativ. Wenn ich meinen Podcast mache, muss ich mal nicht an meine Prüfungen *denken*[7]. Deshalb *nehme*[8] ich mir einmal in der Woche Zeit dafür. Wenn ich mich auf die neue Sendung vorbereite, *bekomme*[9] ich meinen Kopf wieder frei. Bei den Interviews mit meinen Gästen *vergesse*[10] ich dann wirklich alle Probleme.

2.2 *Bei* oder *wenn*? Was passt? Ergänzen Sie zuerst die Sätze, danach die Regeln im Grammatikkasten.

Bei[1] den Theaterproben bin ich noch ziemlich entspannt. Doch dann, *wenn*[2] ich auf der Bühne stehe, bin ich jedes Mal sehr nervös. Erst zum Schluss, *wenn*[3] das Publikum applaudiert, fällt die Nervosität von mir ab. *Bei*[4] dem lauten Klatschen vergesse ich alles um mich herum. Danach, *wenn*[5] sich der Vorhang schließt, bin ich einfach sehr stolz und glücklich. Und *bei*[6] der nächsten Aufführung ist es wieder das Gleiche.

> **Die temporale Präposition *bei* (+ Dativ)**
>
> Um gleichzeitige Handlungen auszudrücken, wird *bei* benutzt. Nach *bei* steht oft ein nominalisiertes Verb. Alternativ kann man einen Nebensatz mit *wenn* benutzen.

2.3 Wie kann man es anders sagen? Schreiben Sie die Sätze mit *bei*.

1 Wenn ich schwimme, kann ich gut entspannen.
2 Tim vergisst alles andere, wenn er Musik hört.
3 Wenn sie Tango tanzt, kann Lisa am besten abschalten.
4 Noahs Gedanken kommen am besten zur Ruhe, wenn er im Wald joggt.
5 Wenn wir eine lange Wanderung machen, können wir uns richtig gut erholen.

> *1 Beim Schwimmen …*

2.4 Wiederholung: *wenn* oder *als*? Lesen und ergänzen Sie. Der Grammatikanhang (B 2.2.1) hilft.

1 _____ ich gestern joggen war, konnten meine Gedanken endlich mal zur Ruhe kommen.

2 Ich kann sehr gut abschalten, _____ ich ein gutes Buch lese und einen Kaffee trinke.

3 _____ ich das erste Mal Yoga ausprobiert habe, war ich sofort viel entspannter.

4 Ich war immer viel ausgeglichener, _____ ich meditiert habe.

5 _____ ich mich im Garten um meine Pflanzen kümmere, vergesse ich alles andere.

6 _____ ich letztes Jahr ein großes Bild gemalt habe, ist der ganze Stress von mir abgefallen.

2.5 Und wobei können Sie sich gut entspannen? Schreiben Sie Sätze mit *wenn* oder *bei* und benutzen Sie die Redemittel im Kursbuch auf Seite 73.

3 Abschalten im digitalen Zeitalter

3.1 Welche Überschrift passt am besten? Lesen Sie und kreuzen Sie an.

1 ◯ ZENtoday – bald auf Deutsch erhältlich
2 ◯ Kein Runterkommen -- Kritik an neuen Meditations-Apps
3 ◯ Abschalten per Smartphone – Meditations-Apps sind neuester Trend

Mithilfe des Smartphones Erholung und innere Ruhe finden: Wie soll das funktionieren? Schließlich ist das Smartphone genau das Gerät, das unser Leben so viel schneller macht und uns immer wieder ablenkt.
5 Der Däne Christer Mortensen sieht das anders. Nachdem er über zehn Jahre in einem buddhistischen Kloster im Himalaya gelebt hatte, gründete er eine Firma und entwickelte eine App zum Meditieren: ZENtoday. „Ich verstehe schon, dass manche Zweifel daran haben
10 könnten, mithilfe des Handys den Alltag zu vergessen", sagt er. „Aber ich glaube nicht, dass das Gerät selbst stressig ist, sondern unser Umgang damit." Dennoch ist für Mortensen klar: Gerade mithilfe von Apps erreicht man heutzutage viele Menschen und kann zeigen, dass
15 Meditieren überall möglich ist.

Seine Idee scheint zu funktionieren: Mehr als sieben Millionen Menschen entspannen schon mithilfe der App – so oft wurde sie zumindest schon heruntergeladen. Sein Unternehmen, das den Hauptsitz in Los Angeles
20 hat, beschäftigt inzwischen fast 30 Mitarbeiter. Seit Anfang des Jahres ist die App auch auf Deutsch erhältlich. Es gibt Meditationen zu den unterschiedlichsten Bereichen des Lebens: vom besseren Schlafen über mehr Motivation für den Alltag bis hin zur Verringerung von
25 Stress und Ängsten.
Experten sehen den Trend jedoch kritisch. Der Yogalehrer Martin Range findet, dass es viel Disziplin und eigene Motivation erfordert, mithilfe einer App zu meditieren. Außerdem ist das Ergebnis oft besser, wenn
30 man mit anderen zusammen meditiert. „Schade ist auch, dass man keinen direkten Ansprechpartner hat, mit dem man über seine neuen Erfahrungen sprechen kann." Ähnlich sieht es die Professorin für Psychologie Prof. Dr. Linda Wahl. Am Anfang hatte sie eine sehr
35 skeptische Haltung. „Mittlerweile finde ich es aber positiv, dass mithilfe dieser Apps mehr Menschen zum Meditieren und Entspannen angeregt werden als früher." Menschen, die sich intensiver mit diesem Thema beschäftigen möchten oder die psychische Probleme
40 haben, empfiehlt sie jedoch eine individuellere Unterstützung mithilfe von Kursen oder Therapien. ■

3.2 Wer sagt was? Lesen Sie den Artikel in 3.1 noch einmal und ordnen Sie zu.

a Christer Mortensen   b Martin Range   c Linda Wahl

1 ☐ Die Apps motivieren viele Menschen zum Meditieren.

2 ☐ Wenn man alleine meditiert, ist das Ergebnis nicht so gut.

3 ☐ Mit einer App kann man überall meditieren.

4 ☐ Beim Meditieren mit einer App muss man sich selbst motivieren.

5 ☐ Stress entsteht durch die Art und Weise, wie man das Smartphone nutzt.

6 ☐ Bei psychischen Problemen sollte man sich professionelle Hilfe holen.

3.3 Was passt? Markieren Sie in 3.1 alle Sätze mit *mithilfe (von)* und ergänzen Sie den Grammatikkasten.

mithilfe – mithilfe von – Dativ – Genitiv

Die modale Präposition *mithilfe* (+ _____ **) bzw. *mithilfe von* (+** _____ **)**
Nach der Präposition _____ steht das Nomen normalerweise im Genitiv. Wenn das Nomen keinen Artikel hat, kann man alternativ auch _____ benutzen.

3.4 *Mithilfe* oder *mithilfe von*? Lesen und ergänzen Sie.

1 _____ zahlreichen Apps wollen Menschen mehr Ruhe in ihren stressigen Alltag bringen.

2 Viele Menschen möchten sich _____ angeleiteter Meditationen erholen.

3 Sie haben die Hoffnung, sich _____ kleinen Pausen besser entspannen zu können.

4 _____ einfacher Atemübungen kann man sehr schnell entspannen.

5 Viele Menschen finden es gut, _____ Videos und Apps Yogaübungen zu machen.

6 _____ vieler Auswahlmöglichkeiten können die Apps individuelle Bedürfnisse erfüllen.

3.5 Wozu benutzen Sie Apps? Wobei helfen sie Ihnen? Schreiben Sie Sätze mit *mithilfe (von)*.

Ich benutze eine Vokabel-App. Mithilfe dieser App kann ich die Vokabeln anhören.

4 Strategietraining: eine Präsentation halten

4.1 Lesen Sie die Ausschnitte der Präsentation und bringen Sie sie in die richtige Reihenfolge.

a ☐ *Abschließend kann man sagen, dass man diese Atemtechnik sicherlich regelmäßig trainieren muss, damit sie funktioniert.*

d ☐ *Ich danke Ihnen für Ihre Aufmerksamkeit und wünsche Ihnen eine gute Erholung!*

b ☐ *In meiner Präsentation geht es um eine Atemmethode, die beim Einschlafen helfen soll: Die 4-7-8-Atmung.*

e ☐ *Ich werde zuerst erklären, wie sie genau funktioniert. ... Zum Schluss werde ich noch darauf eingehen, warum diese Technik bei der Entspannung hilft.*

c ☐ *Ein wichtiger Aspekt bei der 4-7-8-Atmung ist, dass die Ausatmung länger als die Einatmung dauert. Beim Einatmen zählt man bis 4. Dann hält man den Atem an und zählt bis 7. Beim Ausatmen zählt man bis 8. Dabei ist es wichtig, durch den Mund zu atmen ...*

4.2 Markieren Sie Redemittel für eine Präsentation in den Sprechblasen in 4.1 und ergänzen Sie.

Einleitung: 1 *In meiner Präsentation geht es um ...*

2 _____

3 _____

Hauptteil: 4 _____

Schluss: 5 _____

6 _____

4.3 Worauf sollte man bei einer Präsentation achten? Notieren Sie drei Tipps im Strategiekasten. Sehen Sie bei Bedarf das Strategievideo noch einmal.

eine Präsentation halten

4.4 Phonetik: flüssig präsentieren. Hören Sie die Ausschnitte aus der Präsentation und markieren Sie den Hauptakzent in den Redemitteln in 4.2.

4.5 Lesen Sie die Redemittel in 4.2 schnell. Achten Sie auf die Betonung und nutzen Sie Gestik und Körpersprache.

4.6 Was ist Floating? Schreiben Sie mithilfe der Informationen auf den Folien eine kurze Präsentation. Benutzen Sie die Redemittel im Kursbuch auf Seite 73.

1 **Floating – eine Entspannungsmethode**

2 **Gliederung**
– Was ist Floating?
– Woher kommt es?
– Wie hilft es?

3 **Was ist Floating?**
– passives Schwimmen im Salzwasser
– in Dunkelheit und absoluter Stille

4 **Woher kommt Floating?**
– in den 50er Jahren von Gehirnforschern in den USA entwickelt

5 **Wie hilft Floating?**
– Wirkung wie bei Meditation, aber in kürzerer Zeit
– weniger Stress, mehr Kreativität, weniger Depressionen, stärkeres Immunsystem

6 **Fazit**
– Floating ist noch relativ unbekannt, aber sehr effektiv
– besonders für gestresste Großstadtmenschen geeignet

4.7 Lesen Sie Ihre Präsentation mehrmals und üben Sie, frei zu sprechen. Nehmen Sie dann Ihre Präsentation mit dem Smartphone auf. Hören Sie Ihre Präsentation. Wie fanden Sie sie?

4.8 Arbeiten Sie zu zweit. Hören Sie die Präsentation von Ihrer Partnerin / Ihrem Partner. Was hat Ihnen gut gefallen? Schreiben Sie ein kurzes Feedback mithilfe der Redemittel im Kursbuch auf Seite 73.

Deine/Ihre Präsentation hat mir gut gefallen, weil ...

Weniger Stress im Alltag und Beruf

1 Stress im Arbeitsleben

1.1 Was passt? Lesen Sie die Erklärungen und ergänzen Sie.

Anerkennung – Arbeitsleben – Arbeitspensum – Erreichbarkeit – Reizüberflutung – Stressauslöser – Vorgesetzte – Zeitdruck

1 Das _____ ist der Teil des Lebens, den man mit Arbeiten verbringt.

2 Wenn man viele Dinge innerhalb kurzer Fristen erledigen muss, hat man _____ .

3 Wenn man für seine Arbeit gelobt wird, bekommt man _____ .

4 _____ bedeutet, dass das Gehirn zu viele Informationen auf einmal bekommt.

5 Die Ursachen für Stress nennt man _____ oder Stressfaktoren.

6 Das _____ ist die Menge der Arbeit.

7 Der oder die _____ ist die Person, für die man arbeitet.

8 Ständige _____ bedeutet, dass man das Handy immer angeschaltet hat und sofort auf Anrufe oder E-Mails reagiert.

1.2 Te-Ka-Mo-Lo. Ergänzen Sie die Regeln im Grammatikkasten.

> **Reihenfolge der Angaben im Hauptsatz (Te-Ka-Mo-Lo)**
>
> Die Reihenfolge der Angaben im Satz ist normalerweise _____ .
> Die temporale Angabe steht oft am Satzanfang. Man kann auch jede andere Angabe an den
>
> Satzanfang stellen, um _____ .
>
> Wenn es mehrere Angaben des gleichen Typs gibt, folgen diese oft einer Reihenfolge.
>
> temporale Angaben: normalerweise von groß nach klein
> *Wir sind vor einem Jahr an einem Wochenende um Mitternacht in Wien angekommen.*
>
> lokale Angaben: normalerweise von klein nach groß
> *In den Ferien fahre ich zu meiner Oma in ihr Ferienhaus auf Mallorca.*

1.3 Schreiben Sie Sätze. Beachten Sie die Te-Ka-Mo-Lo-Reihenfolge und beginnen Sie die Sätze mit dem Subjekt oder mit der temporalen Angabe.

1 der Stress am Arbeitsplatz – ist – wegen unterschiedlicher Stressauslöser – überall – gestiegen – in den letzten Jahren

2 87 Prozent der Arbeitnehmer – heutzutage – regelmäßig gestresst – sind – wegen ihrer Arbeitssituation

3 sechs von zehn Befragten – sehr erschöpft – wegen ihres Arbeitspensums – fühlen sich – nach Feierabend

4 35 Prozent der Befragten – zur Arbeit – gehen – trotz gesundheitlicher Probleme

5 jeder Vierte – wegen der ständigen Erreichbarkeit – fühlte sich – extrem gestresst – im letzten Jahr

6 95 Prozent der Arbeitnehmer – am Arbeitsplatz – würden – in der Pause – auch freiwillig – an Erholungsangeboten teilnehmen

1 Der Stress am Arbeitsplatz ist in den letzten Jahren ...

1.4 Schreiben Sie die Sätze aus 1.3 neu. Stellen Sie eine Angabe an den Satzanfang, um sie zu betonen.

1 Wegen unterschiedlicher Stressauslöser ist der Stress am Arbeitsplatz ...

1.5 Ergänzen Sie die lokalen bzw. temporalen Angaben
in der richtigen Reihenfolge im Satz.

1 Sie hat letzte Woche …

1 Sie hat … geschlafen. *(jede Nacht – nur fünf Stunden – letzte Woche)*
2 Wir haben … übernachtet. *(im Wohnwagen – im Süden von Schweden – auf einem Campingplatz)*
3 Ich würde gern … in die Berge fahren. *(an Weihnachten – für ein paar Tage – nächstes Jahr)*
4 Gestern gab es … einen Unfall. *(im Stadtzentrum – vor unserem Haus)*

2 Stress abbauen

2.1 Welches Wort passt?
Lesen und ergänzen Sie.

Bewegung – Entspannung – Gefahren – Lebensumstellung – Neuanfang –
~~Reaktion~~ – Reserven – Schutzfunktion – Vorfahren – Zusammenbruch

---

Was ist Stress?

Stress ist eine natürliche *Reaktion* [1] des Körpers auf äußere Gefahren. Stress hat nämlich eine

_____ [2]. Das war vor allem früher wichtig, als Menschen gegen echte _____ [3]

kämpfen oder vor ihnen fliehen mussten. Weil auf der Flucht oder im Kampf mehr Energie verbraucht

wird, werden alle körperlichen _____ [4] gebraucht. Wenn diese leer sind, zeigt der Körper

die typischen Stress-Symptome: angefangen von Müdigkeit bis hin zum kompletten _____ [5].

Weil heute die Menschen – anders als unsere _____ [6] – viel seltener Gefahren im Alltag

erleben, sind die körperlichen Stressreaktionen eigentlich „übertrieben". In der heutigen Zeit brauchen

wir sie nicht mehr. Ein Problem ist, dass den Menschen heute ausreichende _____ [7]

fehlt, um den Stress abzubauen. Deshalb brauchen wir andere Methoden zur _____ [8].

Wer unter ständigem Stress leidet, sollte über eine _____ [9] nachdenken. Wenn man

den _____ [10] wagt, dann wartet oft ein einfacheres und entspannteres Leben!

2.2 Was steht im Text? Lesen Sie noch einmal und kreuzen Sie an.

1 ◯ Unser Körper reagiert auf Stress vor allem mit Müdigkeit.
2 ◯ Unser Körper reagiert heutzutage zu stark auf Stress.
3 ◯ Wenn man sich immer gestresst fühlt, sollte man viel Sport treiben und regelmäßig abschalten.

2.10 🔊 **2.3** Warum sind Lisa, Felix und Enrique gestresst? Hören Sie das Gespräch und notieren Sie.

Lisa

Felix

Enrique

Stressursachen
Felix: unfreundlicher
Kollege

2.10 🔊 **2.4** Was unternehmen Lisa, Felix und
Enrique, um den Stress abzubauen?
Welche Ratschläge geben die Freunde?
Hören Sie noch einmal und ergänzen
Sie Ihre Notizen.

Felix:	*Stressursachen*	*Aktivitäten gegen Stress*	*Ratschläge*
	unfreundlicher Kollege	

2.5 Und Sie? In welchen Situationen haben Sie Stress? Was hilft Ihnen besonders, um Stress abzubauen?
Schreiben Sie in Ihr Heft.

Kraftwerke abschalten?

1 **Energieformen. Welches Adjektiv passt? Lesen und ergänzen Sie in der passenden Form.**

gefährlich – umweltbewusst – erneuerbar – nachhaltig – radioaktiv – zuverlässig

1 Immer mehr Menschen verhalten sich _____ und trennen ihren Müll.

   Sie wollen möglichst _____ konsumieren, damit auch die nächsten

   Generationen gut auf unserer Erde leben können.

2 Manche Leute machen sich Sorgen um die _____ Strahlung von Atomkraft-

   werken. Ihrer Meinung nach ist Atomenergie _____ .

3 Man sollte _____ Energieformen nutzen, um keine Rohstoffe zu verschwenden.

4 Erneuerbare Energieformen wie Wind- oder Sonnenenergie gelten als weniger

   _____ , weil sie wetterabhängig sind.

2 **Energiewende und Atomenergie**

2.1 Bilden Sie Komposita mit den Wörtern im Schüttelkasten. Sie können die Wörter mehrmals benutzen.

Atom – Ausstieg – Energie – ~~Gewinnung~~ – Katastrophe – Kohle – Müll –
Solar – Unfall – Verbrauch – Wasser – Wende – Wind

die Energiegewinnung

1 Energie…   2 …energie   3 Atom…   4 …kraftwerk

2.2 Welches Verb passt nicht? Streichen Sie die falschen Verben durch.

1 den Klimawandel *aufhalten/argumentieren/beschleunigen*
2 Energie *drohen/gewinnen/verbrauchen*
3 ein Kraftwerk *abschalten/reduzieren/zurückbauen*
4 Atommüll *lagern/schützen/transportieren*

2.3 Lösen Sie das Kreuzworträtsel und notieren Sie das Lösungswort.

1 … bedeutet „traditionell".
   Es ist das Gegenteil von „modern".
2 Bei einem … gibt es keinen Strom.
3 Produkte, die der Umwelt nicht
   schaden, sind … .
4 … ist ein Gas. Die Abkürzung ist CO_2.
5 … ist das Adjektiv für Wirtschaft.
6 Der … bezeichnet die Veränderung
   des Klimas auf der Erde.
7 … bedeutet, dass es zu einem Thema
   viele verschiedene Meinungen gibt.
8 … ist ein Synonym für weltweit oder
   international.
9 Menschen, die sich für eine gesunde
   Natur einsetzen, nennt man … .

LÖSUNG:

| 1 | 2 | 3 | 4 | 5 | 6 | 7 | 8 | 9 | 10 | 11 | 12 |

2.4 Atomkraftwerke abschaffen oder behalten? Welche Meinung wird in welcher Aussage vertreten? Lesen und notieren Sie: A (abschaffen) oder B (behalten).

1 [A] Atomenergie ist immer gefährlich, nicht nur bei einem Atomunfall. *Zeile 7–8*

2 [ ] Mithilfe von Atomenergie kann der Klimawandel gestoppt werden.

3 [ ] Die Energiewende würde auch finanzielle Vorteile mit sich bringen.

4 [ ] Der Abfall von Atomkraftwerken bringt für die Zukunft unlösbare Probleme.

5 [ ] Atomenergie hat den Vorteil, nicht auf das Wetter angewiesen zu sein.

6 [ ] Erneuerbare Energieformen sind eine sichere Alternative zu Atomenergie.

7 [ ] Die Wahrscheinlichkeit eines Atomunfalls ist sehr gering.

8 [ ] Mithilfe der Energiewende könnten viele neue Arbeitsplätze geschaffen werden.

2.5 Wo stehen die Informationen aus 2.4 im Zeitungsartikel im Kursbuch auf Seite 67? Lesen Sie beide Meinungen (👍 und 👎) noch einmal und notieren Sie die Zeilen in 2.4.

3 Falls die Atomkraftwerke wirklich abgeschaltet werden, ...

3.1 Was passt zusammen? Verbinden Sie.

1 Wenn es mehr finanzielle Förderung für erneuerbare Energien gäbe,

2 Viele Menschen werden durch Naturkatastrophen ihren Lebensraum verlieren,

3 Wollen wir den Verbrauch von Plastik wirklich reduzieren,

a muss die Politik mehr Einfluss auf die großen Unternehmen haben.

b falls wir nicht genug gegen den Klimawandel tun.

c könnte der Atomausstieg beschleunigt werden.

3.2 Was passt? Lesen Sie die Sätze in 3.1 noch einmal und ergänzen Sie den Grammatikkasten.

wenn – am Satzende – Nebensatz – auf Position 1 – falls – Hauptsatz

> **Bedingungssätze mit *wenn*, *falls* und uneingeleitete Bedingungssätze**
>
> Ein Bedingungssatz mit *wenn* oder *falls* ist ein _____. Das Verb steht
>
> _____.
>
> Der uneingeleitete Bedingungssatz steht immer vor dem _____. Es gibt weder
>
> _____ noch _____. Das konjugierte Verb steht _____.

3.3 Was muss passieren? Schreiben Sie Sätze mit *falls*.

1 Falls wir die Erde ...

1 Wir möchten die Erde wirklich retten. Wir müssen jetzt sofort handeln!

2 Der Planet erwärmt sich immer mehr. Es drohen gefährliche Naturkatastrophen.

3 Man verzichtet auf Kohleenergie. Der Verbrauch des Kohlendioxids könnte reduziert werden.

4 Es gäbe weniger Autos. Man würde die Luft weniger verschmutzen.

3.4 Schreiben Sie die Sätze in 3.3 als uneingeleitete Bedingungssätze. *1 Möchten wir die Erde ...*

3.5 Und Sie? Was würden Sie machen, ...? Schreiben Sie Antworten.

1 ... wenn Sie Energie sparen müssten?

2 ... falls Sie eine Umweltpolitikerin / einen Umweltpolitiker treffen würden?

3 ... wenn Sie im Umweltschutz aktiv wären?

4 Ein Leserbrief / Ein Hörerkommentar

4.1 In welcher Reihenfolge kommen die Inhaltspunkte in einem Leserbrief vor? Ordnen Sie.

a ☐ die eigene Meinung äußern

c ☐ Schlussfolgerungen

b ☐ eigene Erfahrungen nennen

d ☐ zum Text Bezug nehmen

4.2 Welche Funktion haben die Redemittel? Ordnen Sie die Inhaltspunkte a–d aus 4.1 zu.

1 ☐ Meine eigenen Erfahrungen haben mir gezeigt, dass … / Aus meiner Erfahrung kann ich (nicht) bestätigen, dass …

2 ☐ In Ihrem Artikel / Ihrer Sendung berichten Sie über … Das Thema ist aktuell / für mich persönlich interessant, weil …

3 ☐ Deshalb wäre es gut, wenn … / Es wäre wünschenswert, dass …

4 ☐ Ich bin der Meinung, dass … / Man sollte bedenken, dass … / Das Argument, dass …, finde ich sehr/wenig überzeugend.

2.11 🔊 **4.3** Wie kann man die Luftverschmutzung reduzieren? Hören Sie das Radiointerview und bringen Sie die Themen in die richtige Reihenfolge. Ein Thema kommt nicht im Interview vor.

a ☐ Einführung von Tempolimits

b ☐ Einführung einer Steuer auf CO_2

c ☐ staatliche Unterstützung des Car-Sharing-Systems

d ☐ Ausbau und Verbesserung der Fahrradwege

e ☐ Autoverbot in den Innenstädten

f ☐ höhere Unterstützung beim Kauf eines Elektroautos

g ☐ kostenloser öffentlicher Verkehr

2.11 🔊 **4.4** Was ist falsch? Hören Sie noch einmal und streichen Sie durch.

1 In *Wien/Tallinn* haben fast 50 Prozent der Einwohner ein Jahresabo für die öffentlichen Verkehrsmittel.
2 In Norwegen zahlt man auf ein Elektro-Auto *30 Prozent / keine* Steuern.
3 Außerhalb der Städte *gibt es kaum Car-Sharing-Angebote. / ist Car-Sharing zu teuer.*
4 Es gibt zu wenig gut ausgebaute *Autobahnen/Fahrradwege.*
5 Die Höchstgeschwindigkeit auf Autobahnen sollte bei *120/150* Stundenkilometern liegen.
6 *Am Wochenende / Unter der Woche* könnte Autofahren verboten werden.

4.5 Was denken Sie über die Vorschläge aus dem Interview? Schreiben Sie einen Hörerkommentar an den Radiosender. Beachten Sie die Leitfragen und benutzen Sie die Redemittel im Kursbuch auf Seite 73 (einen Leserbrief schreiben).

– Warum finden Sie das Thema interessant?
– Wie ist Ihre Meinung zu den Vorschlägen?
– Wie sind Ihre eigenen Erfahrungen? (Fahren Sie selbst Auto? Wie ist der Verkehr an Ihrem Wohnort bzw. in Ihrer Heimat?)
– Welche Schlussfolgerungen ergeben sich für Sie?

> *Mit großem Interesse habe ich am … Ihre Radiosendung zum Thema „Luftverschmutzung"
> gehört. Dieses Thema ist sehr wichtig und aktuell, weil …*

4.6 Sprachmittlung: Präsentieren Sie eine Umweltschutzorganisation aus Ihrem Land. Übersetzen Sie ihren Namen auf Deutsch und stellen Sie ihre Ziele vor.

Stromausfall

1 *Blackout – Morgen ist es zu spät.* Ein Roman von Marc Elsberg

1.1 Welches Verb passt? Schlagen Sie die Bedeutung der Verben im Wörterbuch nach und ergänzen Sie sie in der richtigen Form.

betreten – kriechen – lehnen – stapfen – umrunden – wickeln

1 Er _____ am Fenster.

2 Sie _____ durch den Schnee.

3 Er _____ das Baby in eine Decke.

4 Die Sportlerin _____ den Platz.

5 Er _____ den Raum.

6 Die Katze _____ unter das Bett.

1.2 Lesen Sie den Romanauszug im Kursbuch auf Seite 68 noch einmal. Wer sagt/macht was? Schreiben Sie den Namen (Sonja, Cloe oder Lara).

1 _____ wundert sich, dass man nirgendwo mehr Benzin kaufen kann.

2 _____ merkt, dass das Benzin nicht reicht, um bis zu ihrem Urlaubsziel zu kommen.

3 _____ macht die Situation mit den stehengebliebenen Autos und den Menschen darin Angst.

4 _____ entscheidet sich, die sanitären Anlagen im Dunkeln nicht zu benutzen.

5 _____ bemerkt, dass Leute in der Raststätte sitzen.

6 _____ erkundigt sich danach, ob es noch Essen gibt.

2 Und Sie? Haben Sie schon einmal eine ungewöhnliche oder abenteuerliche Situation erlebt? Was ist passiert und welche Lösung haben Sie gefunden? Schreiben Sie einen kurzen Text.

Eine Fachtagung

1 Ein wissenschaftlicher Vortrag

2.12 1.1 Welche Vorträge hören Sie? Lesen Sie das Vortragsprogramm. Hören Sie dann Auszüge aus drei verschiedenen Vorträgen und ordnen Sie zu.

Die Kunst des Abschaltens

15.00	**Abschalten: Eine philosophische Reise in den Begriff des Aufhörens** Dr. C. Danner präsentiert theoretische Denkweisen von der Antike bis zur Moderne.
16.00	**Alte Muster abschalten und Neues ausprobieren** Prof. Dr. A. Taub erklärt, warum wir so lange an alten Gewohnheiten festhalten, die uns nicht guttun, und wie uns trotzdem der Neuanfang gelingt.
	Kaffeepause
17.15	**Den Atem abschalten: Wie das Apnoe-Tauchen mein Leben veränderte** Vor acht Jahren verlor S. Bartels den Boden unter den Füßen. Bis er mithilfe des Apnoe-Tauchens die fantastische Welt unter Wasser und sich selbst wiederentdeckte.
18.00	**Nachhaltig leben: Was muss ich dafür abschalten?** Dr. L. Conte erzählt, wie man umweltbewusster leben und nachhaltiger mit Ressourcen umgehen kann.
18.45	**Das Handy abschalten: Ein Jahr ohne Smartphone, Internet und Co.** J. Hernandez spricht über die Erfahrungen seiner Familie mit diesem Experiment.

2.12 🔊 **1.2** Welchen Teil des Vortrags hören Sie? Hören Sie die Auszüge noch einmal und verbinden Sie.

Vortrag **1**   a   Hauptteil
Vortrag **2**   b   Einleitung
Vortrag **3**   c   Schluss

2   Strategietraining: Folien für einen Vortrag gestalten

2.1 Wie sollte man Folien für einen Vortrag gestalten? Beantworten Sie die Fragen im Strategiekasten.

Strategietraining: Folien für einen Vortrag gestalten

Wie viele Folien gibt es? _____

Welche Informationen stehen auf den Folien? _____

Wie wird der Inhalt formuliert? _____

Wie sehen die Folien aus? _____

2.2 Was könnte man bei diesen Folien besser machen? Sprechen Sie in der Gruppe.

11. April, 18 Uhr
Herzlich willkommen zum Vortrag:

Nachhaltig leben:
Was muss ich dafür abschalten?

von Dr. Luisa Conte (Studium der Umwelt-
wissenschaften in Freiburg, M.A.),
seit 2017 wissenschaftl. Mitarbeiterin Institut
für Nachhaltigkeit in Zürich,

Mit-Autorin:
„Und ich? Was kann ich schon machen?",
erschienen 2019 im Verlag Grün und
Glücklich, 9,90 €

– Internet ist Hilfe, um Freundschaften und Kontakte zu pflegen!
– nicht realistisch, ohne Internet leben zu können
– Tipp: 1 Monat probieren oder unser Buch lesen ☺
– Danke für Ihre Aufmerksamkeit!

Warum ändern wir lange Zeit nichts an unserer Jobsituation? Das Alte macht uns nicht mehr glücklich. Wir warten und warten und warten. Es kann Monate oder Jahre dauern, bis wir sehen, dass uns etwas unzufrieden macht, zum Beispiel der Job. Bei anderen sehen wir das viel schneller.

2.12 🔊 **2.3** Gestalten Sie die Folien aus 2.2 neu. Hören Sie bei Bedarf die Vortragsauszüge noch einmal. Vergleichen Sie Ihre Folien in der Gruppe und geben Sie Feedback.

3   Ihre Fragen auf der Tagung. Nachfragen stellen. Was können Sie sagen? Ordnen Sie zu.

a   Ich hätte eine Frage zu dem Punkt …   c   Könnten Sie / Könntest du das genauer erklären?
b   Verstehe ich Sie/dich richtig, dass …?   d   Mich würde interessieren, … / Ich würde gern wissen, …

1 ☐ Sie möchten eine bestimmte Information zu einem Detail des Vortrags besser verstehen.

2 ☐ Sie wollen eine Frage freundlich einleiten.

3 ☐ Sie wollen sichergehen, dass Sie eine Information verstanden haben.

4 ☐ Sie möchten weitere Erklärungen, die im Vortrag nicht genannt wurden.

Lustige Geschichten

1 Te-Ka-Mo-Lo

1.1 Welche Information sollte nach der Te-Ka-Lo-Mo-Regel an einer anderen Position stehen? Korrigieren Sie wie im Beispiel.

1   Kim wird mit dem Fahrrad zur Arbeit vermutlich fahren.

2   Irina geht ins Schwimmbad heute trotz des schlechten Wetters.

3   Felix hat im Büro lustlos am Wochenende gearbeitet.

4   Wir werden im Garten am Sonntag wahrscheinlich grillen.

5   Er kam wegen der Verspätung nach Hause müde.

1.2 Schreiben Sie drei Sätze wie in 1.1. Tauschen Sie die Sätze mit Ihrer Partnerin / Ihrem Partner und korrigieren Sie sie.

2 Bildergeschichte

2.1 Ein lustiger Stromausfall. Was ist passiert? Bringen Sie die Bilder in die richtige Reihenfolge.

2.2 Zu welchen Bildern in 2.1 passen die Informationen? Ordnen Sie zu.

a   sitzen / im Dunkeln / während des Musicals / Licht / und / ausgehen

b   1   fahren / mit dem Taxi / zum Broadway Theater / im Juli 2019 / wir

c   Schauspieler / weiterspielen / auf der Straße / spontan

d   gehen / nach draußen / alle zusammen / nach ein paar Minuten / wegen des Stromausfalls

e   Fotos machen / meine Schwester / begeistert / mit dem Smartphone / den ganzen Abend

f   das Musical ansehen / im Theatersaal / wir / konzentriert

2.3 Schreiben Sie die Geschichte mit den Informationen in 2.2. Beachten Sie die Te-Ka-Mo-Lo-Reihenfolge und benutzen Sie die Wörter im Schüttelkasten.

Danach – Deshalb – Im Juli 2019 – Plötzlich – Schließlich – Zuerst – Trotzdem

Ein lustiger Stromausfall
Im Juli 2019 sind wir ...

2.4 Tauschen Sie Ihre Geschichte mit Ihrer Partnerin / Ihrem Partner und vergleichen Sie.

Prüfungstraining

GI **1 Sprechen Teil 1**

Sie nehmen an einem Seminar teil und sollen dort einen kurzen Vortrag halten.

Halten Sie einen Vortrag zu einem der beiden Themen (Thema A oder B). Ihre Gesprächspartnerin / Ihr Gesprächspartner stellt Ihnen anschließend Fragen. Tauschen Sie dann die Rollen.

Thema A: Entspannungsmethoden
- Beschreiben Sie mehrere Möglichkeiten.
- Beschreiben Sie eine Möglichkeit genauer.
- Nennen Sie Vor- und Nachteile und bewerten Sie diese.

Thema B: Energieformen
- Beschreiben Sie mehrere Alternativen.
- Beschreiben Sie eine Alternative genauer.
- Nennen Sie Vor- und Nachteile und bewerten Sie diese.

Tipp: Ihr Vortrag soll klar gegliedert sein in Einleitung, Hauptteil und Schluss. Lernen Sie deshalb vor Ihrem Vortrag wichtige Redemittel auswendig. Machen Sie sich während der Vorbereitungszeit (circa 5–10 Minuten) Notizen für jeden der drei Punkte. Überlegen Sie sich genau, worüber Sie sprechen wollen und mit welcher These oder mit welchem Beispiel Sie Ihren Vortrag beginnen möchten. Während des Vortrags können Sie Ihre Notizen benutzen. Sprechen Sie ruhig und deutlich.

GI **2 Hören Teil 3**

2.13 Sie hören im Radio ein Gespräch mit mehreren Personen.

Wer sagt das? Lesen Sie die Aufgaben 1–7 und kreuzen Sie an (a, b oder c).

1 Die Belastung am Arbeitsplatz nimmt immer mehr zu.

a ☐ Moderatorin   b ☐ Stressberaterin   c ☐ Betriebsratsmitglied

2 Ich helfe Arbeitnehmern, die Stress haben.
a ☐ Moderatorin   b ☐ Stressberaterin   c ☐ Betriebsratsmitglied

3 Es wird oft nicht gesehen, dass Stress ein Problem ist.
a ☐ Moderatorin   b ☐ Stressberaterin   c ☐ Betriebsratsmitglied

4 In Mitarbeitergesprächen soll über das Thema Arbeitsbelastung gesprochen werden.
a ☐ Moderatorin   b ☐ Stressberaterin   c ☐ Betriebsratsmitglied

5 Manche Betriebe bieten konkrete Programme und Kurse zum Stressabbau an.
a ☐ Moderatorin   b ☐ Stressberaterin   c ☐ Betriebsratsmitglied

6 Es gibt den Wunsch nach gesetzlichen Regelungen zum Stressabbau.
a ☐ Moderatorin   b ☐ Stressberaterin   c ☐ Betriebsratsmitglied

7 Die Betriebe sind dafür verantwortlich, dass Stress bei Mitarbeitern abgebaut wird.
a ☐ Moderatorin   b ☐ Stressberaterin   c ☐ Betriebsratsmitglied

> **Tipp:** Sie hören das Gespräch nur einmal. Lesen Sie deshalb während der Vorbereitungszeit die Sätze genau und markieren Sie die Schlüsselwörter. Dazu haben Sie in der Prüfung 60 Sekunden Zeit. Achten Sie dann beim Hören auf die Schlüsselwörter. Diese können auch mit Synonymen, Gegenteilen oder anderen Wörtern umschriebben werden.

ÖSD **3 Lesen Aufgabe 3**

Sie haben eine Kopie des folgenden Zeitungsartikels bekommen. Leider ist der rechte Rand abgeschnitten.

Rekonstruieren Sie den Text, indem Sie die fehlenden Wörter bzw. Wortteile an den rechten Rand (siehe Beispiele a, b) schreiben. Es gibt für jede Lücke eine Lösung mit maximal drei Buchstaben.

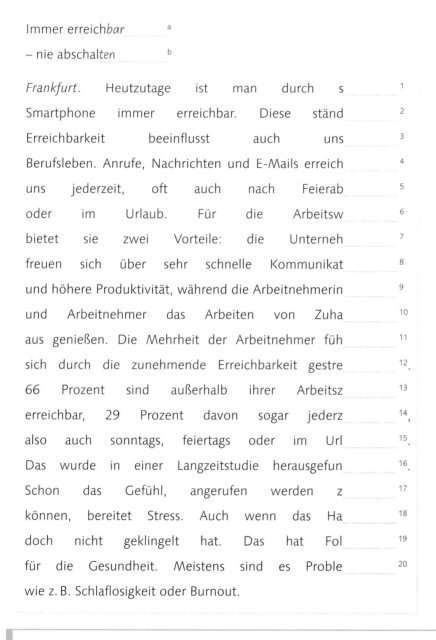

Immer erreich*bar*　　　a

– nie abschal*ten*　　　b

Frankfurt. Heutzutage ist man durch s_____ 1

Smartphone immer erreichbar. Diese ständ_____ 2

Erreichbarkeit beeinflusst auch uns_____ 3

Berufsleben. Anrufe, Nachrichten und E-Mails erreich_____ 4

uns jederzeit, oft auch nach Feierab_____ 5

oder im Urlaub. Für die Arbeitsw_____ 6

bietet sie zwei Vorteile: die Unterneh_____ 7

freuen sich über sehr schnelle Kommunikat_____ 8

und höhere Produktivität, während die Arbeitnehmerin_____ 9

und Arbeitnehmer das Arbeiten von Zuha_____ 10

aus genießen. Die Mehrheit der Arbeitnehmer füh_____ 11

sich durch die zunehmende Erreichbarkeit gestre_____ 12.

66 Prozent sind außerhalb ihrer Arbeitsz_____ 13

erreichbar, 29 Prozent davon sogar jederz_____ 14,

also auch sonntags, feiertags oder im Url_____ 15.

Das wurde in einer Langzeitstudie herausgefun_____ 16.

Schon das Gefühl, angerufen werden z_____ 17

können, bereitet Stress. Auch wenn das Ha_____ 18

doch nicht geklingelt hat. Das hat Fol_____ 19

für die Gesundheit. Meistens sind es Proble_____ 20

wie z. B. Schlaflosigkeit oder Burnout.

> **Tipp:** Bei dieser Aufgabe geht es um Ihre Wortschatz- und Grammatikkenntnisse. Beachten Sie beim Bearbeiten immer den Kontext. Lesen Sie zuerst den ganzen Satz und ergänzen Sie dann Ihre Antwort. Achten Sie auf die korrekte Rechtschreibung. Bei Artikeln, Adjektiven und Nomen ist der Kasus wichtig und die richtige Endung. Denken Sie bei den Verben an die richtige Konjugation.

6 In Erinnerungen schwelgen

Lebensstationen

1 Erinnerungen

1.1 Wie war Lennarts erster Schultag? Lesen und ergänzen Sie.

werde nie den Moment vergessen, als – kann ich mich sehr gut erinnern –
werde ich wohl nie vergessen – an dieses Gefühl erinnere ich mich heute noch –
ich habe kaum Erinnerungen an

Viele Leute erzählen gerne von früher. Aber _____ ¹

meine Kindheit. Leider! Das meiste habe ich vergessen. Nur an meine Einschulung

_____ ². Schon Monate vorher habe ich mich darauf gefreut, bald

zur Schule zu gehen. Dann kam der große Tag. Morgens war ich schon früh wach. Ich _____

_____ ³ meine Eltern mit einer riesigen Schultüte vor meinem

Bett standen. Ich war so stolz und aufgeregt, als ich sie ausgepackt habe –

_____ ⁴. So schöne Stifte, Papier, Schokolade und andere Dinge! Den Tag

meiner Einschulung _____ ⁵.

1.2 Und Sie? Woran erinnern Sie sich gut? Wählen Sie ein Ereignis aus Ihrem Leben und schreiben Sie
einen Text. Benutzen Sie die Redemittel auf Seite 85 im Kursbuch.

1.3 Über welche Stationen aus Hannis Leben schreibt
Claudia in der E-Mail? Lesen und ergänzen Sie.
Einige Wörter passen nicht.

Ausstellung – Einschulung – Enkelkinder –
Familienurlaub – Geburt – Kindergarten –
Restaurant-Eröffnung – Stelle – Uni-Abschluss

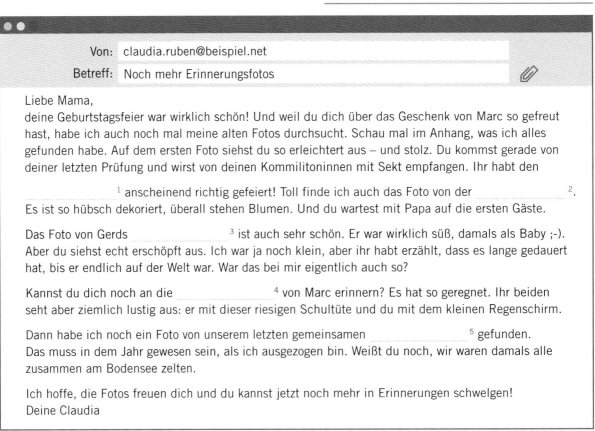

Von: claudia.ruben@beispiel.net

Betreff: Noch mehr Erinnerungsfotos

Liebe Mama,
deine Geburtstagsfeier war wirklich schön! Und weil du dich über das Geschenk von Marc so gefreut
hast, habe ich auch noch mal meine alten Fotos durchsucht. Schau mal im Anhang, was ich alles
gefunden habe. Auf dem ersten Foto siehst du so erleichtert aus – und stolz. Du kommst gerade von
deiner letzten Prüfung und wirst von deinen Kommilitoninnen mit Sekt empfangen. Ihr habt den

_____ ¹ anscheinend richtig gefeiert! Toll finde ich auch das Foto von der _____ ².
Es ist so hübsch dekoriert, überall stehen Blumen. Und du wartest mit Papa auf die ersten Gäste.

Das Foto von Gerds _____ ³ ist auch sehr schön. Er war wirklich süß, damals als Baby ;-).
Aber du siehst echt erschöpft aus. Ich war ja noch klein, aber ihr habt erzählt, dass es lange gedauert
hat, bis er endlich auf der Welt war. War das bei mir eigentlich auch so?

Kannst du dich noch an die _____ ⁴ von Marc erinnern? Es hat so geregnet. Ihr beiden
seht aber ziemlich lustig aus: er mit dieser riesigen Schultüte und du mit dem kleinen Regenschirm.

Dann habe ich noch ein Foto von unserem letzten gemeinsamen _____ ⁵ gefunden.
Das muss in dem Jahr gewesen sein, als ich ausgezogen bin. Weißt du noch, wir waren damals alle
zusammen am Bodensee zelten.

Ich hoffe, die Fotos freuen dich und du kannst jetzt noch mehr in Erinnerungen schwelgen!
Deine Claudia

1.4 Richtig oder falsch? Lesen Sie noch einmal und kreuzen Sie an.

	richtig	falsch
1 Das erste Foto zeigt Hanni während einer Prüfung als Studentin.	○	○
2 Auf dem zweiten Foto sieht man das Restaurant, bevor die ersten Gäste kamen.	○	○
3 Claudias Geburt war anstrengend und hat sehr lange gedauert.	○	○
4 An Marcs erstem Schultag war das Wetter sehr schlecht.	○	○
5 Claudia ist an den Bodensee gezogen.	○	○

1.5 Schreiben Sie einen Text über Claudias Leben. Benutzen Sie die Redemittel auf Seite 85 im Kursbuch.

```
- Einschulung (6 Jahre)
- Siegerin bei Fotowettbewerb (14 Jahre)
- Abschluss der Ausbildung zur Floristin (21 Jahre)
- Weltreise (22 Jahre)
- Eröffnung des Blumenladens (28 Jahre)
- Geburt ihres Sohnes Marc (31 Jahre)
```

2 Wir haben einen Kredit aufnehmen müssen.

2.1 Welches Modalverb passt? Lesen und ergänzen Sie.
Beachten Sie: Einige Verben passen mehrmals und
ein Verb passt nicht. Der Grammatikanhang (A 1.5.1) hilft.

dürfen – können – müssen – sollen – wollen

Meine Eltern haben beide viel arbeiten _müssen_ ¹. Deshalb habe ich schon als Kind im Haushalt helfen

und Verantwortung übernehmen _____ ². Obwohl ich natürlich lieber etwas mit meinen Freunden

habe unternehmen _____ ³, habe ich oft auf meine jüngeren Geschwister aufpassen _____ ⁴.

Unsere Familie war nie reich. Zum Beispiel haben die Urlaube nicht viel kosten _____ ⁵. Und wir

haben uns lange kein Auto leisten _____ ⁶. Aber meine Kindheit war sehr schön und unsere Eltern

waren nicht streng. Wir haben fast alles machen _____ ⁷, weil es kaum Verbote gegeben hat.

2.2 Markieren Sie in 2.1 die Modalverben im Perfekt. Ergänzen Sie dann die Regeln im Grammatikkasten.

> **Perfekt: Modalverben**
>
> Das Perfekt von Modalverben bildet man mit dem Hilfsverb _haben (konjugiert)_ + Verb
>
> im _____ + Modalverb im _____ .
>
> Im Nebensatz stehen am Satzende alle Verben hintereinander. Das Hilfsverb steht – anders als in
>
> anderen Nebensätzen – nicht am Satzende, sondern _____ .

2.3 Schreiben Sie die Sätze im Perfekt wie im Beispiel.

1 Ich konnte mir mit meinem Austauschjahr in Kanada einen Traum erfüllen.
2 Wir sollten als Kinder immer pünktlich nach Hause kommen.
3 Ich wollte als Kind immer Zeit mit meinen Großeltern verbringen.
4 Ich konnte mich lange nicht für ein Studienfach entscheiden.
5 Ich durfte mit 16 zum ersten Mal allein mit meinen Freunden in den Urlaub fahren.
6 Als Jugendlicher musste ich am Wochenende in einem Restaurant arbeiten.

> _1 Ich habe mir mit meinem Austauschjahr in Kanada einen Traum erfüllen können._

2.4 Schreiben Sie mit den Sätzen aus 2.3 Nebensätze im Perfekt wie im Beispiel.

1 Ich bin sehr froh, dass …
2 Ich finde es etwas schade, dass …
3 Ich weiß noch sehr gut, dass …

4 Ich erinnere mich gut daran, dass …
5 Es war nicht selbstverständlich, dass …
6 Meine Eltern waren nicht begeistert, dass …

1 Ich bin sehr froh, dass ich mir mit meinem Austauschjahr in Kanada einen Traum habe erfüllen können.

3 Was wäre anders gewesen, wenn …?

3.1 Was passt? Ergänzen Sie.

wohl nie so schnell verbessern können – wenn ich nicht in Tokio gewohnt hätte –
hätte ich nicht so viel durch Asien reisen können – nicht kennengelernt

1 Wenn ich die Stelle in Japan nicht angenommen hätte,   .

2 Fast hätte ich auch meinen Mann   .

3 Und ich hätte meine Japanischkenntnisse   .

4 Ich hätte auch nicht an einem Kurs zu japanischer Blumenkunst teilgenommen,
                                                                                           .

3.2 Was ist falsch? Lesen Sie die Sätze aus 3.1 noch einmal. Lesen Sie dann die Regeln und streichen Sie die falschen Informationen durch.

Konjunktiv II der Vergangenheit

haben oder *sein* (konjugiert) + Verb im ~~*Infinitiv*~~ / *Partizip II*

Konjunktiv II der Vergangenheit mit Modalverb:
haben (konjugiert) + Verb im *Infinitiv / Partizip II* + Modalverb im *Infinitiv / Partizip II*

Irreale Bedingungssätze mit Konjunktiv II der Vergangenheit
Irreale Bedingungssätze beschreiben Handlungen, die in der Vergangenheit *passiert sind / möglich waren* und die in der Gegenwart *nicht mehr möglich sind / noch immer möglich sind.*

3.3 Was wäre fast (nicht) passiert? Schreiben Sie mit den Verben im Schüttelkasten Sätze zu den Bildern im Konjunktiv II der Vergangenheit.

seinen Flug verpassen – nicht heiraten – nicht am Surfkurs teilnehmen – ~~verschlafen~~ – nicht die Surflehrerin kennenlernen

1 Fast hätte er verschlafen.

3.4 Was wäre passiert, wenn …? Schreiben Sie irreale Verbindungssätze mit Ihren Sätzen aus 3.3 wie im Beispiel.

Wenn er verschlafen hätte, hätte er das Flugzeug verpasst. Wenn er …

3.5 Was wäre geworden, wenn …? Schreiben Sie den Tagebucheintrag aus der Perspektive von heute. Benutzen Sie den Konjunktiv II der Vergangenheit.

> *vom 27.09.2016*
>
> *Wenn ich nur noch Teilzeit arbeiten würde, hätte ich viel mehr Zeit für mich. Ich könnte dann in Ruhe über meine berufliche Situation nachdenken. Ich müsste nicht mehr so viel arbeiten. Und ich könnte mehr Dinge machen, die mir guttun. Ich würde öfter Sport treiben und immer gesund für mich kochen. Und am Wochenende würde ich verreisen. Dann würde es mir viel besser gehen.*

Wenn ich vor drei Jahren in Teilzeit gearbeitet hätte, hätte ich viel mehr Zeit für mich gehabt. Ich …

3.6 Wiederholung: Irreale Bedingungssätze. Ergänzen Sie die Verben im Konjunktiv der Gegenwart oder der Vergangenheit. Der Grammatikanhang (A 1.4.1 und A 1.4.2) hilft.

1 Wenn ich jetzt Urlaub *hätte* (haben), *würde* ich am liebsten ans Meer *fahren* (fahren).

2 Wenn ich bei meinem letzten Job mehr _____ (verdienen), _____ ich mehr

 Geld _____ (sparen können).

3 Wenn ich damals nicht Chemie _____ (studieren), _____ ich heute

 wahrscheinlich nicht bei einem Pharmaunternehmen _____ (arbeiten).

4 Wenn ich beim Studium meine Partnerin nicht _____ (kennenlernen), _____

 ich wohl nicht so früh Vater _____ (werden).

5 Wenn ich jetzt nochmal _____ (studieren können), _____ ich wohl ein

 anderes Fach _____ (wählen).

Das Gedächtnis – Ort unserer Erinnerungen

1 Ein Gedächtnis-Experiment. Welche Definition passt? Ordnen Sie zu und schreiben Sie mit jedem Verb einen Satz.

1 ☐ etwas assoziieren mit   2 ☐ sich erinnern an   3 ☐ sich etwas merken

a Fakten im Gedächtnis behalten, z. B. einen Namen, eine Grammatikregel oder eine Telefonnummer
b sich etwas Bestimmtes zu einem Thema vorstellen, z. B. die Farbe Rot bei dem Wort „Rose"
c detaillierte Informationen im Gedächtnis behalten und später abrufen können, z. B. die Einschulung

2 Wie das Gedächtnis funktioniert

2.1 Welches Wort passt? Ergänzen Sie.

Nervenzelle – Sauerstoff – Gehirn – Sinnesorgane

1 Das _____ ist das Organ, wo sich das menschliche Gedächtnis befindet. Es ist für alle Funktionen im Körper zuständig.

2 Mithilfe der _____ nimmt ein Mensch seine Umwelt wahr. Er sieht, hört, riecht, schmeckt und fühlt damit.

3 Der _____ wird beim Atmen aufgenommen und später ins Blut weitergegeben. Ohne ihn kann ein Mensch nur wenige Minuten leben.

4 Eine _____ ist eine sehr sensible Zelle, die für die Weiterleitung von Informationen zuständig ist. Jeder Mensch hat hundert Milliarden davon.

2.2 Welche Gedächtnistypen gibt es? Was passiert dort? Lesen Sie den Artikel im Kursbuch auf Seite 76 noch einmal und machen Sie Notizen in Ihrem Heft.

Gedächtnistypen   *sensorisches Gedächtnis*

Was passiert dort?

*Wie lange bleiben
die Informationen dort?*

2.14 🔊 **2.3** Was sagt Frau Schönebeck? Hören Sie das Interview und ordnen Sie die Informationen.

a ⬚ Man lernt besser, wenn man Informationen über mehrere Sinnesorgane aufnimmt.

b ⬚ Im Arbeitsgedächtnis kann nur eine begrenzte Zahl an Informationen gespeichert werden.

c ⬚ Beim Schlafen werden neue Informationen vom Gehirn verarbeitet und einsortiert.

d ⬚ Das Gedächtnis bezeichnet die Fähigkeit, sich etwas zu merken.

e ⬚ Das Kurzzeitgedächtnis ist wichtig, um einem Gespräch folgen zu können.

f ⬚ Durch Wiederholung werden die Verbindungen zwischen Nervenzellen intensiver.

2.4 Wiederholung: Passiv Präsens, Präteritum, Perfekt und Passiv Präsens mit Modalverb. Ergänzen Sie die Verben im Passiv in der richtigen Zeitform. Der Grammatikanhang (A 1.3) hilft.

1 Experten erforschen seit vielen Jahren das menschliche Gedächtnis.

Das menschliche Gedächtnis _____ seit vielen Jahren von Experten _____ .

2 Der Gedächtnisforscher Eric Kandel führte im Jahr 1963 ein interessantes Experiment durch.

Im Jahr 1963 _____ von Eric Kandel ein interessantes Experiment _____ .

3 Elektrische Reize haben gezeigt, dass Nervenzellen lernen können.

Durch elektrische Reize _____ , dass Nervenzellen lernen können.

4 Die Gedächtnisforschung kann das Leben der Menschen verbessern.

Das Leben der Menschen _____ durch die Gedächtnisforschung _____ .

2.5 Wann benutzt man *durch*, wann benutzt man *von* in Passivsätzen? Lesen Sie die Sätze in 2.4 noch einmal und formulieren Sie Regeln mithilfe der Wörter.

> Institution – Mittel – Person –
> Ursache – wer? – wie?

Passivsätze mit *von* oder *durch*
Passiv mit *von* (+Dativ): _____
Passiv mit *durch* (+Akk.): _____

2.6 *Von* oder *durch*? Schreiben Sie Sätze mit den Informationen und *von* oder *durch* wie im Beispiel.

1 Das Gedächtnis wird immer weiter erforscht. *(Wissenschaftler)*
2 Die Erinnerungsfähigkeit wird dauerhaft verbessert. *(das Erlernen neuer Dinge)*
3 Die Gedächtnisleistung wird bei Problemen überprüft. *(Ärzten)*
4 Die Prozesse im Gehirn werden verlangsamt. *(negative Emotionen)*
5 Nervenzellen werden besser mit Sauerstoff versorgt. *(sportliche Tätigkeiten)*

1 Das Gedächtnis wird immer weiter von Wissenschaftlern erforscht.

2.7 Sprachen lernen. Welche Information passt? Ergänzen Sie die Sätze mit den Informationen und *von* oder *durch* wie im Beispiel. Achten Sie auf den Kasus.

eine angenehme Lernatmosphäre – ~~das Erlernen einer neuen Fremdsprache~~ – häufiges Wiederholen – Menschen jedes Alters – das Umschalten zwischen den Sprachen

1 Unser Gehirn kann *durch das Erlernen einer neuen Fremdsprache* vor Krankheiten, z. B. vor Alzheimer, besser geschützt werden.

2 _____ ist das Gehirn besser trainiert.

3 Eine neue Sprache kann _____ gelernt werden.

4 Das Lernen wird _____ vereinfacht, z. B. durch ruhige Musik oder einen schönen Schreibtisch.

5 Neue Wörter werden _____ dauerhaft gespeichert, deshalb sollte man am besten jeden Tag üben.

3 **Das Lernen lernen. Und Sie? Wie lernen Sie am besten Deutsch? Schreiben Sie einen Text über sich. Beantworten Sie dabei die Fragen.**

– Welche Lerntechniken und -strategien haben Sie bisher benutzt? Wie bewerten Sie sie?
– Welche neuen Lerntechniken und -strategien möchten Sie in Zukunft ausprobieren?

Erinnerungen aus der Geschichte

1 **Deutsche Geschichte**

1.1 Welches Wort passt? Ergänzen Sie.

1 Bei der ... am 3. Oktober 1990 wurde aus der BRD und der DDR wieder ein Land. Seitdem wird an diesem Datum der „Tag der deutschen Einheit" in Deutschland gefeiert.
2 Die ... ist eine Gruppe von Menschen, die die offiziellen Entscheidungen für ein Land und seine Bewohner trifft.
3 Die ... ist die Linie, die zwei Nachbarstaaten voneinander trennt. Von 1949 bis 1990 gab es eine deutsch-deutsche ... zwischen der BRD und der DDR.
4 Die ... ist die Abkürzung für die Deutsche Demokratische Republik.
5 Der ... begann 1961 mitten in der Nacht und trennte plötzlich Familien in Ost- und Westberlin voneinander.
6 Der Regierungs... ist die Person, die im Namen der Regierung offizielle Mitteilungen macht. Günter Schabowski war Regierungs... der DDR.
7 Der ... im November 1989 bezeichnet die Öffnung der Mauer in Berlin und ist heute das Symbol für die deutsche Wiedervereinigung.
8 Von einer ... spricht man, wenn ein Staat oder eine Organisation neu gebildet wird. Zum Beispiel wurden 1949 die BRD und die DDR gegründet.
9 Der ... ist ein Wirtschaftssystem, das – anders als z. B. im Kommunismus oder Sozialismus – auf der Idee von Angebot und Nachfrage am Markt basiert.
10 Der ... ist die Zeit zwischen 1933 und 1945, als in Deutschland die Nazi-Regierung unter Hitler an der Macht war.
11 Ein ... ist ein Krieg zwischen mehreren Ländern auf der ganzen Welt. Der 2. ... dauerte von 1939 bis 1945.

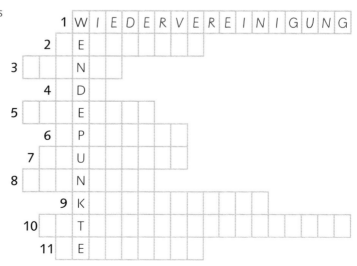

1 W I E D E R V E R E I N I G U N G
2 E
3 N
4 D
5 E
6 P
7 U
8 N
9 K
10 T
11 E

1.2 Sprachmittlung: Eine Freundin / Ein Freund stellt Ihnen Fragen über die deutsche Geschichte. Sehen Sie sich noch einmal das Video zur deutschen Geschichte an und beantworten Sie die Fragen schriftlich in Ihrer Muttersprache.

   – Wie kam es zur Gründung der beiden deutschen Staaten?
   – Wie kam es zum Mauerfall 1989?
   – Was waren die Folgen des Mauerfalls?

2.15 **1.3** Phonetik: der wandernde Satzakzent. Hören Sie und markieren Sie den Satzakzent.

   1 Mit dem Zweiten Weltkrieg endete der Nationalsozialismus in Deutschland.
   2 Das Land wurde in vier Besatzungszonen geteilt.
   3 1961 ließ die DDR-Regierung die Berliner Mauer bauen.
   4 Die Mauer stand fast 30 Jahre.
   5 Am 3. Oktober 1990 wurde Deutschland wiedervereinigt.
   6 An diesem Datum feiert man den deutschen Nationalfeiertag.

2.16 **1.4** Ist das richtig? Hören und widersprechen Sie. Wie ändert sich der Satzakzent? Betonen Sie wie im Beispiel.

> *Mit dem Zweiten Weltkrieg begann der Nationalsozialismus in Deutschland.*

> *Nein, mit dem Zweiten Weltkrieg endete der Nationalsozialismus in Deutschland.*

2 Berühmte Personen in der Geschichte

2.1 Richtig oder falsch? Lesen Sie die Biografie über Angela Merkel und kreuzen Sie an.

Angela Merkel wurde am 17. Juli 1954 als Tochter eines Theologiestudenten und einer Lehrerin in Hamburg geboren. Im selben Jahr zog die Familie von der BRD in die DDR, wo ihr Vater begann, als Pfarrer zu arbeiten. Wenn ihrem Vater die Stelle in der DDR nicht angeboten worden wäre, wäre Angela Merkel in Westdeutschland aufgewachsen. Während ihrer Schulzeit, ihres Physik-Studiums und ihrer Promotion engagierte sie sich politisch und war Mitglied bei der DDR-Jugendorganisation *Freie Deutsche Jugend* (FDJ). Aber sie arbeitete weder für die Partei der DDR-Regierung noch für eine andere politische Gruppe. Das änderte sich im Jahr 1989. Sie wurde Mitglied bei *Demokratischer Aufbruch* (DA), einer neuen Partei der DDR. Diese Partei hatte das Ziel, die DDR und die BRD wieder zu vereinigen. Ohne die allgemeine Stimmung im Jahr 1989 wäre diese Partei wahrscheinlich nicht gegründet worden. Im Februar 1990 – ein halbes Jahr vor der deutsch-deutschen Wiedervereinigung – trat der DA der Partei *Christlich Demokratische Union Deutschlands* (CDU) bei. Damit wurde auch Angela Merkel CDU-Mitglied. In den folgenden Jahren machte sie Karriere in der CDU und war eine wichtige Person in der Politik Deutschlands. Zum Beispiel war sie Anfang der 90er-Jahre Ministerin für Frauen und Jugend in der ersten Regierung des wiedervereinigten Deutschlands. Im Jahr 2005 wurde sie schließlich Bundeskanzlerin. Das Außergewöhnliche an ihr ist aber nicht nur, dass sie als erste Frau zur Kanzlerin gewählt wurde. Für die Geschichte Deutschlands ist sie auch aus anderen Gründen wichtig: Sie war die erste Kanzlerin aus Ostdeutschland, die erste Kanzlerin mit einem naturwissenschaftlichen Beruf sowie mit 51 Jahren die jüngste Kanzlerin. Ohne den Mauerfall wäre sie wohl nie zur Bundeskanzlerin gewählt worden.

	richtig	falsch
1 Als Angela Merkel geboren wurde, arbeitete ihr Vater als Lehrer in Ostdeutschland.	◯	◯
2 Schon als Jugendliche und junge Erwachsene war Angela Merkel politisch engagiert.	◯	◯
3 Während ihres Studiums trat sie der Partei *Demokratischer Aufbruch* bei.	◯	◯
4 Angela Merkel war in der DDR Frauen- und Jugendministerin.	◯	◯
5 Sie ist die erste Frau, Ostdeutsche und Naturwissenschaftlerin, die Kanzlerin wurde.	◯	◯
6 Ohne die deutsche Wiedervereinigung wäre sie vielleicht nie Kanzlerin geworden.	◯	◯

2.2 Wie sind die Regeln? Markieren Sie drei Passivsätze mit Konjunktiv II der Vergangenheit in der Biografie in 2.1 und ergänzen Sie den Grammatikkasten.

Passiv mit Konjunktiv II der Vergangenheit

Das Passiv mit Konjunktiv II der Vergangenheit leitet sich vom Passiv Perfekt ab und besteht immer aus drei Verben:

Das Hilfsverb _____ (im Konjunktiv II + konjugiert) + _____ + _____.

Im Nebensatz stehen alle Verben _____.

2.3 Wiederholung: Passiv Perfekt. Schreiben Sie die Sätze im Passiv. Der Grammatikanhang (A 1.3.1) hilft.

1 Die Siegermächte haben Deutschland nach dem 2. Weltkrieg besetzt.
2 1949 hat man zwei deutsche Staaten gegründet.
3 Die DDR-Regierung hat 1961 die Berliner Mauer gebaut.
4 DDR-Bürger, die fliehen wollten, hat man verhaftet.
5 Erst 1989 hat man die Grenzen zwischen der DDR und der BRD wieder geöffnet.
6 Ein Jahr später – am 3.10.1990 – hat man beide Länder wiedervereinigt.
7 Die Bundesregierung hat dieses Datum zum deutschen Nationalfeiertag bestimmt.

1 Deutschland ist nach dem 2. Weltkrieg besetzt worden.

2.4 Wie wäre die Welt heute ohne die berühmten Personen in der Geschichte? Ergänzen Sie die Verben im Passiv mit Konjunktiv II der Vergangenheit.

1 Ohne viele berühmte Personen in der Geschichte *wäre* weniger für Menschenrechte *gekämpft*

worden (kämpfen).

2 Ohne mutige Widerstandskämpferinnen und Widerstandskämpfer _____ der zweite Weltkrieg

vielleicht erst viel später _____ (beenden).

3 Ohne kreative Erfinderinnen und Erfinder _____ wichtige Dinge, die uns heute den Alltag

erleichtern, nicht _____ (erfinden).

4 Ohne die Ideen vieler Schriftstellerinnen und Schriftsteller _____ weniger interessante Bücher

über unser Leben und unsere Gesellschaft _____ (schreiben).

5 Ohne Friedensforscherinnen und Friedensforscher _____ der Frieden und seine gesellschaft-

lichen Voraussetzungen weniger _____ (untersuchen).

2.5 Wählen Sie eine berühmte Person aus der Geschichte. Wie wäre die Welt heute ohne sie? Schreiben Sie eine kurze Biografie. Die Redemittel im Kursbuch auf Seite 85 helfen.

3 Strategietraining: Informationen recherchieren und strukturieren

3.1 Was macht man zuerst? Sehen Sie das Strategievideo noch einmal und ordnen Sie die Schritte.

Informationen recherchieren und strukturieren

☐ Fotos und Videos zum Thema anschauen

☐ genauere Informationen zum Thema suchen

☐ konkrete Fragen für die Recherche überlegen

☐ Informationen aus verschiedenen Quellen zusammenfassen und evtl. visualisieren

☐ seriöse von unseriösen Seiten unterscheiden

☐ Stichwörter in Suchmaschine eingeben

☐ wichtige Informationen zum Thema notieren

☐ Überschriften der Ergebnisse überfliegen, dann genauer lesen

---

3.2 Wo findet man die Antworten? Lesen Sie die Fragen und den Artikel und unterstreichen Sie wichtige Textstellen. Machen Sie danach Notizen zu den Fragen in Ihrem Heft.

1 Wo und wann fand der Mauerbau statt?
2 Wie kam es dazu?

3 Was genau ist geschehen?
4 Welche Folgen hatte der Mauerbau für die Menschen?

> 1 Wo und wann:
>   – an der Grenze zwischen Ost- und Westberlin, am …

Geschichte   Nr. 8

Der Mauerbau 1961:
Die DDR-Regierung lässt Bürger nicht mehr ausreisen

Noch am 15. Juni 1961 erklärte der DDR-Politiker Walter Ulbricht, dass in Berlin keine Mauer gebaut werden sollte. Doch Anfang August 1961 wuchs der Druck auf die DDR-Regierung. Immer mehr DDR-
5 Bürger flohen in den Westen. Die meisten verließen die DDR über West-Berlin, da die Grenze zwischen der DDR und der Bundesrepublik bereits seit 1952 streng bewacht wurde. Allein in den ersten beiden Augustwochen 1961 gingen circa 47.000 DDR-Bür-
10 ger, die meisten von ihnen jung und gut ausgebildet, in den Westen. Sie flohen mit der Hoffnung, in der BRD in Freiheit und in einer besseren finanziellen Situation leben zu können.

Bau in nur wenigen Tagen
15 In der Nacht zum 13. August 1961 wurde die Grenze nach West-Berlin von zahlreichen Polizisten und Soldaten geschlossen. In den folgenden Tagen wurde damit begonnen, eine circa vier Meter hohe Mauer zu bauen, die Berlin in zwei Hälften trennte.
20 Die Bevölkerung in beiden Teilen Deutschlands war wütend und schockiert. Offiziell sagte die DDR-Regierung, dass man mithilfe der Mauer die DDR schützen wollte. Der wirkliche Grund wurde nicht genannt: nämlich der Versuch, die Flucht aus der
25 DDR zu beenden.

Getrennte Verwandte und Freunde
In den Tagen des Mauerbaus fanden überall entlang der Mauer unglückliche Szenen statt. Plötzlich wur-
30 den die Menschen in West- und Ost-Berlin voneinander getrennt. Verwandte, Freunde und Kollegen hatten keine Möglichkeit mehr, sich zu treffen. Die Mauer teilte Straßen, Plätze und sogar Häuser. Über 50.000 Ost-Berliner erreichten ihren Arbeitsplatz in West-Berlin nicht mehr. Die Soldaten an
35 der Mauer bekamen die Erlaubnis, zu schießen – was sie auch taten: Mindestens 136 Menschen starben nach 1961 an der Berliner Mauer. Fast 30 Jahre lang war Berlin eine geteilte Stadt. Bis es 1989 schließlich zum Fall der Berliner Mauer kam.

3.3 Was sagt Frau Langwitz? Hören Sie und kreuzen Sie an.

1 ◯ An den Tag des Mauerbaus kann ich mich nicht mehr so gut erinnern.
2 ◯ Als es noch keine richtige Mauer gab, hätte ich einfach in den Westen laufen können.
3 ◯ Wir konnten meinen Vater nach dem Mauerbau jedes Jahr nur einmal sehen.
4 ◯ Wir haben uns in unserer Wohnung nicht mehr wohlgefühlt.

3.4 Hören Sie noch einmal und ergänzen Sie Ihre Notizen aus 3.2.

3.5 Beschreiben Sie in einem kurzen Text die Geschichte des Mauerbaus. Benutzen Sie die Fragen und Ihre Notizen aus 3.2 sowie die Redemittel auf Seite 85 im Kursbuch.

Lieblingsbücher

1 Bestseller. Welches Genre passt? Lesen Sie die Kurzkritiken und ordnen Sie zu.

a Autobiografie
b Familienroman
c Gedichtband
d Ratgeber
e Sachbuch
f Science-Fiction-Roman

1 ☐ Wie können wir in unserem hektischen Leben mehr Pausen einbauen, um ein entspannteres und zufriedeneres Leben zu führen? Das ist keine neue Frage. Aber der Autor Matthew Fisher beantwortet sie mit neuesten Erkenntnissen aus der Hirnforschung, sodass sein Buch mit bisher unbekannten Ratschlägen überzeugt und überrascht. „Die Entdeckung der neuen Langsamkeit. Wie wir bei uns ankommen", gehört in jedes Bücherregal.

2 ☐ Dieses Buch macht süchtig! Begleiten Sie Elsas Suche nach ihrer Schwester während des zweiten Weltkrieges. Entdecken Sie das Geheimnis, das die beiden verbindet und das ihr Vertrauen zueinander testet. Ein Geheimnis, das auch für spätere Generationen – die Kinder und Enkel der beiden Schwestern – Folgen hat. „Grün wie Gras" von Anna Kabelka wird Sie begeistern.

3 ☐ „Die Achtziger. Wie alles zusammenhing." Das neue Buch der Historikerin Sabine Ganglauer behandelt eine besondere Zeit in Europa. Detailliert berichtet sie über dieses Jahrzehnt aus verschiedenen Perspektiven und zeigt auf diese Weise überraschende Verbindungen zwischen Politik, Kunst, Musik und Technik. Mit zahlreichen Abbildungen und Grafiken.

4 ☐ Rebecca Steinfeld setzt sich seit Jahrzehnten mit großem Erfolg für ein besseres Leben von Mädchen auf der ganzen Welt ein. Für ihren Mut wurde sie mit zahlreichen Preisen ausgezeichnet. Zum ersten Mal erzählt sie auf beeindruckend offene Art davon, wie ihr Engagement und ihr eigenes Leben zusammenhängen. Unser Bestseller-Tipp: „Wie ich wurde, was ich bin".

5 ☐ „Schwimmen im runden Sand" eignet sich für alle Leserinnen und Leser, die ihren Tag mit ein paar schönen Zeilen beginnen möchten. In seiner Poesie spielt Johann Schwarz mit Wörtern und Bildern auf eine Art, die uns plötzlich unseren Alltag mit anderen Augen sehen lässt. Kurzum: ein poetisches Buch mit viel Liebe zum Detail, das man gern in die Hand nimmt.

6 ☐ Es ist der Erzählstil, der dieses Buch von anderen Büchern unterscheidet. Denn der Erzähler Viktor lebt zwar im Jahr 2045, berichtet aber in Erinnerungen von einem Ereignis, das in der heutigen Zeit geschieht. Das neue Buch „Du weißt es schon" von Èric Morel beschreibt eine zukünftige Situation und erinnert uns daran, jetzt zu handeln!

2 Strategietraining: eine Rezension verstehen

2.1 Wie wird dieses Buch insgesamt bewertet? Lesen Sie die Rezension und kreuzen Sie an.

1 ○ besonders gut   2 ○ gut   3 ○ nicht so gut

Alexandra Frohberg: Nur eine bessere Welt   *Rezension von Yuri Okeke*

Nach ihrem Bestseller „Schlüsselkind", der mit vielen Preisen ausgezeichnet wurde, erscheint nun endlich mit „Nur eine bessere Welt" der neue Roman von Alexandra Frohberg. Auch diesmal dürften sich vor allem wieder
5 Science-Fiction-Fans freuen.

Wir befinden uns im Jahr 2035. Das technische Wissen wird von Tag zu Tag größer. Paul, ein junger Informatikstudent, entwickelt zusammen mit anderen Mitgliedern einer weltweiten politischen Friedensbewegung eine
10 neue Form von künstlicher Intelligenz: Roboter, die empathisch sind und dabei helfen sollen, die Friedensbewegung weiterzubringen. Doch eines Tages verschwindet Paul. Warum? Versteckt er sich? Oder gehört sein Verschwinden zum Plan der politischen Gegner?
15 Die bessere Welt, von der die junge Bewegung träumt, ist in Gefahr.

Das Thema das Buches ist hochinteressant. Frohberg beschäftigt sich mit Fragen wie: Was passiert mit Menschen, wenn sie mehr Macht gewinnen? Wie verändern
20 sie sich, sogar wenn sie ihre Macht eigentlich für positive Zwecke nutzen? Doch leider nähert sich die Autorin diesem Thema auf wenig unterhaltsame Art. Frohbergs Schreibstil unterscheidet sich in ihrem neuen Buch stark von ihrem bisherigen. Ihre Erzählweise ist nicht mehr
25 gewohnt humorvoll, sondern eher kalt und distanziert. Wegen der kurzen Sätze, die Frohberg wählt, gelingt es dem Leser nicht, sich in die Gefühle der Romanfiguren hineinzuversetzen.

Auch hätte der Roman informativer sein müssen. Ohne
30 Hintergrundwissen zu künstlicher Intelligenz wird man es schwer haben, der Handlung folgen zu können. Das macht das Lesen anstrengend.

„Nur eine bessere Welt" richtet sich daher eher an Menschen, die sich schon länger für künstliche Intelligenz
35 interessieren und sich intensiv mit dem Thema beschäftigt haben. An ihren großen Erfolg mit „Schlüsselkind" wird die Autorin mit diesem neuen Werk sehr wahrscheinlich nicht herankommen. Schade!

2.2 Welche Fragen sollte eine Rezension beantworten? Ergänzen Sie den Strategiekasten. Überprüfen Sie dann Ihre Lösung mit den Fragen im Kursbuch auf Seite 80 in 2a.

eine Rezension verstehen

Wie wird das Buch insgesamt bewertet?

2.3 Lesen Sie die Rezension in 2.1 noch einmal und beantworten Sie die Fragen aus 2.2 in Ihrem Heft.

3 Ein Lieblingsbuch. Schreiben Sie mithilfe der Informationen eine Kurzrezension zu diesem Buch.

```
„Broken German" von Tomer Gardi (2016)
- Genre: Großstadtroman
- Zielgruppe: Erwachsene; Deutschlernende und Sprachbegeisterte
- Thema/Inhalt: Einwanderung/Migration und Sprache
- Was war gut? kreativer Umgang mit deutscher Sprache; Fehler als
  bewusstes Stilmittel; Spiel mit literarischen Formen/Konventionen
- Fazit: absurd-komischer Roman; fehlerhafte Sprache ist mutig und originell
```

🔊

Zeitreisen – das hätte ich gern erlebt!

1 In welcher Zeit hätten die Personen gern gelebt oder würden sie gern leben? Schreiben Sie Bedingungssätze mit Konjunktiv II der Vergangenheit oder der Gegenwart wie im Beispiel.

1 Evrin: Antike / mit Philosophen über den Sinn des Lebens diskutieren können
2 Merle: 19. Jahrhundert / bei den ersten Erfindungen der Fotografie dabei sein können
3 Laila: 90er-Jahre / den Präsidenten von Südafrika Nelson Mandela kennenlernen können
4 Thandi: Jahr 2050 / sich wahrscheinlich mit Flugtaxis durch die Stadt bewegen können
5 Frederik: in 100 Jahren / vielleicht den Mond als gewöhnliches Reiseziel auswählen können

1 Wenn Evrin in der Antike gelebt hätte, hätte er mit Philosophen über den Sinn des Lebens diskutieren können.

2 Was kann ich dafür, dass ich aus den 80ern bin?

2.1 Was passt? Finden Sie sechs Verben in der Wortschlange und ergänzen Sie.

alkabesteigenesenokspaltenangitauftretenolfitamiterlebenklenghaltenterafliegenullisse

1 bei einem Festival _____	4 einen Berg _____
2 ein Atom _____	5 auf den Mond _____
3 ein Tor _____	6 ein Ereignis _____

2.18 🔊 2.2 Wann hätten die Personen gern gelebt? Warum? Hören Sie die Radiosendung und notieren Sie.

	Marion	Faris	Ana
Wann? Warum?			

2.18 🔊 2.3 Richtig oder falsch? Hören Sie noch einmal und kreuzen Sie an.

	richtig	falsch
1 Marion sagt, dass sie oft Angst hat, etwas zu verpassen.	◯	◯
2 Ihrer Meinung nach hat Coco Chanel die Rolle von Frauen positiv beeinflusst.	◯	◯
3 Faris findet, dass man aus vergangenen Ereignissen etwas lernen kann.	◯	◯
4 Er mag an seinem Beruf, dass er verschiedene historische Ereignisse erleben kann.	◯	◯
5 Ana stört es nicht, wenn sie etwas verpasst.	◯	◯
6 Sie glaubt, dass sie mit Leonardo da Vinci viele Gemeinsamkeiten hat.	◯	◯

3 Und Sie? In welche Zeit würden Sie gern reisen und warum? Schreiben Sie einen kurzen Text.

Erinnern Sie sich noch an Einheit ...?

1 Erinnerungsstationen

1.1 Zu welchen Einheiten gehören die Fotos? Um welches Thema ging es? Sprechen Sie zu zweit.

1.2 Wählen Sie zu zweit ein Thema aus 1.1 und notieren Sie so viele Wörter wie möglich in einer Mindmap.

2 Schnelle Erinnerungen. Eine Person nennt ein beliebiges Thema aus den Einheiten 1 bis 6. Jede/r sagt spontan, was ihr/ihm dazu einfällt. Danach wählt eine andere Person ein anderes Thema usw.

Ich wähle das Thema: Mehrgenerationenprojekte.   *Alternative zu Altenheim*   *mehr Lebensfreude*

Prüfungstraining

GI **1** **Hören Teil 4**

2.19 Was ist richtig? Lesen Sie zuerst die Aufgaben 1–8.
Hören Sie dann den Vortrag zum Thema Prüfungsängste und
kreuzen Sie an (a, b oder c).

1 Aufregung vor einer Prüfung …
   a ⃝ sollte man vermeiden.
   b ⃝ ist nicht nur negativ.
   c ⃝ schadet der Konzentration.

2 Bei der Prüfungsvorbereitung sollte man …
   a ⃝ an seinen Schwächen arbeiten.
   b ⃝ sich zuerst auf die einfachen Aufgaben
     konzentrieren.
   c ⃝ sich an den gestellten Anforderungen
     orientieren.

3 Auswendig lernen …
   a ⃝ ist in Einzelfällen sinnvoll.
   b ⃝ ist für viele Menschen die beste Methode.
   c ⃝ kann auch zu noch größerem Stress führen.

4 Herr Lohmann rät dazu, …
   a ⃝ nach einem Plan zu arbeiten.
   b ⃝ immer nach zehn Stunden eine lange
     Pause einzulegen.
   c ⃝ auch in der Freizeit Prüfungsstoff zu
     wiederholen.

5 Morgenmenschen …
   a ⃝ können Prüfungen besser bewältigen.
   b ⃝ haben keine spezifischen Vorteile.
   c ⃝ sind am nächsten Tag konzentrierter.

6 Laut Herrn Lohmann …
   a ⃝ kann man sich zu Hause schlecht vorbereiten.
   b ⃝ kann man am besten in Bibliotheken
     arbeiten.
   c ⃝ sind Ablenkungen häufig schwer zu
     vermeiden.

7 Bei Prüfungsängsten sollte man …
   a ⃝ stundenlang joggen.
   b ⃝ einfache Übungen machen.
   c ⃝ regelmäßig Sport treiben.

8 Am Abend vor der Prüfung sollte man …
   a ⃝ sich nicht mehr mit der Prüfung
     beschäftigen.
   b ⃝ früh ins Bett gehen.
   c ⃝ nur noch wiederholen, was Spaß macht.

> **Tipp:** Lesen Sie die Sätze genau und markieren Sie die Schlüsselwörter. Dazu haben Sie in der
> Prüfung 90 Sekunden Zeit. Achten Sie darauf, dass Sie in jeder Option (a, b oder c) etwas markiert
> haben. Überlegen Sie sich vor dem Hören, was die Sätze und die Optionen genau bedeuten.
> Welche dieser Optionen ist logisch, welche ist unlogisch? Das funktioniert aber nicht bei allen Sätzen!

telc
ÖSD **2** **Lesen Teil 1 (telc) / Lesen Aufgabe 2 (ÖSD)**

Was passt? Lesen Sie zuerst die zehn Überschriften. Lesen Sie dann die fünf Texte und entscheiden Sie,
welche Überschrift (a–j) zu welchem Text (1–5) passt.

a Erinnerungsorte – früher und jetzt
b Die Folgen falscher Erinnerungen
c Zeitgeschichte in persönlichen Erinnerungen
d Ein kleines Gedächtnis für die Zukunft
e Das kollektive Gedächtnis

f Erinnerungsarbeit in Schulen
g Erinnerungen an den Mut
h Erinnerungsverlust bei Verwandten
i Gedächtnisforschung bei Senioren
j Das Gehirn am Laufen halten

1 ⃝ Das Haus der Literatur für Kinder in Nürnberg lädt am Samstag zu einer ganz besonderen Lesung mit der
Autorin Sibylle G. ein. In ihrem neuen Kinderbuch thematisiert die Autorin die Geschichte von 50 außergewöhnli-
chen Frauen, die die Welt auf ihre Art und Weise verbessert haben. Mit dabei sind unter anderem Jane Goodall,
Simone de Beauvoir, Yoko Ono, Astrid Lindgren und Sophie Scholl. In der Lesung wird die Autorin auf inspirierende
Art vom Leben einiger dieser mutigen Frauen erzählen, damit die lebhafte Erinnerung an sie auch in Zukunft nicht
verloren geht. Nach der Lesung sind alle Kinder eingeladen, an den anschließenden Workshops teilzunehmen. An
verschiedenen Stationen können sie sich auf unterhaltsame und interaktive Weise mit den Biografien der Frauen
auseinandersetzen. Haus der Literatur für Kinder, Samstag von 14 bis circa 17 Uhr, keine Anmeldung erforderlich.

2 ☐ Die eigene Geschichte festhalten – das geht in Regensburg. Die Geschichtsstudentin Franziska Kauer (25 J.) hat ein Projekt gestartet, das immer mehr Menschen zum Mitmachen motiviert. „Die Geschichte eines jeden Menschen ist besonders und einzigartig. Mir ist es wichtig, dass persönliche Erinnerungen nicht verlorengehen." Deswegen hatte Franziska die Idee, Erinnerungen zu sammeln, diese aufzubewahren und sie den Menschen erst in 100 Jahren wieder zugänglich zu machen. „Alle sind eingeladen, mitzumachen und einen Briefumschlag mit den Dingen zu füllen, die etwas über das eigene Leben erzählen", erklärt Franziska. Schon fast 300 Briefumschläge hat sie inzwischen. Darin sind die verschiedensten Dinge enthalten: von Kassetten mit der Lieblingsmusik, über eine genaue Beschreibung des eigenen Lebens, bis zu Fotoalben der eigenen Kinder. Die Umschläge legt sie in eine große Box, die die nächsten hundert Jahre verschlossen bleibt. Die Box wird im Keller des städtischen Museums gelagert. In 100 Jahren können die Menschen die Umschläge öffnen, um eine Idee davon zu bekommen, wie die Menschen heute gelebt haben. „Ich wäre so gerne dabei!" sagt Franziska und lacht.

3 ☐ Dass Sport sich positiv auf unsere Gesundheit auswirkt, ist allen klar. Doch wie sieht es mit dem Gehirn aus? Bedeutet Gedächtnistraining für unseren Kopf dasselbe wie Sport für unseren Körper? Wir haben mit zwei Menschen gesprochen, die sich damit auskennen: „Alles hat mit Training zu tun", sagt Alexander Steinbach, Gedächtnisexperte an der Uni (Reutlingen), „es ist wichtig, sich von allem, was man nicht vergessen möchte, ein Bild zu machen – am besten mit allen Sinnen. Wenn sich zum Beispiel jemand mit Namen vorstellt, dann denke ich zuerst daran, ob ich mithilfe des Namens etwas Besonderes rieche, schmecke, sehe oder höre. Auf diese Weise fällt es mir leichter, mir den Namen zu merken." Eine andere Art des Gedächtnistrainings bietet Frau Dumitru in der *Sport and Mental School* an. Ihr Kurs ist sowohl ein Training für das Gedächtnis als auch für den Körper. „Ich arbeite mit einer Methode, die Gedanken mit einer bestimmten Bewegung verknüpft. Auf diese Art und Weise können Erinnerungen besser wieder abgerufen werden.", erklärt Frau Dumitru. „Wenn ich mich bewege, werde ich mich auch wieder erinnern."

4 ☐ Etwa 16 Millionen Menschen haben den Alltag der DDR und seine Einschränkungen miterlebt. Um zu verhindern, dass die Erinnerungen an die DDR in Vergessenheit geraten, wurde in Zusammenarbeit mit dem *Institute of Remembrance* ein Projekt ins Leben gerufen. Das Projekt beschäftigt sich mit der persönlichen Ebene des Gedächtnisses: der biografischen Erinnerung. Der Dokumentarfilmer Josh Warren ist auf der Suche nach privaten DDR-Erinnerungen auf alten selbstgedrehten Filmen. Er hofft, dass möglichst viele Menschen ihre Filme aus dem Keller holen und an dem Projekt teilnehmen. Ziel ist es, 300 Stunden Originalmaterial zu bekommen. Diese sollen ausgewertet und im Internet zur Verfügung gestellt werden. Mit den „gefilmten Erinnerungen" möchte Warren zeigen, wie unterschiedlich und vielfältig das Leben in der DDR war.

5 ☐ Im Rahmen des Welt-Alzheimertages am 21. September haben wir mit Barbara Schwan (54 Jahre) gesprochen. Barbaras Mutter leidet unter der gefürchteten Krankheit, die das Gedächtnis negativ beeinflusst. „Meine Mutter ist nicht mehr der Mensch, der sie immer war. Sie kennt mich schon lange nicht mehr. Dagegen machen kann man nichts." Es hat fast drei Jahre gedauert, bis die Diagnose Alzheimer bei Maria (78 Jahre) gestellt wurde. Lange dachte Barbara, dass es am Alter lag, dass Maria zunehmend Dinge vergaß, aber als sie zufällig kleine Notizzettel mit Erinnerungen oder Namen in der Wohnung ihrer Mutter fand, da ahnte sie, dass etwas nicht stimmte. „Meine Mutter hatte sogar meinen Namen aufgeschrieben!", erzählt Barbara empört. „Es war ein langer und harter Weg, aber heute kann ich entspannter mit der Erkrankung meiner Mutter umgehen. Das Wichtigste ist, dass man sich auch um sich selbst kümmert. Denn nur so hat man die Kraft, für einen Menschen mit Alzheimer zu sorgen." Brigitte rät anderen Betroffenen, Hilfe von außen anzunehmen, ob professionell durch Beratung oder von Freunden. Jede Hilfe ist wichtig.

Tipp: Bei dieser Aufgabe geht es darum, dass Sie verstehen, was das Thema der Zeitungsartikel ist. Sie müssen keine Details verstehen. Markieren Sie deshalb in jedem Artikel die wichtigsten Informationen. Notieren Sie bei jedem Artikel, welche Überschrift passen könnte. Wenn Sie nicht sicher sind, notieren Sie mehrere. Erst wenn Sie alle Artikel gelesen haben, entscheiden Sie sich für eine Überschrift. Beginnen Sie dafür mit den Artikeln, die Ihnen leichtfallen.

Sich und die Welt verändern

Gutes Tun

1 Gesellschaftliches Engagement

1.1 Welches Verb passt? Ergänzen Sie.

anbauen – demonstrieren – engagieren – ernten – löschen – mitgestalten –
retten – sammeln – streiken – trainieren – unterschreiben – ~~widmen~~

1 Menschen _widmen_ ihre Zeit einem Ehrenamt, weil sie die Gesellschaft _____ wollen.

2 Bei der Fridays-for-Future-Bewegung _____ Schülerinnen und Schüler für den Klimaschutz.

3 Die freiwillige Feuerwehr muss Brände _____ und Menschen _____.

4 In einem Stadtgarten kann man eigenes Gemüse _____ und _____.

5 Wenn du dich für Geflüchtete _____ möchtest, kannst du diese Petition _____.

6 Die Gewerkschaftsmitglieder _____ für bessere Löhne in den Fabriken.

7 Der Sportverein sucht Freiwillige, die die Mädchen-Basketballmannschaft _____.

8 Diese Vereine _____ Spenden und Unterschriften für den Tierschutz.

1.02 🔊 **1.2** In welchen Bereichen engagieren sich die Personen? Hören Sie und ordnen Sie zu. Manche Themen passen nicht.

Robert (Rostock)

Astrid (Hannover)

Maximilian (Dresden)

Nuran (Hamburg)

a Arbeitnehmerrechte/Arbeitsbedingungen
b Chancengleichheit/Gleichberechtigung
c Unfall-/Rettungshilfe

d Bildungsarbeit
e Nachbarschaftsinitiative
f Umwelt-/Naturschutz

1.02 🔊 **1.3** Was ist falsch? Hören Sie noch einmal und kreuzen Sie die falsche Antwort an.

1 Die Regionalgruppe Rostock von Greenpeace …
   a ◯ sammelt Spenden für Projekte gegen den Klimawandel.
   b ◯ will mit einer Petition an die UNO den Schutz der Ozeane fördern.
   c ◯ wurde vor 10 Jahren gegründet.

2 Der Arbeitskreis „Frauen im Ingenieursberuf" …
   a ◯ bietet an Universitäten Technik-Workshops für Frauen an.
   b ◯ will den Frauenanteil in Ingenieursberufen erhöhen.
   c ◯ setzt sich gegen die Diskriminierung von Ingenieurinnen ein.

3 Der Betriebsrat …
   a ◯ kann Mitarbeiter einstellen und kündigen.
   b ◯ vertritt die Rechte der Arbeitnehmer im Unternehmen.
   c ◯ wird von den Mitarbeitern im Unternehmen gewählt.

4 Das Gemeinschaftsgartenprojekt …
   a ◯ ist demokratisch organisiert.
   b ◯ ist als Verein organisiert.
   c ◯ will den Kontakt in der Nachbarschaft fördern.

2 Wer sich ehrenamtlich engagiert, tut etwas Gutes für die Gesellschaft.

2.1 Was passt zusammen? Lesen Sie die Sätze und verbinden Sie. Markieren Sie dann die Relativ- und Demonstrativpronomen sowie die relevanten Verben oder Präpositionen wie im Beispiel.

1 <u>Für wen</u> Klimaschutz wichtig ist,
2 Wem die Arbeit mit Kindern Spaß macht,
3 Wer diese Initiative unterstützen möchte,
4 Wer sich über Ehrenämter informieren will,
5 Wer sich für bessere Arbeitsbedingungen einsetzen möchte,

a der könnte Nachhilfeunterricht anbieten.
b für den ist diese Website sicher interessant.
c (der) könnte Spenden sammeln.
d dem empfehle ich, der Gewerkschaft beizutreten.
e der sollte sich der Fridays-for-Future-Bewegung <u>anschließen</u>.

2.2 Was ist richtig? Lesen Sie die Sätze in 2.1 noch einmal und die Regeln und kreuzen Sie an.

> **Relativsätze mit *wer*, *wem*, *wen***
>
> Relativsätze mit *wer*, *wem*, *wen* treffen allgemeine Aussagen über Personen. Im ⬯ *Relativsatz* / ⬯ *Hauptsatz* kann ein Demonstrativpronomen (*der*, *dem*, *den*) stehen. Der Relativsatz steht immer ⬯ *vor* / ⬯ *nach* dem Hauptsatz. Der Kasus der Relativ- und Demonstrativpronomen hängt vom Verb oder der Präposition ab. Wenn der Kasus im Haupt- und Relativsatz gleich ist, ist ⬯ *ein* / ⬯ *kein* Demonstrativpronomen nötig.

2.3 *Wer*, *wem*, *wen* und *der*, *dem*, *den*. Was passt? Ergänzen Sie.

1 ___Wer___ im Rettungsdienst arbeiten möchte, __(der)__ braucht spezielle Qualifikationen.

2 _____ Sport Spaß macht, _____ kann ehrenamtlich eine Mannschaft trainieren.

3 _____ die Gesellschaft mitgestalten will, _____ könnte ein Ehrenamt im Bereich Politik gefallen.

4 _____ Kulturangebote interessieren, _____ kann sich in Theater- oder Musikgruppen engagieren.

5 _____ Umweltschutz wichtig ist, für _____ könnte „Greenpeace" interessant sein.

2.4 Schreiben Sie Relativsätze mit *wer*, *wem*, *wen* und *der*, *dem*, *den*.

1 Manche Leute wollen gern Gemüse anbauen. Für sie wäre ein Gemeinschaftsgarten interessant.
2 Vielen Leuten ist Gleichberechtigung wichtig. Diese Menschen sollten am 8. März demonstrieren.
3 Für manche ist längerfristiges Engagement möglich. Sie könnten einen Verein gründen.
4 Viele haben Ärger mit dem Vermieter. Ihnen empfehle ich, sich vom Mieterverein beraten zu lassen.

> *1 Wer gern Gemüse anbauen will, für ...*

2.5 Für wen könnte das interessant sein? Schreiben Sie Relativsätze mit *wer*, *wem*, *wen*.

1 eine Kampagne für/gegen … organisieren
2 eine Petition für/gegen … unterschreiben
3 für … Spenden sammeln
4 sich für/gegen … einsetzen
5 für/gegen … demonstrieren
6 einen Verein / eine Organisation für … gründen

> *1 Wem die Gleichberechtigung aller Geschlechter wichtig ist,*
> *der könnte eine Kampagne für gleiche Löhne organisieren.*
> *2 Wer ..., dem empfehle ich ...*

2.6 Sprachmittlung: Welche Rolle spielen Ehrenämter in Deutschland? Welche Beispiele gibt es? Wie würden Sie jemandem, der noch nie davon gehört hat, ehrenamtliches Engagement erklären?

– Lesen Sie noch einmal im Kursbuch auf Seite 86 und 87 den Artikel in 1b und die Grafik in 1d.
– Stellen Sie sich vor, eine Freundin / ein Freund möchte sich über Ehrenämter informieren. Schreiben Sie ihr/ihm eine E-Mail und fassen Sie die wichtigsten Informationen in fünf bis acht Sätzen zusammen. Schreiben Sie auf Deutsch oder in Ihrer Muttersprache.

7

Die Arbeitswelt im Wandel

1 Die Zukunft der Arbeit

1.1 Welches Wort passt? Ergänzen Sie.

Arbeitszeiten – eigenverantwortlich – ~~Führungskräften~~ – Hierarchien – Kompetenzen – langfristig – mitbestimmen – Roboter – Umsätze – vereinbaren – verwirklichen – von zu Hause – weiterentwickeln

---

Frage der Woche: Wie sieht die Arbeit der Zukunft aus?

Lukas21: Ich könnte mir vorstellen, dass das Verhältnis zwischen Belegschaft und _Führungskräften_ [1] entspannter wird und man mehr auf Augenhöhe zusammenarbeitet. In meiner Firma wurden schon jetzt einige _____ [2] abgebaut. Wir – die Mitarbeiter*innen – können bei vielen Themen _____ [3] und wir duzen mittlerweile auch unsere Chefin. Ich vermute, dass es _____ [4] wahrscheinlich gar keine Vorgesetzten mehr geben wird.

Peppi: Als freiberufliche Grafikdesignerin kann ich schon heute selbst bestimmen, wann und wo ich arbeite – also ob _____ [5] oder unterwegs. Ich rechne fest damit, dass zukünftig auch immer mehr Angestellte flexiblere _____ [6] und -orte haben werden. Das wäre wichtig, um Beruf und Privatleben besser zu _____ [7]. Man kann davon ausgehen, dass eine bessere Work-Life-Balance nicht nur zu mehr Zufriedenheit bei den Angestellten, sondern auch zu einer besseren Arbeitsleistung führt. Und je besser die Leistung, desto höher die _____ [8].

Jamal_94: Ich nehme an, dass _____ [9] und Maschinen manche Tätigkeiten übernehmen werden. Diese Umstellung erfordert natürlich auch neue _____ [10] von uns. Deshalb denke ich, dass wir uns ständig _____ [11] müssen. Ich gehe davon aus, dass es immer wichtiger wird, _____ [12] zu arbeiten und kreativ die eigenen Ideen zu _____ [13].

1.2 Wie heißen die Kompetenzen? Ordnen Sie zu und ergänzen Sie die Artikel.

Belastbarkeit – Diversitätskompetenz – Eigenverantwortung – Flexibilität – Kommunikationsstärke – Konfliktfähigkeit – Kreativität – Lösungsorientierung – ~~Organisationskompetenz~~ – Teamfähigkeit

Wenn …

1 man Projekte und Aufgaben sinnvoll strukturieren kann: _die Organisationskompetenz_

2 es einem leicht fällt, sich auf neue Situationen einzustellen: _____

3 man gut mit Konflikten umgehen kann: _____

4 man gut mit anderen zusammenarbeiten kann: _____

5 man gut mit Stress, Anstrengung und Zeitdruck umgehen kann: _____

6 man phantasievolle Ideen hat und „um die Ecke denken" kann: _____

7 man Verantwortung übernimmt und selbstständig arbeitet: _____

8 man versucht, schnell gute Lösungen für ein Problem zu finden: _____

9 man wertfrei, offen und respektvoll mit allen Menschen umgeht: _____

10 man Ideen und Konzepte verständlich erklären und gut auf andere Menschen eingehen kann: _____

1.3 Wie heißen die Adjektive? Schreiben Sie Relativsätze zu den Kompetenzen 2–6 in 1.2 wie im Beispiel.

> 2 *Wem es leichtfällt, sich auf neue Situationen einzustellen, der ist flexibel.*
> 3 *Wer …*

1.4 Welche Fragen wurden gestellt? Lesen Sie das Interview und ordnen Sie zu.

1 Du hast gerade die Arbeitsgruppen angesprochen. Wie ist die *Sprachbörse* organisiert?
2 Selbstorganisation und Basisdemokratie – ist das nicht auch anstrengend?
3 Und welche sind das?
4 Was ist bei euch anders als in anderen Sprachschulen?
5 Yoon, du bist Sprachlehrer und unterrichtest seit fünf Jahren Koreanisch an der *Sprachbörse*, einem selbstorganisierten Projekt hier an der Uni Berlin. Was ist das Besondere an eurer Sprachschule?

Auf Augenhöhe miteinander arbeiten – Im Gespräch mit Yoon Cho von der *Sprachbörse*

[5] Die *Sprachbörse* hat eine spannende Geschichte. Vor über 30 Jahren wurde sie von einigen internationalen Studierenden während eines Uni-Streiks als Verein gegründet. Damals wie heute ist das Ziel, Menschen aus verschiedenen Ländern zusammenzubringen und von- und miteinander zu lernen. Neben den Sprachkursen in mehr als 25 Sprachen – von Arabisch über
5 Hindi bis Serbokroatisch – bieten wir auch Workshops und kulturelle Veranstaltungen an und das alles organisieren und finanzieren wir selbst. Die Sprachlehrer*innen sind keine Angestellten, sondern Vereinsmitglieder, die sich auch in anderen Bereichen engagieren. Zurzeit sind wir über 100 Mitglieder.

[ ] Wir arbeiten auf Augenhöhe miteinander. Bei uns gibt es keine Hierarchien, also zum Beispiel auch keine Geschäfts-
10 leitung. Alle Entscheidungen werden basisdemokratisch getroffen und alle Mitglieder haben die gleichen Rechte. Dadurch bietet die *Sprachbörse* viel Raum für Kreativität und neue Ideen. Jede*r kann selbst entscheiden, in welcher Arbeitsgruppe sie oder er sich engagieren möchte und sich so individuell mit den eigenen Interessen und Fähigkeiten einbringen.

[ ] Einmal im Monat treffen sich alle Mitglieder zum Plenum. Dort besprechen wir aktuelle Themen, verteilen Aufgaben
15 und stimmen über wichtige Fragen ab – zum Beispiel, wie viel Geld eine Arbeitsgruppe bekommt. Die kleineren Arbeitsgruppen arbeiten selbstständig in verschiedenen Bereichen, z.B. Werbung, Kulturprogramm oder Weiterbildung.

[ ] Auf jeden Fall dauert alles länger. Man braucht viel Geduld, denn manchmal ziehen sich Diskussionen über Wochen, weil alle tolle Ideen haben. Und natürlich muss man gut miteinander kommunizieren können und braucht ein hohes Maß an Diversitätskompetenz und kulturellem Einfühlungsvermögen – unsere Mitglieder kommen aus über 40 ver-
20 schiedenen Ländern. Wir sind eigentlich nie alle einer Meinung. Dann kann so ein Plenum auch mal sehr intensiv werden. Aber trotz aller Schwierigkeiten überwiegen für mich klar die Vorteile.

[ ] Es ist toll, so viel Freiheit für eigene Ideen zu haben, und man kann viel voneinander lernen. Ich glaube, viele von uns sind bei der Arbeit an der *Sprachbörse* auch teamfähiger geworden und haben ihre Organisations- und Entscheidungskompetenzen gestärkt. Aber am wichtigsten finde ich, dass wir solidarisch arbeiten. Bei unseren Sprachkursen verdie-
25 nen alle das Gleiche, egal, ob im Kurs drei oder zwölf Personen sitzen. Mit den Einnahmen aus größeren Kursen finanzieren wir die kleineren Kurse mit. Diese Gleichberechtigung finde ich wichtig.

1.5 Lesen Sie das Interview in 1.4 noch einmal und beantworten Sie die Fragen in Ihrem Heft.

1 Was unterscheidet die *Sprachbörse* von anderen Sprachschulen?
2 Was bedeutet „auf Augenhöhe arbeiten" an der *Sprachbörse*? Welche Beispiele nennt Yoon?
3 Welche Organisationsstrukturen gibt es?
4 Welche Kompetenzen brauchen die Mitglieder? Warum bzw. wofür?
5 Was gefällt Yoon besonders an der *Sprachbörse*?

1.6 Was glauben Sie: Wie wird sich die Arbeitswelt in den nächsten Jahren verändern? Welche Kompetenzen werden in Zukunft besonders wichtig und warum? Schreiben Sie einen Kommentar wie in 1.1. Die Redemittel im Kursbuch auf Seite 97 helfen.

2 Ich habe den Kunden wiedergetroffen. Er hat sein Angebot wiederholt.

2.1 Wiederholung: trennbare und untrennbare Verben. Markieren Sie die trennbaren und untrennbaren Verben in zwei Farben. Schreiben die dann Sätze im Präsens oder Perfekt wie im Beispiel. Der Grammatikanhang (A 1.8.1) hilft.

1 Früher hat die Geschäftsleitung alle Entscheidungen allein getroffen. Heute …
(die Belegschaft – gemeinsam – über wichtige Veränderungen – abstimmen)
2 Wir arbeiten ohne Hierarchien. Das heißt, dass … *(alle – gemeinsam – entscheiden)*
3 Wir bekommen Unterstützung, weil … *(die Chefin – letzte Woche – neue Mitarbeiter – einstellen)*
4 Können wir morgen noch einmal telefonieren? – Ja, gern, … *(ich – Sie – gegen 12 Uhr – anrufen)*
5 Ich brauche noch einen Notizblock, dann … *(ich – alle wichtigen Informationen – aufschreiben)*
6 Ich muss leider los, weil … *(gleich – die Konferenz – anfangen)*
7 Ich bin in meinem Job nicht glücklich. Deshalb … *(ich – schon – auf eine neue Stelle – sich bewerben)*

1 Heute stimmt die Belegschaft gemeinsam über wichtige Veränderungen ab.

1.03 🔊 **2.2** Welches Verb ist trennbar? Hören Sie die Sätze und kreuzen Sie an.

1 ◯ unterordnen   3 ◯ umbauen   5 ◯ umfassen   7 ◯ unterhalten
2 ◯ wiederkommen   4 ◯ überzeugen   6 ◯ durchführen   8 ◯ durchsuchen

2.3 Was passt: *trennbar* oder *untrennbar*? Lesen Sie die Regeln und ergänzen Sie.

> **Verben mit trennbaren und untrennbaren Präfixen**
> Verben mit den Präfixen *durch*, *über*, *um*, *unter*, *wieder* können trennbar oder untrennbar sein.
>
> – Präfix unbetont   – Präfix betont
> – Partizip II ohne *ge-*   – Partizip II mit *ge-*
>
> Einige wenige Verben existieren sowohl mit trennbarem als auch untrennbarem Präfix.
> Dann ändert sich die Bedeutung, z.B.: *ein Problem umgehen / mit einem Problem umgehen*

2.4 Was passt? Ergänzen Sie die Verben im Präsens in der richtigen Form. Bei untrennbaren Verben bleibt die zweite Lücke leer.

durchführen – durchsuchen – überarbeiten – überlegen – ~~übernehmen~~ –
umfassen – umziehen – unterordnen – unterschreiben – ~~wiederkommen~~

1 Nach meinem Masterabschluss _*übernehme*_ ich die Firma meiner Eltern _—_ .

2 Ich habe jetzt einen Termin, aber danach _*komme*_ ich _*wieder*_ . Bitte warten Sie kurz.

3 Bitte _____ Sie das Formular _____ und senden es bis zum 24.02. an uns zurück.

4 In meiner Firma _____ wir jede Woche eine Besprechung für die Projektplanung _____ .

5 Ich _____ manchmal _____ , ob ich kündigen sollte.

6 Wir stimmen immer im Team ab und alle _____ sich der Mehrheit _____ .

7 Das Formular kam gestern per Mail. Ich _____ nochmal meinen Posteingang _____ .

8 Meine Kollegin _____ gerade die Präsentation _____ und ergänzt die neuen Daten.

9 Das Weiterbildungsprogramm _____ sowohl Seminare als auch ein Praktikum _____ .

10 Wir _____ in ein Büro im Zentrum _____ , damit wir besser erreichbar sind.

1.04 🔊 **2.5** Phonetik: Wortakzent bei trennbaren und untrennbaren Verben. Lesen Sie die Wörterbucheinträge. Hören Sie dann die Verbpaare und sprechen Sie nach. Unterstützen Sie den Wortakzent mit einer Geste.

a

☐ **durch|schauen** (*Perfekt:* hat durchgeschaut): etw. durch-schauen (ein Dokument durch-suchen/überprüfen)

1 **durchschauen** (Perfekt: hat durchschaut): etw./jmdn. durch-schauen (verstehen)

b

☐ **über|gehen** (*Perfekt:* ist über-gegangen): zu etw. übergehen (eine Aufgabe, ein Thema wech-seln; etw. Neues anfangen)

☐ **übergehen** (*Perfekt:* hat über-gangen): etw./jmdn. übergehen (nicht beachten / ignorieren)

c

☐ **wieder|holen** (*Perfekt:* hat wiedergeholt): etw. wiederholen (zurückholen)

☐ **wiederholen** (*Perfekt:* hat wiederholt): etw. wiederholen (noch einmal machen oder sagen)

d

☐ **um|gehen** (*Perfekt:* ist umgegan-gen): mit etw./jmdm. umgehen (behandeln)

☐ **umgehen** (*Perfekt:* hat umgan-gen): etw. umgehen (vermeiden)

e

☐ **um|schreiben** (*Perfekt:* hat um-geschrieben): etw. umschreiben (neu/anders schreiben)

☐ **umschreiben** (*Perfekt:* hat umschrieben): etw. umschreiben (mit anderen Worten erklären)

1.05 🔊 **2.6** Welches Verb wird in den Sätzen benutzt? Hören Sie und ordnen Sie in 2.5 zu.

2.7 Schreiben Sie jeweils einen Satz mit den Verben in 2.5 in Ihr Heft.

3 Die Flexibilisierung der Arbeit

3.1 Was bedeuten die Wörter? Lesen Sie die Definitionen und ordnen Sie zu.

1 [g] die Gleitzeit
2 ☐ die Vollzeitarbeit
3 ☐ die Teilzeitarbeit
4 ☐ die Schichtarbeit
5 ☐ das Sabbatical
6 ☐ das Großraumbüro
7 ☐ der Co-Working-Space
8 ☐ das mobile Arbeiten
9 ☐ das Arbeitszeitkonto

a wenn man im Büro aber auch unterwegs oder zu Hause arbeiten kann
b ein Büro, in dem viele Menschen gemeinsam arbeiten
c wenn man 38 bis 40 Stunden pro Woche arbeitet
d dort kann man sehen, wie viel man gearbeitet hat und man kann Überstunden „sammeln"
e wenn man weniger arbeitet, z. B. 20 bis 30 Stunden pro Woche
f wenn man zu wechselnden Tageszeiten (z. B. sehr früh oder in der Nacht) arbeitet
g wenn man seine Arbeitszeit flexibel einteilen und manchmal mehr, manchmal weniger arbeiten kann
h ein Ort, wo sich Menschen aus verschiedenen Firmen oder Branchen Büros teilen
i eine Auszeit für mehrere Monate von der Arbeit, z. B. um zu reisen oder sich weiterzubilden

3.2 Wiederholung: Nominalisierte Adjektive. Welche Endung passt? Ergänzen Sie. Der Grammatikanhang (A 2.1) hilft.

e – e – e – e – e – e – ~~en~~ – en – en – en – er – er

1 Als Bankangestellte hat sie feste Arbeitszeiten. Fast alle der Beschäftigten arbeiten von 9 bis 17 Uhr.

2 Mein Bruder engagiert sich als Ehrenamtlich___ für den Umweltschutz. Gemeinsam mit anderen Ehrenamtlich___ organisiert er öffentliche Infoveranstaltungen.

3 Carlos mag es, dass er als Selbstständig___ zeit- und ortsunabhängig arbeiten kann.

4 Der Vorgesetzt___ hat den Angestellt___ angeboten, zweimal in der Woche von zu Hause zu arbeiten.

5 Die Organisation „Die Tafeln" sucht Engagiert___, die Essen an Bedürftig___ verteilen.

6 5,3 % der Deutsch___ sind Selbstständig___, die ohne eigene Angestellt___ erwerbstätig sind.

Beruflich neue Wege gehen

1 Schlechte Arbeitsbedingungen

1.1 Welches Thema passt? Lesen Sie den Ratgeber und ordnen Sie zu. Nicht alle Themen passen.

1 ein zu hohes Arbeitspensum
2 flexible Arbeitszeiten
3 schlechte Kommunikation

4 Arbeitsatmosphäre im Großraumbüro
5 Konflikte am Arbeitsplatz

Dicke Luft und Stress im Job? – Unsere Tipps, um Probleme am Arbeitsplatz zu vermeiden

☐ Ein Büro für alle – eigentlich eine tolle Idee. Kommunikationswege lassen sich verkürzen, denn die Kollegen sind direkt am Nachbartisch ansprechbar. In der Praxis sieht das leider oft anders aus. Durch die räumliche Nähe wird man viel leichter abgelenkt oder unterbrochen. Wenn zwölf Personen gleichzeitig telefonieren, kann es schnell laut werden. Da ist an konzentriertes Arbeiten nicht zu denken. Auch unterschiedliche Bedürfnisse
5 können zu Konflikten im Großraumbüro führen: Der eine braucht es gemütlich warm, der andere reißt ständig das Fenster auf, um frische Luft hereinzulassen. Unsere Tipps: Fordern Sie mobile Trennwände, um sich bei Bedarf von den anderen abzugrenzen. Setzen Sie Kopfhörer auf, um in Ruhe arbeiten zu können.

☐ Der Klassiker: zu viel Arbeit und viel zu wenig Zeit. Auch wenn man jeden Tag Überstunden macht, ist die Arbeit nicht zu schaffen. Der ständige Zeitdruck führt zu Stress. Man verliert den Spaß an seinem Job und schadet
10 langfristig auch seiner Gesundheit. Stress ist daher unbedingt zu vermeiden! Besprechen Sie gemeinsam mit der Projektleitung einen Zeitplan, der für alle realistisch ist. Achten Sie darauf, dass es auch Aufgaben gibt, die zeitlich variabel sind, damit Sie Ihren Zeitplan leichter anpassen können, wenn es wieder mal zu stressig wird.

☐ Missverständnisse sind ein alltägliches Problem am Arbeitsplatz. Besonders in der schriftlichen Kommunikation werden Informationen manchmal falsch interpretiert, weil Formulierungen unverständlich sind. Das führt zu
15 Unsicherheiten, Fehlern, Verzögerung der Arbeitsprozesse und manchmal sogar zu Streit. Wie lassen sich diese Probleme umgehen? Grundsätzlich sind unnötig lange Kommunikationswege zu vermeiden. Kommunizieren Sie lieber direkt, als wiederzugeben, was jemand anderes gesagt hat. Setzen Sie Kollegen bei E-Mails in cc, wenn die Informationen wichtig für sie sein könnten. Schreiben Sie so, dass die Informationen für alle nachvollziehbar sind. Auf komplizierte oder unnötige Formulierungen ist zu verzichten.

1.2 Lesen Sie noch einmal und beantworten Sie die Fragen in Ihrem Heft. Schreiben Sie auch eigene Ideen.

1 Welche Probleme gibt es im Großraumbüro?
2 Was kann man machen, wenn man bei der Arbeit unter großem Zeitdruck oder Stress steht?
3 Wie kann man Missverständnisse in der Kommunikation vermeiden?

2 Das Problem ist schnell zu lösen.

2.1 Wie kann man das Passiv mit Modalverben alternativ ausdrücken? Suchen und unterstreichen Sie die Beispiele aus dem Grammatikkasten in 1.1. Ergänzen Sie dann im Grammatikkasten.

Alternativen zum Passiv mit Modalverben (Passiversatzformen)

Passiv mit können:

lassen + _____ + Infinitiv: *Wege lassen sich verkürzen. / Wie lassen sich Probleme umgehen?*

sein + _____ + Infinitiv: *An konzentriertes Arbeiten ist nicht zu denken. / Es ist nicht zu schaffen.*

sein + Adjektiv mit -_____: *Die Kollegen sind ansprechbar. / Informationen sind nachvollziehbar.*

sein + Adjektiv mit -_____: *Die Aufgaben sind zeitlich variabel.*

sein + Adjektiv mit -_____: *Die Formulierungen sind manchmal unverständlich.*

Passiv mit müssen:

_____ + zu + Infinitiv: *Stress ist zu vermeiden. / Lange Kommunikationswege sind zu vermeiden. / Auf komplizierte Formulierungen ist zu verzichten.*

x

x

x

<a>x</a>

x

<g>x</g>

2.2 Wiederholung: Passiv mit Modalverben. Schreiben Sie die Beispiele aus 2.1 als Sätze mit Passiv. Der Grammatikanhang (A 1.3.1) hilft.

1 Wege können verkürzt werden.

2.3 *Können* oder *müssen*? Lesen Sie und formulieren Sie die Sätze mit Passiv und Modalverb um.

> Liebe Mitarbeiter*innen,
> bitte beachten Sie folgende Hinweise:
>
> 1 Private Telefongespräche sind im Pausenraum zu führen.
> 2 Achten Sie auf die Lautstärke! Bei Telefonaten sind Kopfhörer zu benutzen.
> 3 Ab dem 12.04. ist der IT-Support von 9-14 Uhr zu erreichen.
> 4 Bei Bedarf sind Trennwände beim Hausmeister abzuholen.
> 5 Die Teeküche ist sauber und ordentlich zu hinterlassen.
> 6 Wegen Reparaturarbeiten ist der Kopierer im Raum 007 leider nicht zu benutzen.
>
> Vielen Dank und herzliche Grüße!
> Die Geschäftsführung

1 Private Telefongespräche müssen im Pausenraum geführt werden.

2.4 Schreiben Sie die Sätze mit Passiversatzformen. Achten Sie auf die richtige Verbform.

1 Den Lärm im Büro könnte man ohne Kopfhörer nicht ertragen. (*sein* + Adjektiv mit *-lich*)
2 Die Kollegen kann man nur per E-Mail erreichen. (*sein* + *zu* + Infinitiv)
3 Die komplexen Arbeitsprozesse konnte man nicht verstehen. (*sein* + Adjektiv mit *-lich*)
4 Viele Entscheidungen kann man kaum noch nachvollziehen. (*sein* + Adjektiv mit *-bar*)
5 Früher musste man sogar jeden Tag Überstunden machen. (*sein* + *zu* + Infinitiv)
6 Mit der Chefin kann man auch nicht reden. (*lassen* + *sich* + Infinitiv)

1 Der Lärm im Büro wäre ohne Kopfhörer unerträglich / nicht erträglich.

2.5 Was kann man und was muss man im Co-Working-Space machen? Lesen Sie den Flyer und schreiben Sie Sätze mit *lassen* + *sich* + Infinitiv und mit *sein* + *zu* + Infinitiv wie im Beispiel.

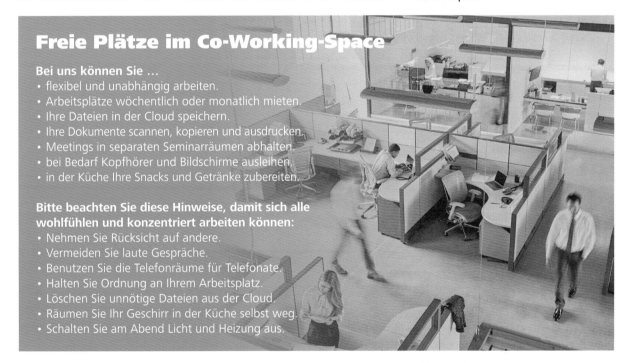

Freie Plätze im Co-Working-Space

Bei uns können Sie ...
• flexibel und unabhängig arbeiten.
• Arbeitsplätze wöchentlich oder monatlich mieten.
• Ihre Dateien in der Cloud speichern.
• Ihre Dokumente scannen, kopieren und ausdrucken.
• Meetings in separaten Seminarräumen abhalten.
• bei Bedarf Kopfhörer und Bildschirme ausleihen.
• in der Küche Ihre Snacks und Getränke zubereiten.

Bitte beachten Sie diese Hinweise, damit sich alle wohlfühlen und konzentriert arbeiten können:
• Nehmen Sie Rücksicht auf andere.
• Vermeiden Sie laute Gespräche.
• Benutzen Sie die Telefonräume für Telefonate.
• Halten Sie Ordnung an Ihrem Arbeitsplatz.
• Löschen Sie unnötige Dateien aus der Cloud.
• Räumen Sie Ihr Geschirr in der Küche selbst weg.
• Schalten Sie am Abend Licht und Heizung aus.

– *Im Co-Working-Space lässt sich flexibel und unabhängig arbeiten.*

– *Im Co-Working-Space ist auf andere Rücksicht zu nehmen.*

3 Najims Vorstellungsgespräch

3.1 Was passt? Suchen und markieren Sie sieben Nomen in der Wortschlange. Ergänzen Sie dann die passenden Wörter in den Fragen.

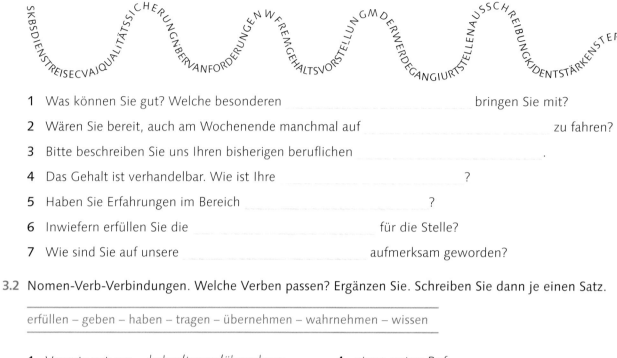

1 Was können Sie gut? Welche besonderen _____ bringen Sie mit?

2 Wären Sie bereit, auch am Wochenende manchmal auf _____ zu fahren?

3 Bitte beschreiben Sie uns Ihren bisherigen beruflichen _____.

4 Das Gehalt ist verhandelbar. Wie ist Ihre _____?

5 Haben Sie Erfahrungen im Bereich _____?

6 Inwiefern erfüllen Sie die _____ für die Stelle?

7 Wie sind Sie auf unsere _____ aufmerksam geworden?

3.2 Nomen-Verb-Verbindungen. Welche Verben passen? Ergänzen Sie. Schreiben Sie dann je einen Satz.

erfüllen – geben – haben – tragen – übernehmen – wahrnehmen – wissen

1 Verantwortung	*haben/tragen/übernehmen*	4 einen guten Ruf	
2 Konsequenzen		5 Aufgaben	
3 Anforderungen		6 Bescheid	

4 Strategietraining: ein Vorstellungsgespräch führen

4.1 Wie kann man sich auf ein Vorstellungsgespräch vorbereiten? Notieren Sie Tipps mithilfe der Wörter. Sehen Sie das Strategievideo bei Bedarf noch einmal.

~~Webseite des Unternehmens~~ – Lebenslauf – Stellenanzeige – Fragen – Körpersprache

> **ein Vorstellungsgespräch führen**
>
> *- sich vorher auf der Unternehmenswebseite über die Unternehmensziele u. aktuelle Projekte informieren*

4.2 Und Sie? Stellen Sie sich vor, Sie hätten morgen ein Vorstellungsgespräch für eine interessante Stelle. Was würden Sie sagen? Machen Sie sich Notizen zu den Fragen in 3.1.

4.3 Üben Sie zu dritt. Eine Person stellt die Fragen aus 3.1. Die zweite Person antwortet frei mithilfe der Notizen und der Redemittel im Kursbuch auf Seite 97. Die/Der dritte hört zu und gibt am Ende Feedback. Tauschen Sie dann die Rollen.

Welche Stärken bringen Sie mit?

Ich übernehme gern Verantwortung und arbeite sehr lösungsorientiert.

Ideen, die die Welt verändern

1 Erfindungen. Welche Erfindung kommt aus Ihrem Heimatland? Recherchieren Sie zu den Fragen und berichten Sie im Kurs.

- Von wem ist die Erfindung?
- Wann wurde sie erfunden und wie kam es dazu?
- Welche Auswirkungen hatte die Erfindung auf die Gesellschaft?

2 Erfindungen von morgen

2.1 Welches Verb passt? Ergänzen Sie. Die Texte im Kursbuch auf Seite 93 helfen.

aufstellen – aufzeichnen – entwickeln – gleiten – ~~schweben~~ – übertragen – umwandeln – wagen

1 durch die Straßen   *schweben*

2 über das Wasser

3 einen Weltrekord

4 einen Versuch

5 Wind in Strom

6 Träume

7 Daten

8 eine Technologie

2.2 Welches Wort passt? Lesen Sie den ersten Absatz und ordnen Sie die Begriffe im Bild zu.

1 die Röhre   2 magnetische Schienen   3 die Transportkapsel

Der Hyperloop – das Transportsystem der Zukunft

Forscherinnen und Forscher entwickeln zurzeit eine Technologie, die es ermöglichen soll, mit einer Geschwindigkeit von mehr als 1.200 km/h durch Europa zu reisen. Man kann sich den Hyperloop wie einen sehr schnellen Zug vorstellen. Auch der Hyperloop bewegt
5 sich auf Schienen. Aber anders als ein Zug fährt er nicht. Er schwebt über magnetischen Schienen. Die Transportkapseln – etwa vergleichbar mit den Waggons eines Zuges – werden durch starken Luftdruck durch die Röhren gestoßen und erreichen so ihr Ziel. Da der Hyperloop keinen Motor hat, ist er auch viel leiser als ein Zug.

Der neue Hyperloop

10 Und schneller: Innerhalb von nur 30 Minuten könnten Reisende von Berlin nach München gleiten – eine Strecke von fast 600 km. In Zukunft soll Reisen mit dem Hyperloop nicht nur doppelt so schnell, sondern auch nur halb so teuer wie eine Fahrt mit herkömmlichen Transportmitteln sein. Und weil der Hyperloop kein CO_2 ausstößt, ist er auch noch umweltfreundlich. Doch die Technologie ist noch nicht fertig entwickelt. Kritiker sorgen sich um die Sicherheit: Wie schnell kann der Hyperloop bei einer Geschwindigkeit
15 von 1200 km/h bremsen? Wie können Passagiere im Notfall aus den Röhren gerettet werden? Wird es genügend Haltestellen geben? Die ersten Tests sind schon erfolgreich gelaufen. 2015 schwebte der Hyperloop mit 113 km/h ca. 5,3 Sekunden über die Teststrecke. 2018 erreichte er bereits 467 km/h. Ziel ist es, den Hyperloop bis 2050 auf den Markt zu bringen.

2.3 Was ist falsch? Lesen Sie den Artikel in 2.2 noch einmal und streichen Sie die falsche Antwort durch.

1 Der Hyperloop ist *ein neuer Hochgeschwindigkeitszug / ein neues Transportmittel* in Europa.
2 Die Transportkapseln werden durch *Luftdruck / einen Motor* bewegt.
3 Die Reise im Hyperloop wird *billiger/teurer* als mit anderen Verkehrsmitteln.
4 Kritiker bezweifeln, dass der Hyperloop *umweltfreundlich / sicher genug* ist.
5 2018 *hat der Hyperloop bereits knapp 500 Stundenkilometer geschafft / liefen die ersten Tests.*

Wie die Digitalisierung die Arbeit verändert

1 Die digitale Arbeitswelt und ihre Folgen für die Menschen

1.1 Wie heißen die Branchen? Ordnen Sie die Fotos den Begriffen zu.

a	b	c	d	e	f

1 [b] der Dienstleistungssektor   3 [ ] die Logistik   5 [ ] der Journalismus

2 [ ] das Transportwesen   4 [ ] die Lebensmittelindustrie   6 [ ] der Bergbau

1.2 Wie heißen die Wörter? Sortieren Sie die Buchstaben und schreiben Sie.

1 eine Epoche in der Geschichte: AEILTZLATR *Zeitalter*

2 sehr genau: ÄSIREPZ *p*

3 erfolgreich; wenn etwas gut funktioniert: VEFETIKF *e*

4 ein ferngesteuertes Fluggerät: NDHERO *D*

5 ein Apparat, der dem Menschen ähnlich ist: ETROBOR *R*

6 gewohnte/regelmäßige Tätigkeiten: ENUTROI *R*

7 das Zeitalter, als erstmals Maschinen in den Fabriken eingesetzt wurden:

TILGISDINAURISENUR *I*

1.3 Welches Verb passt? Ergänzen Sie. Der Text im Kursbuch auf Seite 94 hilft.

~~automatisieren~~ – beantworten – erhöhen – erwerben – gegenüberstehen – programmieren – schaffen – sortieren

1 einen Arbeitsprozess *automatisieren*   5 Maschinen

2 die Produktivität   6 neue Arbeitsplätze

3 Pakete   7 eine Kompetenz

4 Kundenanfragen   8 einer Herausforderung

2 Digitalisierung in der Arbeitswelt – eine Diskussion

2.1 Was sagt die Moderatorin? Welche Redemittel passen? Lesen Sie die Diskussion und ergänzen Sie.

Verstehe ich Sie richtig? Sie meinen also, dass – Möchten Sie direkt dazu etwas sagen –
Wie sehen Sie das? Würden Sie diesem Argument zustimmen – ~~Ich begrüße Sie herzlich zu~~ –
Wir können also festhalten, dass – Wir werden uns heute mit der Frage beschäftigen

1 👍 *Ich begrüße Sie herzlich zu* unserer Diskussionsrunde.

, wie künstliche Intelligenz die Arbeit verändert.

2 💬 Für mich als Arzt ist KI sehr hilfreich, z.B. um schneller und zuverlässiger Diagnosen zu stellen.

👍 die Maschinen besser

diagnostizieren als Ärzte und Ärztinnen?

3 👍 _____, Frau Johannson?

💬 Nicht ganz. Ich sehe zwar auch Vorteile, aber ich fürchte, künstliche Intelligenz macht auch Fehler.

👍 _____, Herr Magheti?

4 👍 _____ es sowohl positive als auch negative Erfahrungen in der digitalisierten Arbeitswelt gibt.

2.2 Strategietraining: eine Diskussion moderieren. Was macht die Moderatorin in 2.1? Ordnen Sie zu.

> **eine Diskussion moderieren**
> – ☐1 am Anfang die Gäste begrüßen und ☐ das Thema vorstellen
> – ☐ einem Gast das Wort geben und auf eine gleichmäßige Redezeit der Gäste achten
> – ☐ die Gäste nach ihrer Meinung fragen und ☐ Rückfragen stellen, wenn etwas unklar ist
> – zum Thema zurückführen, wenn die Diskussion vom Thema weggeht
> – ☐ die Argumente und wichtigsten Ergebnisse zwischendurch und am Ende zusammenfassen

Große Entscheidungen

1 Neue Wege gehen

1.06 🔊 **1.1** Über welche Veränderungen sprechen die Personen? Hören Sie und machen Sie Notizen.

1.06 🔊 **1.2** Was ist richtig? Hören Sie noch einmal und kreuzen Sie an.

1 ◯ Marc lebt jetzt wieder an dem Ort, wo er aufgewachsen ist.
2 ◯ Er bereut seine Entscheidung, weil er jetzt weniger verdient.
3 ◯ Pascal wurde im Internet diskriminiert.
4 ◯ Seine Familie hat seine Entscheidung akzeptiert.
5 ◯ Margit war in der Fernbeziehung unglücklich.
6 ◯ Weil die Wohnung zu klein ist, hat Margit wenig Zeit und Platz für sich.
7 ◯ Hannelore fiel es sehr schwer, sich von ihrem Mann zu trennen.
8 ◯ Sie hat seit der Trennung keinen Kontakt mehr zu ihrem Ex-Mann.

1.06 🔊 **1.3** Wählen Sie eine Person und hören Sie noch einmal. Machen Sie Notizen und beantworten Sie dann die Fragen.

– Warum hat die Person die Entscheidung getroffen?
– Wie war das für sie? Welche Ängste oder Probleme hatte sie?
– Wie sieht ihr Leben jetzt aus? Wie bewertet sie ihre Entscheidung rückblickend?

2 Und Sie? Was würden Sie in dieser Situation tun? Was würden Sie diesen Menschen raten? Wählen Sie eine Person (A oder B) und schreiben Sie ihr eine E-Mail.

A Eine Freundin / Ein Freund ist unglücklich in ihrer/seiner Beziehung. Sie/Er denkt über eine Trennung nach, hat aber auch Angst davor, allein zu sein.

B Eine Freundin / Ein Freund hat eine interessante Stelle gefunden. Sie/Er müsste dafür ins Ausland gehen und ist deshalb unsicher, ob sie/er die Stelle annehmen sollte.

Liebe/r …, ich war auch schon mal in einer ähnlichen Situation, deshalb kann ich gut nachvollziehen, wie es dir geht. An deiner Stelle würde ich …

Prüfungstraining

ÖSD
1.07 🔊

1 Hören Aufgabe 1

Richtig oder falsch? Hören Sie und kreuzen Sie an.

		richtig	falsch
1	Alle Altersgruppen können an dem Projekt teilnehmen.	○	○
2	Pro Jahr engagieren sich mehr als 800 Deutsche im Rahmen des ESK.	○	○
3	Für die Teilnahme wird ein Schulabschluss vorausgesetzt.	○	○
4	In den meisten Projekten ist man mindestens ein Dreivierteljahr tätig.	○	○
5	Man muss sich sowohl im Inland als auch im Ausland bewerben.	○	○
6	Im Herkunftsland hat man eine Mentorin / einen Mentor, die/der bei der Vorbereitung hilft.	○	○
7	Der Aufenthalt wird von der EU finanziert.	○	○
8	Die Reisekosten richten sich danach, wie lange man im Zielland lebt.	○	○
9	Das Interesse an Pflegeberufen ist besonders bei jungen Leuten hoch.	○	○
10	Bei der Auswahl einer Organisation sollte man vor allem auf die Erfahrungsberichte von anderen Freiwilligen achten.	○	○

> **Tipp:** In dieser Aufgabe hören Sie eine Radioreportage. Zum Teil spricht eine Moderatorin / ein Moderator und zum Teil gibt es Einspieler von anderen Personen. In beiden Teilen können Informationen zu den Sätzen vorkommen. Sie hören die Reportage zweimal. Sie ist in vier Abschnitte gegliedert, die beim Hören angesagt werden. Diese helfen Ihnen zur Orientierung. Vor dem Hören haben Sie 90 Sekunden Zeit, um die Sätze 1–10 zu lesen.

ÖSD

2 Sprechen Aufgabe 3: Meinungsaustausch

Sie und Ihre Gesprächspartnerin / Ihr Gesprächspartner haben folgende Stellungnahmen zum Thema „Arbeiten im Home-Office" gelesen und sollen nun darüber diskutieren.

Arbeiten Sie zu zweit und wählen Sie jeweils eine Person. Versetzen Sie sich in die Rolle der Person und vertreten Sie ihren Standpunkt. Bringen Sie weitere Aspekte und Argumente ein.

Person 1

„Seit ich von zu Hause arbeite, beginnt mein Tag viel entspannter. Ich muss nicht mehr jeden Tag durch den Berufsverkehr fahren und das spart Zeit, die ich für meine Familie und meine Freizeit nutzen kann. Und die Kosten für das Benzin oder das Bahnticket spare ich auch. In meinem Arbeitszimmer fühle ich mich wohl. Da ist es gemütlicher als im Büro und das hilft mir, konzentrierter und auch effektiver zu arbeiten. Zu Hause habe ich mehr Ruhe, weil ich nicht ständig von meinen Kolleginnen und Kollegen abgelenkt werde. In meiner Firma arbeiten wir nämlich in einem Großraumbüro und da ist immer etwas los."
Lara, 27

Person 2

„Meiner Meinung nach lassen sich Arbeit und Privatleben im Home-Office nur schwer trennen. Ich werde öfter durch meine Familie oder kleine Erledigungen im Haushalt, wie die Wäsche aufhängen, ein Paket annehmen oder mit den Kindern spielen, abgelenkt. Deshalb mache ich im Home-Office oft Überstunden. Außerdem finde ich, dass die Kommunikationswege viel länger sind. Ich kann nicht kurz zu meinem Kollegen ins Büro gehen und ihn schnell etwas fragen, sondern ich muss eine E-Mail schreiben und dann auf eine Antwort warten. Dadurch dauert vieles länger und das nervt."
Jens, 38

> **Tipp:** In diesem Prüfungsteil geht es darum, dass Sie gut argumentieren und diskutieren. Markieren Sie zur Vorbereitung die Argumente im Text und notieren Sie eigene Argumente und Beispiele, um die Argumente zu stützen. Reagieren Sie im Gespräch auch auf die Argumente Ihrer Partnerin / Ihres Partners, indem Sie zustimmen oder widersprechen und Ihre Meinung begründen. Das Prüfungsgespräch dauert insgesamt 5 Minuten.

telc **3 Schriftlicher Ausdruck**

Wählen Sie eine Aufgabe (A: Bitte um Informationen oder B: Beschwerde). Lesen Sie die Anzeige und schreiben Sie eine E-Mail. Behandeln Sie in Ihrer E-Mail *entweder* drei der Inhaltspunkte *oder* zwei der Inhaltspunkte und einen weiteren Aspekt Ihrer Wahl.

Überlegen Sie sich eine sinnvolle Reihenfolge der Punkte, einen passenden Betreff, eine passende Anrede, Einleitung und einen passenden Schluss. Schreiben Sie mindestens 150 Wörter.

A

Sie möchten sich neben dem Studium und während der Semesterferien ehrenamtlich engagieren.

Schreiben Sie eine E-Mail und bitten Sie um weitere Informationen:
– Erläutern Sie, wann und wie oft Sie arbeiten können.
– Stellen Sie weitere Fragen zur Anzeige.
– Beschreiben Sie, warum Sie sich engagieren wollen.
– Beschreiben Sie, in welchen Fächern Sie die Schülerinnen und Schüler unterstützen könnten.

Ehrenamtlich Engagierte für Nachhilfe gesucht!

Die Bildungsinitiative „Start ins Leben" sucht Engagierte, die Schülerinnen und Schüler der Abschlussklassen beim Übergang von der Schule in Ausbildung und Beruf begleiten und unterstützen.

Ihre Aufgaben:
– Hilfe bei der Prüfungsvorbereitung in verschiedenen Fächern (z. B. Deutsch, Englisch, Mathematik, ...)
– Beratung bei der Berufswahl und Unterstützung bei der Suche eines Ausbildungsplatzes
– Bewerbungstraining (Bewerbungsschreiben, Vorstellungsgespräch)

Wir bieten:
– Kostenerstattung (Fahrtwege, Material) und Weiterbildungskurse
– Zusammenarbeit mit Lehrkräften und Sozialpädagoginnen/Sozialpädagogen
– Spaß und neue Erfahrungen

B

Sie haben einen Arbeitsplatz im „Main-Workplace" gebucht. Leider waren Sie nicht zufrieden.

Schreiben Sie eine E-Mail und beschweren Sie sich:
– Erklären Sie, was Sie nun vom Anbieter erwarten.
– Beschreiben Sie, was Sie der Anzeige nach von dem Arbeitsplatz erwartet haben.
– Erläutern Sie, wie der Arbeitsplatz tatsächlich war.
– Beschreiben Sie, was Sie tun, falls Sie keine Antwort bekommen.

Main-Workplace – Ihr Co-Working-Space über den Dächern von Frankfurt am Main!

Sie sind auf der Suche nach einem modernen und flexiblen Arbeitsplatz in einer ruhigen, entspannten und inspirierenden Arbeitsatmosphäre? Sie möchten einen Schreibtisch an unserem Panoramafenster, um Ihren Gedanken freien Lauf zu lassen?
Mit unserem Premiumpaket haben Sie an sieben Tagen pro Woche 24 Stunden lang Zugang zu einem voll ausgestatteten Arbeitsplatz (Papier, Stifte, Kopfhörer, Lampe, Computer und Highspeed-Internet inklusive). Drucker, Kopierer und Scanner können kostenfrei benutzt werden. Seminarräume für Ihre Meetings sowie ein gemütlicher Bar- und Küchenbereich stehen ebenfalls zur Verfügung.
Buchen Sie Ihren Einzel-Arbeitsplatz im *Main-Workplace* für nur 350 € pro Monat!

Tipp: Sie haben zum Schreiben 30 Minuten Zeit. Überfliegen Sie beide Aufgaben und entscheiden sich schnell für eine. Wählen Sie die Aufgabe, zu der Ihnen spontan mehr einfällt. Achten Sie bei Ihrer formellen bzw. halbformellen E-Mail darauf, dass Sie auf die Inhaltspunkte eingehen und Sie sprachlich angemessen formulieren. Zur Beschwerde-E-Mail finden Sie weitere Tipps auf Seite Ü 127, Aufgabe 2.

8 Bewusst konsumieren

Webcode:
mipife

Einkaufsgewohnheiten

1 Einkaufstypen. Welches Nomen passt? Suchen und markieren Sie die Nomen in der Wortschlange und ergänzen Sie.

RIEBELOHNUNGLKAUBGENUSSLEIRGSSCHNÄPPCHENTOPBFRUSTNYTMUFFELERSKONSUMUNG

1 Waren, die günstig oder im Sonderangebot sind, heißen _____ .

2 Eine schlecht gelaunte Person nennt man umgangssprachlich auch einen _____ .

3 Wenn man etwas besonders toll gemacht hat, bekommt man eine _____ .

4 _____ nennt man den Verbrauch von Lebensmitteln und anderen Waren.

5 Manche Menschen lieben Shopping, für sie ist der Einkaufsbummel ein _____ .

6 _____ hat man, wenn man sich sehr ärgert oder unzufrieden ist.

2 Einkaufen – Stress oder Vergnügen?

1.08 🔊 **2.1 Welche zwei „Einkaufstypen" nehmen an der Radiosendung teil? Hören Sie und kreuzen Sie an.**

○ der Einkaufsmuffel   ○ der/die Genusskäufer/in
○ der Shopping-Fan   ○ der/die Schnäppchenjäger/in

1.08 🔊 **2.2 Welche Aussage passt zu welcher Person? Hören Sie noch einmal und ordnen Sie zu. Eine Aussage passt zu keiner Person.**

| a | b | c |

Thomas Büchen   Samira Woltz   Nikola Petrović

1 ☐ Es überfordert mich, ständig Preise zu vergleichen. Deshalb suche ich auch nicht immer nach den günstigsten Schnäppchen oder den neuesten Rabattaktionen, sondern kaufe oft Dinge, die ich schon kenne. Außerdem gebe ich gerne Geld für etwas aus, was mir persönlich gefällt und Freude macht.

2 ☐ Wir kaufen viele Dinge oft nur, weil sie im Angebot sind oder weil es Spaß macht, im Einkaufszentrum bis zur Erschöpfung ein Schnäppchen nach dem anderen zu jagen. Viele Menschen sind konsumsüchtig. Das ist nicht nur meine kritische Meinung, sondern das wurde auch schon wissenschaftlich bewiesen.

3 ☐ Die Entscheidung, ob wir etwas kaufen, hängt von vielem ab: Zum Beispiel, zu welcher Zeit man shoppt, wer einen begleitet und für wen man etwas kauft. Man kann tendenziell schon von verschiedenen Einkaufstypen sprechen, aber nicht jeder Mensch ist nur ein bestimmter Einkaufstyp. Das kann sich je nach Situation ändern.

4 ☐ Viele Leute achten bei ihren Shoppingtrips auf den Preis. Diesen Leuten kann ich wertvolle Tipps geben. Denn ich vergleiche Preise von allen möglichen Produkten und schreibe darüber. Das gefällt nicht jedem. Vor allem gefällt es den Menschen nicht, die Konsum und Werbung für schlecht halten.

2.3 Wiederholung: Relativsätze mit Nominativ, Akkusativ und Dativ. Welches Relativpronomen passt? Ergänzen Sie. Der Grammatikanhang (B 2.4) hilft.

1 Schnäppchen-Aktionen sind sinnloser Konsum, auf _____den_____ man verzichten sollte.

2 Manchmal kaufe ich Dinge, mit _____ ich mich selbst belohne.

3 Einkaufen ist eine Tätigkeit, _____ bei mir nicht mit Emotionen verbunden ist.

4 Ich habe einen Blog, auf _____ man Preise von Produkten vergleichen kann.

5 Wir kommen mit vielen neuen Sachen nach Hause, _____ wir gar nicht benötigen.

6 Weihnachten ist eine Zeit, in _____ viele Leute günstige Geschenke kaufen möchten.

2.4 Schreiben Sie Relativsätze mit Relativpronomen im Nominativ, Akkusativ oder Dativ. Worauf bezieht sich das Relativpronomen? Zeichnen Sie Pfeile wie im Beispiel.

> 1 Im 1. OG befindet sich das Café „Leo". Es ist täglich von 10 bis 20 Uhr für Sie geöffnet.
>
> 2 Im Untergeschoss bietet eine Bar Erfrischungsgetränke an. Sie können die Bar während der Öffnungszeiten besuchen.
>
> 3 Lernen Sie in der „Musikwelt" das zweite Album von Arisha kennen. Mit dem Album können Sie allen Musikliebhabern eine Freude machen.
>
> 4 Im Erdgeschoss findet am Sonntag das große Show-Kochen mit Starkoch Tom Matzel statt. Das Show-Kochen kennen Sie bestimmt aus dem Fernsehen.
>
> 5 Im vierten Stock gibt es ab 15 Uhr Style-Beratungen. Die Style-Beratungen werden von unseren Mode-Experten zum Schnäppchenpreis angeboten.
>
> 6 Im „Spiele-Paradies" kommt am Samstagnachmittag ein Überraschungsgast zu Besuch. Der Gast verteilt kleine und große Geschenke an die Kinder.

1 Im 1. OG befindet sich das Café „Leo", das täglich von 10 bis 20 Uhr für Sie geöffnet ist.

2.5 Wie heißen die Relativpronomen? Lesen Sie noch einmal Ihre Sätze in 2.3 und 2.4 und ergänzen Sie.

	maskulin	neutrum	feminin	Plural
Nominativ		das		
Akkusativ				die
Dativ				

2.6 Was bedeuten die Wörter? Schreiben Sie Definitionen mithilfe der Redemittel auf Seite 109 im Kursbuch. Die Wörter im Schüttelkasten helfen.

automatisch/elektrisch – nach oben/unten fahren – mit Kreditkarte bezahlen – auf den Tisch legen – sich umziehen / Kleidungsstücke anprobieren – Waren präsentieren/austellen – den Tisch decken

die Umkleidekabine   die Tischdecke   das Kartenlesegerät   das Schaufenster   die Rolltreppe

1 Bei einer Umkleidekabine handelt es sich um einen kleinen Raum mit einer Tür oder einem Vorhang, wo / in dem ...

2.7 Sprachmittlung: Wie würden Sie die Einkaufstypen auf Seite 98 im Kursbuch in Ihrer Sprache nennen oder beschreiben? Gibt es Übersetzungen oder ähnliche Begriffe? Tauschen Sie sich aus.

> *Im Niederländischen gibt es auch einen Begriff für „Schnäppchenjäger", nämlich „koopjesjager". „Koopjes" kommt von „kopen" und das heißt „kaufen".*

3 Die Schnäppchenjäger, deren Rabattkarte …

3.1 Worauf beziehen sich die Relativpronomen? Was drücken die Relativsätze aus? Markieren Sie wie im Beispiel und ergänzen Sie dann die Relativpronomen im Grammatikkasten.

1 Meet & Greet – nächsten Samstag von 11–14 Uhr mit Adelina Storm! Trefft die sympathische Schauspielerin, deren Karriere vor zwölf Jahren hier im Stadtteil angefangen hat.

2 Im Angebot: Das neue Modell von ITC, dessen Speicherleistung professionelle PC-Nutzer zum Träumen bringt. Fragen Sie unsere Kundenberater!

3 Wir suchen einen motivierten Verkäufer, dessen Mode-Geschmack zu uns passt. Melden Sie sich direkt im Geschäft oder schicken Sie uns Ihre Bewerbung per E-Mail.

4 An alle Eltern, deren Kinder neue Kleidung brauchen: Macht mit bei unserem großen Kleidermarkt am 22.05. Anmeldung an der Kundeninformation.

Relativsätze im Genitiv

Relativsätze drücken eine possessive Relation (Besitz oder Zugehörigkeit) zum Bezugswort aus.

Trefft die Schauspielerin, deren Karriere vor zwölf Jahren hier im Stadtteil angefangen hat.
Trefft die Schauspielerin. Ihre Karriere hat vor zwölf Jahren hier im Stadtteil angefangen.
Trefft die Schauspielerin. Die Karriere der Schauspielerin hat vor zwölf Jahren hier … angefangen.

Das Bezugswort bestimmt das Genus des Relativpronomens:

Maskulinum/Neutrum: Femininum/Plural:

3.2 Was passt: *dessen* oder *deren*? Unterstreichen Sie das Bezugswort und ergänzen Sie.

1 Alle Kinder, _____ Eltern etwas in der „Spielewelt" kaufen, bekommen ein Gratis-Geschenk.

2 Wir bitten den Kunden, _____ Wagen vor dem Haupteingang parkt, wegzufahren.

3 Die Person, _____ Artikel aufbewahrt wurden, soll bitte zur Kasse kommen.

4 Bei uns gibt es das neueste Küchengerät, _____ Funktionen Sie beeindrucken werden.

5 Der Koffer, von _____ Qualität du so überzeugt warst, ist leider schon kaputt.

6 Die Hose, _____ Schnitt im Online-Shop so toll aussah, gibt es leider nicht mehr zu kaufen.

3.3 Verbinden Sie die Sätze mit einem Relativsatz wie im Beispiel.

1 Ich habe einen neuen Computer. Ich bin von den Funktionen des Computers begeistert.
2 Wir können euch einen Laden empfehlen. Wir sind mit seinem Sortiment sehr zufrieden.
3 Die Verkäuferin arbeitet schon lange hier. Ihr Freund ist ein guter Bekannter von mir.
4 Auf dem Markt gibt es viele Bio-Produkte. Alle sind von der Qualität der Bio-Produkte überzeugt.
5 Viele Gäste verbringen ihren Urlaub in dem Hotel. Seine Lage ist wirklich toll.
6 Mein Fernseher ist leider kaputt. Über seinen Preis möchte ich lieber nicht sprechen.

1 Ich habe einen neuen Computer, von dessen Funktionen ich begeistert bin.

Ein besonderes Produkt

1 Ein neuer Fernseher

1.1 Was ist den Personen beim Kauf eines Fernsehers wichtig? Lesen und ergänzen Sie.

Auflösung – Bedienungsanleitung – ~~Bildqualität~~ – Design –
Energieverbrauch – Garantie – Internetanschluss – Zubehör

1 💬 Ich möchte ein modernes TV-Gerät mit einer hervorragenden   *Bildqualität*   .

Die _____ sollte mindestens 3840 x 160 Pixel betragen. Außerdem ist mir

ein _____ wichtig, damit ich meine Lieblingsserien online anschauen kann.

2 👍 Ich finde es am wichtigsten, dass die _____ für ein Gerät mindestens zwei

Jahre beträgt. Sonst muss man selbst die Reparaturen bezahlen, wenn etwas kaputt geht. Weil

ich versuche, Strom zu sparen, ist mir auch ein niedriger _____ wichtig.

3 💬 Ich achte bei allen technischen Geräten auf das _____. Ich will ja, dass

das Gerät gut aussieht. Und mich interessiert, welches _____ es gibt: Zum

Beispiel möchte ich, dass die _____ beigelegt und nicht nur online verfügbar

ist, damit ich sofort nachlesen kann, wenn ich etwas nicht verstehe.

1.2 Wiederholung: Adjektivdeklination. Welche Endung passt? Lesen und ergänzen Sie. Der Grammatikanhang (A 2.1) hilft.

Neue TV-Trends auf der Technikmesse *Electronia*

Mal ehrlich, wer benutzt einen Fernseher heutzutage nur noch zum Fernsehen? Viele verschiedene Funktionen

und ein Internetanschluss mit integriertem [1] Browser machen das Fernsehen zu einem besonder____ [2] Genuss.

Strahlende [3] Bilder schaffen durch ihre hoh____ [4] Auflösung auch ein faszinierend____ [5] Spieleerlebnis. Nach

Ansicht von Benedict Reif, Kundenberater in der stark wachsend____ [6] Branche der Unterhaltungselektronik, sind

es vor allem Spieleliebhaber, die die pixelfrei____ [7] Bilder auf 55 Zoll groß____ [8] Bildschirmen und das edl____ [9]

Design der modern____ [10] TV-Geräte mit schön gestaltet____ [11] Bildschirmen schätzen. Auf der *Electronica*

können interessiert____ [12] Besucherinnen und Besucher alle neu____ [13] Geräte testen und sofort ihr Lieblingsgerät

mit beigelegt____ [14] Zubehör erwerben.

2 Strahlende Farben auf einem geschwungenen Bildschirm

2.1 Was ist richtig? Markieren Sie Partizip I und Partizip II in 1.2 in verschiedenen Farben. Lesen Sie dann die Regeln im Grammatikkasten und kreuzen Sie an.

> **Das Partizip I und II als Adjektive**
>
> Als Adjektiv verwendet werden die Partizipien ◯ *dekliniert* / ◯ *nicht dekliniert*.
> Das Partizip I (Infinitiv + *d*) hat normalerweise eine ◯ *aktive* / ◯ *passive* Bedeutung.
> Das Partizip II hat meist eine ◯ *aktive* / ◯ *passive* Bedeutung und bezieht sich oft auf
> die ◯ *Gegenwart* / ◯ *Vergangenheit*.

8

2.2 Aktive oder passive Bedeutung? Unterstreichen Sie die Verben im Relativsatz und ergänzen Sie das Partizip I oder II als Adjektiv. Achten Sie auf die Adjektivendungen.

1 Geräte, die mit einer Batterie <u>betrieben werden</u>, sind mit einer Batterie *betriebene* Geräte.

2 Eine Strategie, die gut funktioniert, ist eine gut _____ Strategie.

3 Umsätze, die steigen, sind _____ Umsätze.

4 Ein Preis, der stark reduziert wurde, ist ein stark _____ Preis.

5 Ein Produkt, das oft verkauft wurde, ist ein oft _____ Produkt.

6 Öffnungszeiten, die gesetzlich geregelt sind, sind gesetzlich _____ Öffnungszeiten.

2.3 Was passt: Partizip I oder II? Lesen Sie und ergänzen Sie das passende Partizip als Adjektiv.

Redaktion „TechWelt": Liebe Leserinnen und Leser! Uns interessiert Ihre Meinung: Was hat Ihnen in dem gestern *veröffentlichten* (veröffentlichen) [1] Artikel „Erfindungen für die Zukunft" am besten gefallen?

HarryW.: Mir hat der Kühlschrank, der _____ (fehlen) [2] Lebensmittel selbstständig einkauft, am besten gefallen. Das halte ich zwar für eine _____ (übertreiben) [3] Idee, aber wer weiß, wie sich die Technik in den _____ (kommen) [4] Jahren entwickelt?

Leser184: Das selbstständig _____ (fahren) [5] Auto kommt sicher bald – eine absolut notwendige Erfindung! Allerdings gibt es noch einige Probleme mit den aktuell _____ (gelten) [6] Verkehrsregeln, zum Beispiel mit den _____ (vorschreiben) [7] Geschwindigkeiten.

Roberta: Ich glaube, dass _____ (schwimmen) [8] Häuser in Zukunft eine große Rolle spielen werden. Dort ist zwar nicht so viel Platz, aber dafür hat man sehr modern _____ (ausstatten) [9] Räume.

Pillepalle: Ach, das meiste hier ist doch wirklich Science-Fiction! Glaubt ihr wirklich, dass es _____ (operieren) [10] Roboter im Krankenhaus geben wird oder im Labor _____ (produzieren) [11] Fleisch? Das ist doch eine schreckliche Vorstellung ☹.

2.4 Formulieren Sie die Relativsätze als erweiterte Partizipien wie im Bespiel.

1 In Kalifornien wurde eine App entwickelt, die bei Erziehungsproblemen hilft.

In Kalifornien wurde eine *bei Erziehungsproblemen helfende* App entwickelt.

2 Die App, die von IT-Spezialisten programmiert wurde, weckt das Interesse vieler Eltern.

Die _____ App weckt das Interesse vieler Eltern.

3 Die App basiert auf einer Technologie, die ständig dazulernt.

Die App basiert auf einer _____ Technologie.

4 Die Software wertet Informationen, die von den Eltern gespeichert werden, täglich aus.

Die Software wertet _____ Informationen täglich aus.

5 Das Programm kann sogar Bilder analysieren, die von Kindern gemalt wurden.

Das Programm kann sogar _____ Bilder analysieren.

6 Aber sind diese Technologien, die immer komplexer werden, wirklich hilfreich?

Aber sind diese _____ Technologien wirklich hilfreich?

Ü 104 Bewusst konsumieren

3 Mein Produkt

3.1 Worum geht es in der Anzeige? Welcher Satz passt zu welchem Begriff? Lesen Sie und ordnen Sie zu.

a ☐ Aussehen und Material   d [1] Produkt   g ☐ technische Details

b ☐ Gewicht   e ☐ Produktmaße   h ☐ Zielgruppe

c ☐ Preis   f ☐ Stromverbrauch   i ☐ Zubehör

Liebe Interessierte,

leider muss ich meine geliebte Küchenmaschine *KitchenStar* verkaufen.[1]
Die Maschine ist für alle geeignet, die gern Essen zubereiten.[2] Sie hat
5 Programme (z. B. Smoothies machen, Brot backen) und 3 Geschwindig-
keitsstufen.[3] Die Maschine ist 21 cm breit, 44 cm hoch und 32 cm tief.[4]
Ohne Verpackung ist die *KitchenStar* ca. 9 kg schwer.[5] Sie besteht aus
hochwertigem, rotem Kunststoff und glänzendem Metall und ist deshalb
ein Schmuckstück für jede Küche.[6] Die Maschine verbraucht 1.300 Watt
und entspricht damit der Energieeffizienzklasse A.[7]
Ein Koch- und Backbuch bekommt ihr kostenlos dazu.[8]
Und das alles für nur 79 Euro plus Versandkosten.[9]
Meldet euch schnell telefonisch oder per E-Mail!

Eure Mariya

1.09 **3.2** Phonetik: Die Endung *-en*. Markieren Sie die Endung *-en* in den Wörtern. Hören Sie dann und sprechen
Sie nach. Wann spricht man *-en* als [n] und wann als [m]? Ergänzen Sie.

1 Küchenmaschine [n]   2 kostenlos [ ]   3 verkaufen [ ]   4 haben [ ]

5 Zielgruppen [ ]   6 zubereiten [ ]   7 backen [ ]   8 kleben [ ]

3.3 Nehmen Sie eine Sprachnachricht auf und berichten
Sie einer Freundin / einem Freund von der Anzeige
in 3.1. Benutzen Sie die Wörter aus 3.2 und achten
Sie auf die Aussprache von *-en*.

> *Hallo! Du suchst doch eine Küchenmaschine.*
> *Ich habe eine interessante Anzeige gelesen …*

3.4 Und Sie? Was möchten Sie verkaufen? Schreiben Sie mithilfe der Redemittel im Kursbuch auf Seite 109
eine Anzeige wie in 3.1.

Nachhaltiger Konsum

1 Der ökologische Rucksack. Welche Wörter haben eine ähnliche Bedeutung? Lesen und ergänzen Sie.

Folgen – ~~Herstellung~~ – Ressourcen – Strom – ökologisch – weltweit – wiederverwenden

Bereits bei der _____Herstellung_____[1] *(Produktion)* eines Smartphones werden _____[2]

(Rohstoffe) und _____[3] *(Elektrizität)* verbraucht. Auch die Nutzung und Entsorgung

von Smartphones verursachen CO_2-Emissionen und belasten unsere Umwelt stark.

Die _____[4] *(Konsequenzen)* steigender CO_2-Emissionen sind _____[5]

(global) spürbar. Wenn wir _____[6] *(umweltbewusst)* konsumieren wollen, müssen

wir möglichst viele Materialien _____[7] *(recyceln)*.

2 Der ökologische Fußabdruck

2.1 Strategietraining: komplexe Hörtexte verstehen. Welche Tipps helfen wann? Ordnen Sie zu: Vor dem Hören (V), beim Hören (B), nach dem Hören (N). Sehen Sie bei Bedarf das Video noch einmal.

---

komplexe Hörtexte verstehen

[B] auf Zahlen achten – [ ] überlegen, welche Themen im Hörtext vorkommen könnten –

[ ] überlegen, welche Struktur die Textsorte hat – [ ] auf Intonation und Sprechpausen achten –

[ ] ggf. als Aufzeichnung noch einmal anhören – [ ] bei der Einleitung die Gliederung notieren –

[ ] eine Ankündigung zum Hörtext lesen – [ ] auf die Zusammenfassung achten –

[ ] anhand von W-Fragen die wichtigsten Informationen erkennen – [ ] Fragen stellen –

[ ] auf Formulierungen achten, die das Gesagte strukturieren – [ ] Notizen machen –

[ ] Wörter sammeln, die zum Thema passen – [ ] Wiederholungen und Redundanzen nutzen

---

1.10 **2.2** Welche Informationen gehören zu den Zahlen? Hören Sie noch einmal einen Ausschnitt aus dem Vortrag zum ökologischen Fußabdruck und machen Sie Notizen.

~~90er-Jahre~~ – 100x100 Meter – 1,7 Hektar (ha) – 4,9 ha – 8 bis 14 ha – 0,5 bis 1,5 ha

– *90er-Jahre: Konzept des ökol. Fußabdrucks entwickelt*

2.3 Welche Überschrift passt wo? Lesen Sie und ordnen Sie zu. Zwei Überschriften passen nicht.

a Elektromobilität – schlechter als angenommen
b Gebrauchte Produkte sind besser für die Umwelt
c Fleischessen genauso umweltschädlich wie Autofahren
d E-Autos reduzieren den ökologischen Fußabdruck
e Weniger Umweltbelastungen durch Verzicht

1
[ ]

Wenn wir uns für sogenannte „grüne" Produkte und Dienstleistungen entscheiden, wird alles gut. Wir retten die Welt und gleichzeitig tun wir etwas für die Unternehmen, die mit neuen, nachhaltigen Ideen umweltfreundliche Produkte auf den Markt bringen. Warum kein neues Auto kaufen, wenn es doch ein E-Auto ist? Warum nicht auch mal mit dem Flugzeug verreisen, wenn es ins Öko-Touristen-Ressort geht und dort kein Fleisch auf dem Speiseplan steht?

Wer so denkt, hat nicht verstanden, was Nachhaltigkeit bedeutet. Es reicht nicht aus, auf umweltfreundliche Alternativen umzusteigen. Denn im Vergleich zu anderen Ländern oder auch zu den Generationen unserer Eltern und Großeltern konsumieren wir in Deutschland einfach viel zu viel. Deshalb sollten wir uns überlegen, ob wir all die Dinge, die wir tagtäglich konsumieren, auch tatsächlich brauchen.

2
[ ]

Stromsparende Elektrogeräte, Second-Hand-Kleidung, E-Autos und recycelte Produkte – immer mehr Menschen versuchen auf diese Weise, ihren ökologischen Fußabdruck zu reduzieren. Das ist positiv und notwendig. Nur leider wird bei allem Umweltbewusstsein die Ernährung oft vergessen. Denn wer regelmäßig Fleisch und Wurst isst, trägt zum Klimawandel und zur Erderwärmung bei. Untersuchungen haben gezeigt, dass regelmäßiger Fleischkonsum die Umwelt in gleichem Maß belastet wie Autofahren. Doch nicht nur eine vegetarische Ernährung würde helfen, die Ressourcen und das Klima zu schonen. Auch wer öfter regionale und biologisch angebaute Produkte kauft, tut der Umwelt etwas Gutes.

3

Mobilität auf der einen, Klimaschutz auf der anderen Seite – das ist vor allem jungen Menschen heute besonders wichtig. Obwohl E-Autos beides versprechen und gerade als ökologischer Fortschritt gefeiert werden, ist deren Umweltfreundlichkeit doch zu bezweifeln. Natürlich ist es richtig, dass elektrisch betriebene Fahrzeuge beim Fahren weniger Lärm verursachen und keine umweltschädlichen Emissionen ausstoßen. Andererseits benötigt man für die Herstellung von E-Autos große Mengen wertvoller Ressourcen. Besonders bei der Produktion der Batterien werden viele Rohstoffe verbraucht, die nur mithilfe giftiger Chemikalien abgebaut werden können. Diese große Umweltbelastung hat man erst kompensiert, wenn man mit seinem E-Auto etwa 100.000 Kilometer gefahren ist. Wenn man dies berücksichtigt, dürfte klar werden, warum es vor allem auch unter jungen Leuten immer mehr kritische Stimmen zum Thema Elektromobilität gibt.

2.4 Was für Texte sind die Texte in 2.3? Woran erkennt man das? Kreuzen Sie an und sprechen zu zweit.

a ⃝ Bericht   c ⃝ Reportage
b ⃝ Kommentar   d ⃝ Glosse

2.5 Welche Informationen finden Sie in den Texten in 2.3? Lesen Sie noch einmal und kreuzen Sie an.

1 Nachhaltigkeit heißt, …
  a ⃝ nur das zu kaufen, was man benötigt.
  b ⃝ umweltfreundliche Produkte zu kaufen.
  c ⃝ so zu leben wie die eigenen Eltern.

2 Um die Umwelt zu schützen, sollte man …
  a ⃝ energieeffiziente Elektrogeräte benutzen.
  b ⃝ den Müll recyceln.
  c ⃝ Nahrungsmittel aus der Umgebung kaufen.

3 E-Autos werden kritisiert, weil …
  a ⃝ die Batterien giftige Stoffe enthalten.
  b ⃝ ihre Herstellung umweltschädlich ist.
  c ⃝ sie beim Fahren viel Strom verbrauchen.

3 Während die einen Ressourcen verbrauchen, leiden die anderen unter den Folgen.

3.1 Was passt zusammen? Verbinden Sie.

1 <u>Während</u> ich vor allem auf den Preis achte,
2 Ich habe immer eine Einkaufsliste dabei,
3 Ich bin eben ein echter Schnäppchenjäger,
4 Nach zwei Stunden Einkaufen bin ich genervt,

a er ist dagegen ein großer Shopping-Fan.
b dagegen liebt er lange Einkaufsbummel.
c während er auch gern spontan einkauft.
d belohnt sich mein Partner auch gern mal mit teureren Dingen.

3.2 Markieren Sie *während* und *dagegen* sowie das Verb in den Sätzen mit *während* und *dagegen* in den Sätzen in 3.1. Ergänzen Sie dann die Regel im Grammatikkasten.

Hauptsatz – Mittelfeld – Nebensatz – Satzanfang – Satzende

Gegensätze ausdrücken mit *während* und *dagegen*
Während steht am Anfang von einem _____, in dem das Verb am _____ steht.
Das Adverb *dagegen* steht in einem _____ am _____ oder im _____.

3.3 Gegensatz oder Gleichzeitigkeit? Welche Bedeutung hat *während* in den Sätzen? Kreuzen Sie an.

	Gegensatz	Gleichzeitigkeit
1 Während die Einzelteile eines Handys im Ausland produziert werden, findet der Verkauf hier statt.	☒	○
2 Max wirft Plastikabfälle in den Restmüll, während seine Freundin Mia sie ordentlich recycelt.	○	○
3 Während unser batteriebetriebenes Auto auflädt, können wir es natürlich nicht benutzen.	○	○
4 Während Fabriken früher giftige Chemikalien oft in Flüssen und Seen entsorgt haben, passiert das heute glücklicherweise nur noch selten.	○	○
5 Die Studierenden machen Notizen, während ihre Professorin eine Vorlesung über Umweltschutz hält.	○	○

3.4 Schreiben Sie die Sätze in 3.3, in denen *während* einen Gegensatz ausdrückt, mit *dagegen*.

> *1 Die Einzelteile eines Handys werden im Ausland produziert. Dagegen findet …*

3.5 Schreiben Sie Sätze mit *dagegen* und *während*. Verwenden Sie verschiedene Satzreihenfolgen wie in 3.1.

1 Der Ressourcenverbrauch in den Ländern des globalen Südens ist relativ gering. Die Industrieländer verbrauchen viele Rohstoffe.
2 Der ökologische Rucksack eines Smartphones wiegt 75 Kilogramm. Der eines Goldrings ist 2000 Kilogramm schwer.
3 Viele Menschen halten den Klimawandel für das dringendste globale Problem. Andere finden diese Sichtweise übertrieben.
4 Kaputte Gegenstände wurden früher einfach in den Müll geworfen. Sie werden heute recycelt und wiederverwendet.
5 Manche Rohstoffe, wie z.B. Holz, können nachwachsen. Andere, wie Kohle, Erdöl oder Metalle, stehen uns nur begrenzt zur Verfügung.
6 Manche Chemikalien können in kurzer Zeit abgebaut werden. Andere Chemikalien belasten Wasser und Böden über viele Generationen.

3.6 Lesen Sie und vergleichen Sie die Smartphones. Schreiben Sie Sätze mit *während* und *dagegen*.

	Superphone XXL	My-Phone
Bildschirm:	7,2 Zoll	5,3 Zoll
Akkulaufzeit:	16 Stunden	24 Stunden
Speicher:	128 Gigabyte	256 Gigabyte
Garantie:	24 Monate	18 Monate
Preis:	589,-	699,-

> *Der Bildschirm des Superphones ist 7,2 Zoll groß. Dagegen …*

4 Und wie ist Ihr ökologischer Fußabdruck?

4.1 Was passt zusammen? Verbinden Sie.

1 Kaufen Sie Obst und Gemüse,
2 Achten Sie beim Einkaufen darauf,
3 Was tun Sie im Alltag,
4 Würden Sie sagen,
5 Ist Ihr ökologischer Fußabdruck größer oder kleiner,

a um ihren Ressourcenverbrauch zu verringern?
b dass Sie bewusst konsumieren?
c als Sie dachten?
d das regional angebaut wird?
e dass die Produkte fair gehandelt werden?

4.2 Beantworten Sie die Fragen in 4.1 mithilfe der Redemittel im Kursbuch auf Seite 109.

> *1 Ehrlich gesagt kaufe ich …*

Warum konsumieren wir?

1 **Werbung. Um welche Marken und Werbeslogans im Kursbuch auf Seite 104 geht es? Lesen Sie und ordnen Sie zu. Zwei Marken passen nicht.**

1 Ebay 2 Haribo 3 Ikea 4 Nutella 5 Ritter Sport

Werbebotschaften in Slogans sind häufig so formuliert, dass sie sich an Bedürfnissen der Kunden orientieren und die Produkte mit positiven Versprechen verbinden. Dadurch soll das Kaufinteresse geweckt werden. Oft spielen Werbeslogans mit der Sprache oder mit Bildern und sind kurz, witzig und leicht verständlich.

Ein hier sehr bekannter Schokoladenhersteller verkauft seine Marke mithilfe von drei Adjektiven. Nicht nur der Slogan lässt sich gut merken, sondern auch die quadratische Form, die übrigens kein anderer Schokoladenhersteller benutzen darf.

Eine andere beliebte Süßigkeit aus Deutschland wirbt mit einem Slogan, der gesungen wird und sich reimt. Diese Strategie wurde in zahlreichen anderen Ländern, in denen das Produkt verkauft wird, übernommen. Trotz der Übersetzung bleibt der Reim in vielen Sprachen erhalten.

Einen etwas philosophisch klingenden Werbeslogan nutzt ein beliebtes Möbelhaus. Durch den Vergleich von zwei Verben, die fast synonym sind, wird man zum Nachdenken gebracht. Außerdem bleibt der Slogan leicht im Gedächtnis, weil sich die Satzstruktur wiederholt.

Manche Werbesprüche findet man doof, andere gehen in den alltäglichen Sprachgebrauch ein. Aber ob solche Slogans wirklich in der Lage sind, uns zum Kauf zu bewegen?

2 **Konsumentscheidung – bewusst oder unbewusst? Lösen Sie das Kreuzworträtsel und notieren Sie das Lösungwort. Der Text im Kursbuch auf Seite 104 und 105 hilft.**

→ 1 ein Produkt, das zeigen soll, dass man zu einer bestimmten Gruppe gehört
2 ein Text, in dem man schreibt, wie einem ein Produkt gefallen hat
3 ein anderes Wort für Beliebtheit
4 Vorgänge im Gehirn, die man nicht bewusst wahrnimmt
5 Informationen über die Person, die im Internet surft, z.B. Interessen oder Online-Käufe

↓ 6 ein Satz oder Spruch, mit dem ein Produkt beworben wird
7 kurzer Film, in dem ein Produkt beworben wird
8 eine Person, die in sozialen Netzwerken besonders bekannt ist und bestimmte Produkte anpreist
9 die Untersuchung der Bedürfnisse und des Kaufverhaltens der Kundinnen und Kunden
10 der Name, unter dem ein Produkt oder Sorte von Produkten verkauft wird

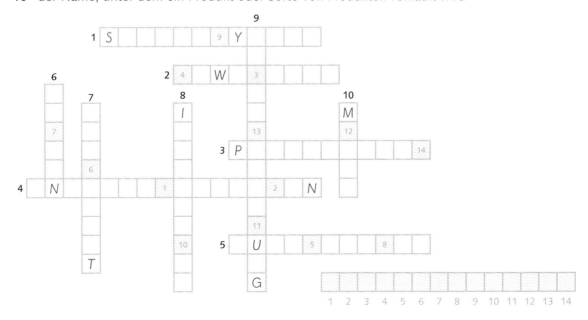

Mode – fair und nachhaltig?

1 **Die harten Fakten der Kleidungsproduktion. Wiederholung: Verben und Adjektive mit Präpositionen. Welche Präposition passt? Ergänzen Sie. Die Listen im Anhang helfen.**

1 Kleidung zählt *zu* den weltweit am meisten nachgefragten Konsumgütern.

2 Ein Großteil der Kleidung wird _____ anderen Ländern importiert.

3 Wegen schlechter Sicherheitsmaßnahmen kommt es in manchen Fabriken _____ Unfällen.

4 Eine soziale Absicherung würde _____ Lohnausfall bei Krankheit schützen.

5 Frauen profitieren _____ der Arbeit in Fabriken.

6 Die Arbeit in einer Textilfabrik kann auch _____ Wohlstand führen.

7 Trotzdem steht die Textilindustrie _____ der Kritik.

8 Durch ihr Konsumverhalten sind die Verbraucher _____ die niedrigen Löhne mitverantwortlich.

2 **Eine Podiumsdiskussion**

2.1 Was passt? Lesen und ergänzen Sie.

> Du meinst also – Ehrlich gesagt – Tja – Was ich davon halte

1 👍 Was tun Sie, um Ihren ökologischen Fußabdruck zu reduzieren?

💬 _____ tue ich schon viel dafür: Ich habe kein Auto und ich bin Vegetarier.

2 👍 Wer wenig Geld ausgeben will, ist für die Situation in den Textilfabriken mitverantwortlich.

💬 _____, das ist leider wahr. Aber auch bei teurer Kleidung bin ich nicht sicher, wie viel Geld in den Fabriken ankommt.

3 👍 Schöne Dinge kaufen und die Umwelt schonen? Mit Upcycling-Produkten geht das.

💬 _____, dass man mit Upcycling-Produkten die Umwelt schont?

4 👍 Was halten Sie eigentlich von Unverpackt-Läden?

💬 _____? Ich frage mich, ob das wirklich hygienisch ist. Aber die Idee ist toll.

2.2 **Strategietraining: flüssig sprechen und Denkpausen schaffen.** Welche Strategien werden in 2.1 verwendet? Ordnen Sie zu.

flüssig sprechen und Denkpausen schaffen	
„Echo-Fragen" stellen:	Floskeln / Gesprächsroutinen verwenden:
Füllwörter benutzen:	Gesagtes wiederholen:

1.11 🔊 2.3 Wussten Sie eigentlich, dass …? Hören Sie die Fragen und reagieren Sie. Benutzen Sie jeweils ein Redemittel aus dem Schüttelkasten, um Zeit zu gewinnen.

> Sie meinen also, dass … – Verstehe ich Sie richtig, dass … – Ob ich das schon wusste? Nun, … –
> Also … – Sagen wir mal so: … – Soweit ich weiß, … – Ehrlich gesagt … – Na ja, …

> *Wussten Sie, dass auch teure Modeketten oft in Billiglohnländern produzieren lassen?*

> *Sagen wir mal so: Ich habe schon davon gehört.*

Einkaufen vom Sofa aus

1 Einzelhandel oder Online-Shopping? Was passt zum Einkauf im Geschäft? Was passt zu Online-Shopping? Ordnen Sie zu: G (Geschäft) oder O (Online-Shopping).

1. ☐ Das Angebot an Waren ist größer.

2. ☐ Es gibt weniger Möglichkeiten, Preise zu vergleichen.

3. ☐ Man erhält die Ware nicht sofort, sondern muss warten, bis sie geliefert wird.

4. ☐ Waren können meistens problemlos zurückgeschickt werden.

5. ☐ Man kann nicht lesen, wie zufrieden andere Kunden mit dem Produkt waren.

6. ☐ Man hat soziale Kontakte beim Einkaufen.

2 Was halten Sie von Online-Shopping?

2.1 Welche Vor- und Nachteile sehen Sie? Schreiben Sie mithilfe der Informationen in 1 und der Redemittel vier bis sechs Sätze zum Einkaufen im Geschäft und zu Online-Shopping.

> … hat den Vorteil / den Nachteil – Für/Gegen … spricht … –
> Ein Vorteil / Ein Nachteil von … ist …
>
> *Online-Shopping hat den Vorteil, dass …*

1.12 🔊 **2.2** Was passt? Lesen Sie die Stellungnahme und ergänzen Sie die Redemittel. Hören Sie dann und überprüfen Sie Ihre Lösung.

> Ein anderes Argument gegen – Ein großer Nachteil ist – Daher vertrete ich die Meinung – Das sieht man auch – Daraus ergibt sich die Frage – Ich bin der Auffassung – ~~ist heutzutage besonders aktuell~~

Das Thema Online-Shopping *ist heutzutage besonders aktuell* [1], weil alles Mögliche – vom Blumenstrauß über Kosmetikartikel bis hin zur Tapete – bequem übers Internet eingekauft werden kann und immer mehr Menschen diese Einkaufsmöglichkeit nutzen. _____ [2] an den steigenden Gewinnen der Online-Shops. _____ [3]: Wird es bald gar keine Läden und Einkaufszentren mehr geben, weil künftig alles und nur noch online eingekauft wird?

Ich persönlich hoffe, dass es auch weiterhin Geschäfte geben wird. _____ [4], dass Online-Shopping zwar sehr bequem und praktisch ist, andererseits aber auch viele negative Seiten hat. _____ [5] zum Beispiel, dass Online-Shopping sehr schlecht für die Umwelt ist. Nicht nur durch die Verpackung und die Lieferung werden viele Ressourcen verbraucht, sondern auch durch die kostenlosen Rücksendungen. _____ [6] Online-Shopping und für den Einzelhandel sind die schlechten Arbeitsbedingungen und niedrigen Löhne der Paketzusteller. _____ [7], dass Online-Shopping, obwohl es sehr bequem ist, zu viele Nachteile hat, um den Einzelhandel komplett zu ersetzen. Wenn wir nachhaltig und umweltfreundlich konsumieren wollen, dürfen wir auf Geschäfte nicht verzichten.

Prüfungstraining

1 Lesen Teil 3 (GI) / Leseverstehen Teil 2 (telc) / Lesen Aufgabe 1 (ÖSD)

Was ist richtig? Lesen Sie den Artikel und kreuzen Sie an.

Von der Idee zum Produkt

Bereits in ihrer Studienzeit hatten Gerhard Muthenthaler und Marijan Jordan – Gründer des ersten deutschen „Erfinderladens" – eine spezielle Uhr für Singles erfunden, die bei der Partnersuche helfen sollte. Die Uhr konnte erkennen, wenn sich andere Menschen mit ähnlichen Interessen in der Nähe befanden. Der gleiche Algorithmus wird heute in Dating-Apps sehr erfolgreich verwendet. Damals waren die beiden Erfinder jedoch ihrer Zeit voraus. Sie hatten weder eigenes Kapital, noch fanden sie Investoren für ihre neuartige Idee. Damit teilten sie das Schicksal vieler Erfinderinnen und Erfinder, deren Ideen an der Finanzierung scheitern und am Ende im Papierkorb landen. Große Unternehmen, die als Investoren in Frage kämen, sind nämlich selten daran interessiert, Einzelkämpfer zu unterstützen, weil sie ihre eigenen Entwicklungsabteilungen haben.

Aus dieser Erfahrung entstand die Idee, einen Marktplatz für Erfinderinnen und Erfinder anzubieten – zuerst online und dann auch als Geschäft. In ihrem 1997 in Berlin gegründeten „Erfinderladen" unterstützen Jordan und Muthenthaler Erfinderinnen und Erfinder bei allen Schritten von der Idee bis zum fertigen Produkt. Wer eine Produktidee hat, kann sich beraten lassen und dabei zum Beispiel heraus-

finden, ob dieses Produkt bereits auf dem Markt existiert. Das Team des „Erfinderladens" hilft auch bei der Erstellung eines Finanzplans und stellt Kontakte zu Investoren her. Und wenn es dann an die Umsetzung der eigenen Erfindung geht, kann man in der Werkstatt des Erfinderladens daran weiter basteln und sie ausprobieren. Wer seine Erfindung schließlich produziert hat, kann das fertige Produkt im „Erfinderladen" ausstellen und verkaufen. Jährlich kommen durchschnittlich 3000 Personen mit einer Idee oder einem Produkt in den „Erfinderladen". Zurzeit findet man dort etwa 350 Produkte, die es nur dort oder im Onlineshop des Erfinderladens gibt. Darunter ein nicht-umkippbarer Kaffeebecher, ein Käse-Set zum Herstellen von Frischkäse, eine Lampe für die Handtasche, die automatisch angeht, wenn man etwas sucht, WC-Sitzschutzauflagen für öffentliche Toiletten und vieles andere mehr.

Die Idee des „Erfinderladens" war sehr erfolgreich. 2011 haben Muthenthaler und Jordan im österreichischen Salzburg – Jordans Heimatstadt – einen zweiten Erfinderladen gegründet. In Deutschland, Österreich und der Schweiz betreiben die beiden Gründer die Blogs „Erfinderland". Und die Ideen gehen ihnen nie aus: Ihr neuestes Projekt ist das „Erfinderdorf". Auf einem großen Grundstück wollen sie ein Dorf gründen, um Erfinderinnen und Erfinder zusammenzubringen und dort neue Konzepte zu Wohnen und Mobilität auf dem Land zu entwickeln, zum Beispiel zu Themen wie nachhaltiger Energieversorgung und ökologischer Lebensmittelproduktion. Nachdem sie 2018 schon einmal fast einen passenden Ort in der Nähe von Berlin gefunden hatten, sind sie nun wieder auf der Suche. Man darf also gespannt bleiben, welche Erfindung die beiden als nächstes hervorbringen werden. ☐

1 Was war die erste Erfindung von Muthenthaler und Jordan?
  a ◯ ein Algorithmus, der beim Studieren hilft.
  b ◯ eine Dating-App zur Partnersuche.
  c ☒ eine Uhr, um andere Menschen kennenzulernen.

2 Die erste Erfindung der beiden …
  a ◯ kam damals nicht auf den Markt.
  b ◯ haben die beiden selbst finanziert.
  c ◯ wurde von einem Unternehmen aufgekauft.

3 Warum haben die beiden den Erfinderladen eröffnet?
  a ◯ Um anderen Menschen beim Erfinden zu helfen.
  b ◯ Um Erfahrungen für neue Erfindungen zu sammeln.
  c ◯ Weil sie ihre Erfindungen verkaufen wollten.

4 Im Erfinderladen kann man …
  a ◯ eine Finanzierung für seine Produktidee bekommen.
  b ◯ seine Erfindung in der Werkstatt produzieren lassen.
  c ◯ sich zu seiner Erfindung beraten lassen.

5 Wo kann man die Erfindungen kaufen?
  a ◯ Im Einzelhandel und auf verschiedenen Online-Plattformen.
  b ◯ Im „Erfinderladen" online oder im Geschäft.
  c ◯ Online, im Geschäft werden sie nur ausgestellt.

6 Wie viele „Erfinderläden" gibt es?
  a ◯ Einen in Deutschland und einen in Österreich.
  b ◯ Jeweils einen in Deutschland, Österreich und der Schweiz.
  c ◯ Neben dem Erfinderladen in Berlin weitere Online-Shops.

7 Das „Erfinderdorf" …
  a ◯ liegt auf einem Grundstück in der Nähe von Berlin.
  b ◯ soll ein Ort sein, wo Ideen für ein nachhaltiges Landleben entstehen.
  c ◯ wurde 2018 von Muthenthaler und Jordan gegründet.

Tipp: Die Aufgaben entsprechen der chronologischen Reihenfolge des Textes. Lesen Sie daher die Aufgaben und den Text parallel und markieren Sie beim ersten Lesen die lösungsrelevanten Textstellen. So können Sie besser sehen, ab welcher Stelle Informationen zur nächsten Aufgabe kommen können. Lesen Sie die lösungsrelevanten Textstellen dann noch einmal sehr genau. Die Antwortoptionen zu jeder Aufgabe sind relativ ähnlich, achten Sie daher auch auf Details, z. B. Negationen.

telc
1.13 🔊

2 Hörverstehen Teil 3

Richtig oder falsch? Hören Sie fünf Ansagen und kreuzen Sie an.

	richtig	falsch
1 Die Absender der ersten 20 WhatsApp-Nachrichten erhalten einen USB-Stick.	◯	◯
2 Im Mai sind die Geschäfte jedes Wochenende bis Mitternacht geöffnet.	◯	◯
3 An jedem Kochworkshop können 15 Personen teilnehmen.	◯	◯
4 Die Fluggesellschaft spendet 10 Euro pro Flug.	◯	◯
5 Bei dringenden gesundheitlichen Problemen ist die Arztpraxis auch von 13 bis 15 Uhr erreichbar.	◯	◯

Tipp: Sie hören fünf kurze Ansagen und Durchsagen, wie man sie z. B. am Flughafen, im Radio, in einem Lautsprecher oder auf dem Anrufbeantworter hört. Lesen Sie zuerst die Aussagen und unterstreichen Sie Schlüsselwörter (zum Beispiel Zahlen). Achten Sie beim Hören genau auf diese Schlüsselwörter, die allerdings auch mit anderen Wörtern formuliert sein können. Da Sie die Durchsagen nur einmal hören, kreuzen Sie auf jeden Fall etwas an, auch wenn Sie nicht sicher sind.

9 Das perfekte Leben führen

Was ist Glück?

1 Was gehört zu einem perfekten Leben?

1.1 Welche Verben sind hier versteckt? Markieren Sie in der Wortschlange und ergänzen Sie.

ersbeneidenkbhbesuchenloxauswirkenaslfühlenwqöerobernllnerwerbenpgdführenäkjsichernwer

1 Wohlstand   *erwerben*

2 die eigene Existenz

3 ein gelungenes Leben

4 Yogakurse

5 sich geborgen

6 andere um ihren Job

7 den Markt

8 sich positiv auf etwas

1.14 🔊 **1.2** Um welche Themen geht es? Hören Sie und kreuzen Sie an.

1 ◯ Ziele des Unterrichtsfachs „Glück"
2 ◯ Motivation der Lehrer, dieses Fach zu unterrichten
3 ◯ Umgang mit Enttäuschungen
4 ◯ Gründe, warum Schüler das Fach „Glück" wählen
5 ◯ Bedeutung einer bewussten Lebensweise

Christina Haucke

Mathis Scheier

1.14 🔊 **1.3** Was ist richtig? Hören Sie noch einmal und kreuzen Sie an.

1 ◯ In Deutschland ist „Glück" ein Unterrichtsfach.
2 ◯ Glück hängt vor allem von Zufällen im Leben ab.
3 ◯ Mathis hat gelernt, aktiv etwas für seine Wünsche und Träume zu tun.
4 ◯ Mathis hat gelernt, dass sich all seine Wünsche verwirklichen lassen.
5 ◯ Offenheit und gegenseitiges Vertrauen sind wichtig für den Unterricht.
6 ◯ Mathis kann jetzt besser mit Enttäuschungen umgehen.
7 ◯ Ziel des Fachs ist es, Misserfolge zu vermeiden.

2 Wenn ich doch nur …

2.1 Wiederholung: Konjunktiv II der Gegenwart. Schreiben Sie irreale Bedingungssätze wie im Beispiel. Der Grammatikanhang (A 1.4.1) hilft.

1 die Prüfung bestehen – sehr glücklich sein
2 ein Praktikum machen – das Arbeitsumfeld besser kennenlernen
3 mein Studium erfolgreich abschließen – eine gut bezahlte Stelle finden
4 etwas leistungsfähiger sein – bessere Aufstiegschancen haben
5 mehr verdienen – sich eine größere Wohnung leisten können
6 weniger arbeiten – das Leben mehr genießen

1 Wenn ich die Prüfung bestehen würde, wäre ich sehr glücklich.

2.2 Was passt zusammen? Verbinden Sie.

1 Hätte ich doch
2 Wenn ich mich bloß
3 Wäre ich nur
4 Wenn ich doch
5 Würde ich bloß
6 Wenn ich dich doch

a nicht so oft allein!
b bessere Noten hätte!
c entscheiden könnte!
d mehr Freizeit!
e fragen könnte!
f mehr Geld verdienen!

2.3 Was passt? Lesen Sie die Sätze in 2.2 noch einmal und ergänzen Sie.

Konjunktiv II – Mittelfeld – Nebensätze – Verb – wenn

> ### Irreale Wünsche – Gegenwart
>
> Irreale Wunschsätze mit dem _____ der Gegenwart drücken einen im Moment
> nicht realistisch erscheinenden Wunsch aus.
> Irreale Wunschsätze sind _____, die allein stehen. Sie werden mit _____
> eingeleitet oder beginnen mit dem konjugierten _____. Die Modalpartikeln
> _bloß, nur_ und _doch_ stehen im _____ des Satzes.

2.4 Ergänzen Sie die Verben im Konjunktiv II. Manchmal gibt es mehrere richtige Lösungen.

1 Wenn ich bloß meine Freundin öfter sehen _____ (können)!

2 Wenn du doch mehr Glück im Lotto _____ (haben)!

3 Wenn ihr nur mit eurer Arbeit zufrieden _____ (sein)!

4 Wenn der PC doch endlich wieder _____ (funktionieren)!

5 Wenn unsere Freunde bloß weniger Geld _____ (brauchen)!

6 Wenn wir nur mehr _____ (wissen)!

2.5 Schreiben Sie die Sätze in 2.3 ohne _wenn_.   _1 Könnte ich meine Freundin bloß öfter sehen!_

2.6 Schreiben Sie Sätze mit und ohne _wenn_ wie im Beispiel.

1 mehr Zeit haben	5 länger bleiben können
2 besser singen können	6 nicht so viel arbeiten müssen
3 im Lotto gewinnen	7 zaubern können
4 optimistischer sein	8 mehr Freunde haben

1 Wenn ich bloß mehr Zeit hätte!
Hätte ich bloß mehr Zeit!

3 Glücksvorstellungen

3.1 Welches Zitat gefällt Ihnen? Warum? Schreiben Sie einen kurzen Text in Ihr Heft.

Es gibt keinen Weg zum Glück.
Glücklich sein ist der Weg.
Buddha

Träume dir dein Leben schön
und mach aus diesen Träumen
eine Realität.   **Marie Curie**

Glück ist das einzige, was sich
verdoppelt, wenn man es teilt.
Albert Schweitzer

Leben wird nicht gemessen an
der Zahl von Atemzügen, die
wir nehmen; sondern an den
Momenten, die uns den Atem
nehmen.   **Maya Angelou**

3.2 Sprachmittlung: Gibt es ein Zitat zum Thema „Glück" in Ihrer Muttersprache? Recherchieren Sie.
Übersetzen Sie das Zitat dann ins Deutsche und präsentieren Sie es im Kurs.

Selbstoptimierung – ein Mega-Trend

1 Selbstoptimierung

1.1 Was bedeutet Selbstoptimierung für Emma? Lesen Sie den Text und kreuzen Sie an.

1 ○ mehr Lebensqualität   2 ○ einen Verlust an Lebensfreude

Was gut ist, muss noch besser werden! *Von Emma Reus*

Endlich habe ich auch eins: ein Fitnessarmband. Unglaublich, was dieses Ding alles kann! Es misst den Verbrauch deiner Kalorien, die Anzahl deiner Schritte, deinen Puls und wie viel du beim Joggen schwitzt. Es
5 sammelt und protokolliert einfach alle deine Daten! Und die werden dann leider geteilt: mit allen möglichen Firmen, mit der Krankenkasse, mit Hackern …

Aber das ist mir egal. Ich habe jetzt nur noch ein Ziel: 10.000 Schritte, denn die verlangt das Gerät. Oder
10 mehr. Denn was gut geht, muss noch besser werden. Deshalb quäle ich mich täglich durch den Wald und tue so, als ob mir das Spaß machen würde. Außerdem überwache und kontrolliere ich alles: meine Schlafdauer, mein Freizeitverhalten, meine Ernährung:
15 Lange ausgehen oder Kohlenhydrate am Abend sind jetzt tabu! Nichts überlasse ich dem Zufall.

Aber nicht nur das. Ich optimiere meine gesamte Lebensweise. Im Job leistungsfähiger werden, Sport treiben, jede Nacht durchschlafen und all das mit tol-

len Selfies dokumentieren. Das ist ganz schön anstren- 20 gend, aber meine Follower sollen an meiner Selbstoptimierung teilhaben und mich auch ein bisschen beneiden: Mein Instagram-Account wirkt nämlich so, als wenn ich mit meinem Leben total zufrieden wäre!

Aber ehrlich gesagt: Es kommt mir vor, als hätte ich gar 25 keine Kontrolle mehr. Denn ich habe keine Zeit mehr für die Dinge, die wirklich Spaß machen. Und so frage ich mich, was am Ende besser ist: hektisch etwas Gesundes zu kochen oder entspannt einen Burger zu genießen? 30

1.2 Wo steht das im Text? Lesen Sie noch einmal und notieren Sie die Zeilen.

1 Emma mag die Weitergabe der Daten nicht.   *Zeile …*

2 Sie findet den täglichen Sport im Wald anstrengend.

3 Sie verzichtet abends auf Kartoffeln und Pasta.

4 Sie gibt ihren Followern ein falsches Bild von sich.

5 Sie findet Entspannung auch ganz wichtig.

2 Ich fühle mich, als ob …

2.1 Was ist richtig? Markieren Sie die Sätze mit *als ob*, *als wenn* und *als* im Text in 1.1. Lesen Sie dann die Regeln im Grammatikkasten und kreuzen Sie an.

> **Irreale Vergleiche mit *als ob*, *als wenn* und *als***
>
> Irreale Vergleiche mit *als ob*, *als wenn* und *als* bildet man mit dem ○ *Indikativ* / ○ *Konjunktiv II*.
>
> In irrealen Vergleichssätzen mit *als ob* und *als wenn* steht das Verb ○ auf *Position II* / ○ *am Satzende*. Wenn der irreale Vergleichssatz mit *als* eingeleitet wird, steht das Verb ○ auf *Position II* / ○ *am Satzende*.
>
> Irreale Vergleichssätze werden durch Verben des persönlichen Befindens oder der persönlichen Wahrnehmung eingeleitet.

2.2 Schreiben Sie irreale Vergleichssätze in Ihr Heft. Ergänzen Sie die Satzanfänge mit den Informationen in Klammern.

1 In den sozialen Medien sehen viele Leute so aus, (*als ob – sie – wunschlos glücklich sein*).
2 Aber dann machen sie den Eindruck, (*als wenn – sie – ständig unter Druck stehen*).
3 Es kommt mir so vor, (*als – viele – mit sich unzufrieden sein*).
4 Oft fühlen sich die Selbstoptimierer, (*als ob – sie – kein eigenes Leben mehr haben*).
5 Es scheint, (*als – die Selbstoptimierung – mehr schaden als nutzen*).

2.3 Wie präsentiert sich Mascha? Und was macht sie in Wirklichkeit? Schreiben Sie Sätze.

Mascha tut so – Es scheint so – Mascha macht den Eindruck – Es sieht so aus

1 Mascha tut so, als würde sie …
Aber in Wirklichkeit …

2.4 Und Sie? Präsentieren Sie sich manchmal anders als Sie wirklich sind? Schreiben Sie einen kurzen Text.

3 Neue Trends

3.1 Was passt? Lesen und ergänzen Sie.

finde ich extrem gut – ist das echt nicht normal – geht eindeutig in Richtung – Anhänger dieses Trends meinen – zeichnet sich ein neuer Trend ab

Selbstoptimierung ist gerade ein Mega-Trend. Die _____
_____¹, dass man ständig danach streben sollte, sich zu
verbessern. Für mich _____², denn
wer immer perfekt sein will, wird irgendwann krank. Und das ist gefährlich.
Seit einiger Zeit _____³: der Trend zur
Langsamkeit. Dieser Trend _____⁴
Lebensfreude und Genuss. Das _____⁵.

3.2 Welchen Trend gibt es zurzeit in Ihrer Heimat? Was halten Sie davon? Schreiben Sie mithilfe der Redemittel auf Seite 121 im Kursbuch einen Text.

Start-ups – der perfekte Arbeitsplatz?

1 Wie würden Sie gern arbeiten?

1.1 Was ist Ihnen wichtig? Ergänzen Sie 1 (= am wichtigsten) bis 8 (= nicht wichtig) auf der linken Zeile.

___ / abwechslungsreiche Tätigkeiten	___ / freie Einteilung der Arbeitszeit
___ / Teilzeit für Führungskräfte	___ / gute Vereinbarkeit von Familie und Beruf
___ / flache Hierarchien	___ / gleicher Lohn für alle Geschlechter
___ / befriedigende Aufgaben	___ / mehr Selbstständigkeit und Verantwortung

1.2 Was wünschen sich Angestellte in Deutschland? Lesen Sie und ergänzen Sie in 1.1 auf der rechten Zeile neben Ihrem eigenen „Ranking". Vergleichen Sie dann Ihr „Ranking" mit dem aus der Studie. Gibt es mehr Unterschiede oder mehr Gemeinsamkeiten?

Der größte Wunsch von Arbeitnehmer*innen hierzulande ist, dass es keine Unterschiede mehr in der Bezahlung aufgrund des Geschlechts gibt. Auf Platz 2 folgt der Wunsch, selbst entscheiden zu können, wann der Arbeitstag beginnt und wann er endet. Am dritthäufigsten wünschen sich die Beschäftigten, einer erfüllenden und sinnvollen Tätigkeit nachzugehen. Das Bedürfnis, in einem weniger hierarchisch organisierten Unternehmen tätig zu sein, folgt auf Platz 4. Auf Platz 5 rangiert der Wunsch, Leistungs- und Lernziele selbst festlegen zu können. Auf Position 6 steht das Bedürfnis nach mehr zeitlicher Flexibilität, die es den Beschäftigten erlaubt, sich um Kinder und Angehörige zu kümmern. Der Wunsch von Vorgesetzten nach einer besseren Work-Life-Balance und der Möglichkeit, weniger zu arbeiten, steht an siebter Position. Am wenigsten stark ist der Wunsch nach mehr Abwechslung: Er steht an achter und damit letzter Stelle einer Studie, bei der 1000 Arbeitnehmer*innen im Alter von 16 bis 65 Jahren befragt wurden.   *Quelle: www.basicthinking.de*

2 Hätte ich Sie doch früher gefragt!

2.1 Was passt? Ergänzen Sie.

Crowdfunding – Finanzierung – Finanzierungsplan – Geschäftsplan – Gründer – Produktidee

Dein Start-up!

Du möchtest dein eigenes Start-up gründen? In unserem Infoflyer liest du, wie du dabei am besten vorgehst.

1 Einsteigen: die _____ [1]
Lies Berichte, in denen andere Start-up-_____ [2] erzählen, wie sie zu ihrer Idee gefunden haben. Entwickle deine eigene Idee auf Grundlage deiner Interessen und Kompetenzen und der Marktsituation.

2 Planen: das Geschäftsmodell
Wie wirst du vorgehen, um deine Idee zu verwirklichen? Erstelle einen _____ [3]. Kontaktiere dann eine Gründungsberatung und lass deinen Plan überprüfen.

3 Finanzieren: Geldgeber
Vergleiche verschiedene Finanzierungsmöglichkeiten: Gründungsstipendien, Bankkredite oder _____ [4] für kreative Projekte. Sprich mit erfahrenen Gründern, um Fehler bei der _____ [5] zu vermeiden.

4 Gründen: der letzte Check vor dem Start
Kläre abschließend diese drei Fragen:

– Wie gut ist deine Geschäftsidee?
– Brauchst du noch einen Geschäftsplan?
– Hast du in deinem _____ [6] an alle Ausgaben gedacht?

1.15 🔊 **2.2** Was ist richtig? Hören Sie das Gespräch und kreuzen Sie an.

Susan Hochfeld …
1 ◯ möchte ein Start-up gründen und braucht eine Erstberatung.
2 ◯ sucht Hilfe, um ihr Start-up nicht schließen zu müssen.
3 ◯ informiert sich, wie sie Kapital für ihr Start-up bekommen kann.

1.15 🔊 **2.3** Was ist richtig? Hören Sie noch einmal und kreuzen Sie an.

1 Chia-Samen …
a ◯ sind in Deutschland ein Superfood.
b ◯ hat Susan aus Mexiko mitgebracht.
c ◯ kennt Susan von Freunden.

2 Susan hat Probleme, weil …
a ◯ einer der Mitgründer alles besser weiß.
b ◯ die Möbel und die Küche viel Geld kosten.
c ◯ die Nachfrage nach ihrer Pizza gering ist.

3 Susan macht noch keinen Gewinn. Deshalb …
a ◯ könnte ihr ein Stipendium helfen.
b ◯ wäre Crowdfunding eine Option.
c ◯ soll sie einen Bankkredit aufnehmen.

4 Herr Handke braucht …
a ◯ den Geschäftsplan und den Kreditvertrag.
b ◯ alle Unterlagen von der Bank.
c ◯ Miet- und Arbeitsverträge.

2.4 Wiederholung: irreale Bedingungssätze in der Vergangenheit. Ergänzen Sie die Verben im Konjunktiv II der Vergangenheit. Der Grammatikanhang (A 1.4.2) hilft.

1 Wenn Susan nicht in Mexiko *gewesen wäre* (sein), *hätte* sie die Chia-Samen wohl

nicht *entdeckt* (entdecken).

2 Wenn es die Chia-Samen in Deutschland nicht _____ (geben), _____ sie

wahrscheinlich keine Pizzarezepte _____ (entwickeln können).

3 Wenn Susan mehr Werbung für ihre Pizzeria _____ (machen),

vielleicht mehr Gäste _____ (kommen).

4 Wenn mit ihrem Start-up alles gut _____ (gehen), _____ sie

Herrn Handke nicht _____ (kontaktieren müssen).

5 Wenn Susan nicht mit ihm _____ (sprechen), _____ sie nichts von

den Finanzierungsmöglichkeiten _____ (erfahren).

2.5 Wie drückt man irreale Wünsche in der Vergangenheit aus? Markieren Sie die Verben. Lesen Sie dann die Regeln im Grammatikkasten und kreuzen Sie an.

Wenn wir doch nur nicht so naiv gewesen wären!

Wären wir nur früher zu Herrn Handke gegangen!

Wenn wir doch am Anfang mehr Werbung gemacht hätten!

Hätten wir bloß ein Stipendium beantragt!

> **Irreale Wünsche – Vergangenheit**
>
> Irreale Wünsche mit dem Konjunktiv II der Vergangenheit drücken ◯ *ein Bedauern* / ◯ *eine Bedingung* aus.
>
> Man kann irreale Wunschsätze mit *wenn* einleiten. Dann stehen die Hilfsverben *sein* und *haben* am ◯ *Satzanfang* / ◯ *Satzende*.
>
> Man kann sie auch ohne *wenn* ausdrücken. Dann stehen die Hilfsverben *sein* und *haben* am ◯ *Satzanfang* / ◯ *Satzende* und das Partizip II am ◯ *Satzanfang* / ◯ *Satzende*.

2.6 Schreiben Sie irreale Wünsche in der Vergangenheit mit und ohne *wenn* wie im Beispiel.

~~sich am Anfang mehr Zeit lassen~~ – Ausgaben genauer planen – einen Businessplan erstellen –
zu einer Erstberatung gehen – realistischer sein – sich nach einem Stipendium erkundigen

> *1 Wenn ich mir doch am Anfang mehr Zeit gelassen hätte! – Hätte ich mir doch am Anfang mehr Zeit gelassen!*

2.7 Was denken die Personen wohl? Schreiben Sie irreale Wünsche in der Vergangenheit wie im Beispiel.

> *1 Oh nein, schon wieder Stau! Wäre ich nur mit dem Fahrrad gefahren!*

3 Die Gründungsberatung

3.1 Was passt? Ergänzen Sie die Redemittel.

Es geht um Folgendes – Ich bin mir nicht ganz sicher – Ich fasse das zur Sicherheit noch einmal zusammen –
~~Ich wollte mich danach erkundigen~~ – Sie meinen also – Ich wollte auch noch fragen

🔵 Guten Tag. Mein Name ist … *Ich wollte mich danach erkundigen* ¹, ob Sie mich bei der
   Gründung meines Start-ups unterstützen können.

🔵 Hallo, ich heiße … ²:
   Ich möchte ein Start-up gründen und mich würde interessieren, welchen Service Sie anbieten.

🔵 Entschuldigung, das habe ich jetzt nicht ganz verstanden. ³,
   dass Sie jetzt am Telefon keine konkreten Auskünfte geben können?

🔵 ⁴, ob ich Sie richtig verstanden habe: Brauche ich
   für die Erstberatung unbedingt einen Businessplan? Oder ginge es auch ohne? Ich habe nämlich
   noch keinen Businessplan erstellt.

🔵 Das klingt gut. ⁵, ob Sie mir dabei helfen
   könnten, Finanzierungspartner zu finden.

🔵 Das ist gut, danke. Sie haben mir sehr geholfen. ⁶:
   Ich kann online einen Beratungstermin ausmachen. Für das Gespräch bringe ich dann mein Produkt-
   portfolio und eine Liste mit all meinen Fragen mit.

1.16 🔊 **3.2** Hören Sie das Gespräch und überprüfen Sie Ihre Lösung in 3.1.

1.16 🔊 **3.3** Phonetik: am Telefon flüssig sprechen. Hören Sie das Gespräch noch einmal und markieren Sie den
   Hauptakzent in den Redemitteln in 3.1.

1.17 🔊 **3.4** Hören Sie das Gespräch noch einmal und sprechen Sie die Sätze aus 3.1. Achten Sie auf den Hauptakzent
   und sprechen Sie möglichst flüssig.

4 Strategietraining: ein formelles Telefonat führen

4.1 Was passt? Lesen und ergänzen Sie.

bereitlegen – klären – nachfragen – nennen – prüfen – verwenden – verabschieden – zusammenfassen

Vor einem formellen Telefonat hilft es, sich zu notieren, welche Fragen man _____ [1] möchte. Man sollte auch die Unterlagen, die für das Telefonat wichtig sind, _____ [2]. Am Anfang des Telefonats sollte man sich mit seinem Namen vorstellen und den Grund für seinen Anruf _____ [3]. Wenn man während des Telefonats etwas nicht versteht, kann man immer _____ [4]. Am Ende sollte man alle wichtigen Informationen noch einmal _____ [5], sich für das Telefonat bedanken und sich höflich _____ [6]. Während des ganzen Telefonats sollte man formelle Sprache _____ [7] und sich Notizen machen. Nach dem Telefonat ist es gut zu _____ [8], ob man das Wichtigste notiert hat.

4.2 Welche Tipps für ein formelles Telefonat finden Sie am wichtigsten? Notieren Sie.

ein formelles Telefonat führen

vor dem Telefonat: _____

während des Telefonats: _____

nach dem Telefonat: _____

4.3 Sie haben vor einer Woche etwas im Internet bestellt, aber Ihr Paket ist nie angekommen. Was würden Sie dem Kundenservice antworten? Lesen Sie und schreiben Sie Sätze.

Online-Handel Dextra: Bis 22:00 Uhr bestellt? – Am nächsten Tag geliefert! Ihr Paket ist nicht angekommen? Kontaktieren Sie unseren Kundenservice unter der Nummer: 030 688 31748

Online-Handel Dextra – Bestellung vom 29.4.
Auftragsnummer: 48752 – Sendung wird zugestellt. Voraussichtlicher Liefertermin: Freitag, 30. April

🗨 Guten Morgen, Online-Handel Dextra, Carola Liebknecht am Apparat. Wobei kann ich Ihnen behilflich sein?

🗨 ... *(Stellen Sie sich vor und nennen Sie den Grund Ihres Anrufs.)*

🗨 Ach, das ist sehr ärgerlich. Haben Sie die Kundennummer für mich? Mit der Kundennummer kann ich ihr Paket verfolgen.

🗨 ... *(Sie haben es nicht verstanden. Fragen Sie nach.)*

🗨 Ah, Entschuldigung. Mit „Kundennummer" meinte ich die Auftragsnummer. Könnten Sie mir sagen, wie diese Nummer lautet? Und auch, wann Sie die Bestellung aufgegeben haben?

🗨 ... *(Geben Sie Auskunft.)*

🗨 Vielen Dank! Einen Moment Geduld bitte. Hier hab ich's! Ihre Sendung wurde leider an den Absender zurückgeschickt.

🗨 ... *(Fragen Sie nach dem Grund und erkundigen Sie sich nach den nächsten Schritten.)*

🗨 Wenn ein Paket zurückgeschickt wurde, liegt das häufig an falschen Adressdaten. Bitte überprüfen Sie Ihre Adressdaten in unserem System und rufen Sie gegebenenfalls im Paketzustellzentrum an, um die Anschrift korrigieren und das Paket erneut zustellen zu lassen.

🗨 ... *(Fassen Sie die Ergebnisse zusammen.)*

🗨 Richtig! Und falls das nicht klappen sollte, rufen Sie dann gerne nochmal an. Viel Erfolg und auf Wiederhören!

1.18 🔊 **4.4** Hören Sie jetzt das Telefongespräch und reagieren Sie mit Ihren Sätzen aus 4.3.

Leben, um zu arbeiten, oder arbeiten, um zu leben?

1 **Arbeitsmoral. Was passt? Suchen und markieren Sie die Wörter in der Wortschlange und ergänzen Sie.**

HGFARBEITSLEISTUNGKLSWDISZIPLINIERTQLÖBENGAGIERENCXUZWEITERENTWICKELNPDJGÜBERSTUNDENWALÖ

1 seine Pflichten erfüllen, ohne sich ablenken zu lassen: _____ sein

2 mehr arbeiten, als im Arbeitsvertrag steht: _____ machen

3 ein gutes Arbeitsergebnis erzielen wollen: sich um eine eine gute _____ bemühen

4 großen Einsatz für die Firma zeigen: sich für seinen Arbeitgeber _____

5 Karriere machen: sich beruflich _____

2 **Anekdote zur Senkung der Arbeitsmoral**

2.1 Wie heißen die Synonyme? Bilden Sie Wörter aus den Silben und ergänzen Sie.

aus – ~~Be~~ – dö – cken – fah – ~~geis~~ – Kopf – leid – Mit – ni – ren – Schach – sen – ~~te~~ – tel – ~~rung~~

1 Enthusiasmus: *Begeisterung*

2 leicht, nicht tief schlafen: _____

3 Mitgefühl: _____

4 das Gegenteil von „Kopfschütteln": _____

5 den Hafen mit dem Boot verlassen: _____

6 Verpackung für Zigaretten: _____

2.2 Lesen Sie den Text und notieren Sie wichtige Ereignisse im Leben von Heinrich Böll.

1917: Böll wird in Köln geboren

Heinrich Böll und die Anekdote zur Senkung der Arbeitsmoral

Heinrich Böll, der 1917 in Köln geboren wurde und 1985 in der Nähe von Köln starb, ist einer der bekanntesten deutschen Schriftsteller des 20. Jahrhunderts. Für seine Erzählungen, Romane, Theaterstücke und anderen Texte erhielt er 1972 den Nobelpreis für Literatur.

Böll interessierte sich schon früh für Bücher und literarische Texte. 1937 fing er an, eine Ausbildung zum Buchhändler zu machen und Literatur zu studieren. Als 1939 der Zweite Weltkrieg begann, wurde Böll als Soldat eingezogen[1]. In den sechs Jahren, in denen Böll Soldat war, wurde er mehrere Male verwundet[2]. Kurz vor Kriegsende kam er in amerikanische Gefangenschaft.

Nachdem der Krieg 1945 zu Ende war, kehrte Böll in seine völlig zerstörte Heimatstadt Köln zurück und begann zu schreiben. In den Texten, die in dieser Zeit entstanden, beschäftigte er sich vor allem mit seinen Kriegserlebnissen und dem harten Alltag der deutschen Nachkriegszeit: mit Inflation, Arbeits- und Wohnungslosigkeit und dem damals herrschenden Hunger.

1963, als Bölls *Anekdote zur Senkung der Arbeitsmoral* erschien, hatte sich Deutschland von den Folgen des Krieges erholt. Die Deutschen hatten wieder Arbeit und konnten es sich leisten, Geld für schicke Kleidung, Zigaretten und teure Kameras auszugeben und in andere Länder zu reisen. Diese Zeit des „Wirtschaftswunders" sah Böll sehr kritisch: Mit seiner Geschichte über den armen, aber zufriedenen Fischer und den reichen, aber unzufriedenen Touristen wollte er deutlich machen, dass es im Leben wichtigere Dinge als Arbeit und Konsum gibt.

[1] *jemanden einziehen:* rekrutieren; [2] *jemanden verwunden:* verletzen

2.3 Warum hat Böll die „Anekdote zur Senkung der Arbeitsmoral" geschrieben. Lesen Sie den Text in 2.2 noch einmal und sprechen Sie zu zweit. Verstehen Sie die Geschichte jetzt besser oder anders? Tauschen Sie sich aus.

Leben und arbeiten auf dem Firmencampus

1 Ein neuer Firmencampus. Lesen und ergänzen Sie.

Entwicklungszentrum – Firmencampus – Gastronomieangebot
Gesamtgelände – Unternehmensleitung – Wohnraum – Freiflächen

Ein großer Technologiekonzern hat bekanntgegeben, dass im Stadtzentrum ein großer _____ [1] entstehen soll. Der neue Campus ist als internationales Forschungs- und _____ [2] geplant. In der Gestaltung soll die hochmoderne, digitale Infrastruktur des Unternehmens sichtbar werden. Die _____ [3] hofft, die Erfolgsgeschichte des Unternehmens auf diesem mehr als 50 Fußballfelder großen _____ [4] fortsetzen zu können. Sie wirbt mit bezahlbarem _____ [5], freien Kitaplätzen und einem attraktiven Freizeit- und _____ [6]. Grün- und _____ [7] sollen die Mitarbeiterinnen und Mitarbeiter ebenso wie die Menschen aus den angrenzenden Wohngebieten zum Entspannen einladen.

2 Ein Arbeitsplatz zum Wohlfühlen

1.19 **2.1** Worüber sprechen Antonia Fritsche und Jens Mettala? Hören Sie und kreuzen Sie an.

1 ◯ Unterschiede zwischen einem Universitäts- und Firmencampus
2 ◯ Karrieremöglichkeiten bei einem Unternehmen mit Wohncampus
3 ◯ Vorteile für Berufsanfänger wegen guter Vereinbarkeit von Arbeit und Freizeit
4 ◯ Zusammenhang von flexiblen Arbeitszeiten und einer guten Work-Life-Balance
5 ◯ Vorteile für Familien mit Kindern wegen guter Infrastruktur auf dem Campus
6 ◯ Auswirkungen von guten sozialen Kontakten auf die Arbeitsleistungen

1.19 **2.2** Wer sagt was: Antonia Fritsche, Jens Mettala oder beide? Hören Sie noch einmal und kreuzen Sie an.

	Fritsche	Mettala
1 Ein Unicampus ist nicht mit einem Firmencampus zu vergleichen.	☒	☒
2 Junge Berufseinsteiger profitieren von einem Firmencampus.	◯	◯
3 Es ist für Berufstätige besser, Freizeit und Job zu trennen.	◯	◯
4 Zeit auf dem Weg zur Arbeit zu sparen, ist ein Plus.	◯	◯
5 Die Privatsphäre der Angestellten geht die Firma nichts an.	◯	◯
6 Soziale Beziehungen beeinflussen die Qualität der Arbeit.	◯	◯
7 Es ist unmöglich, Arbeit und Freizeit auf dem Campus zu trennen.	◯	◯
8 Es hängt von jedem Einzelnen ab, ob ein Firmencampus das Richtige ist.	◯	◯

Raus aus dem Hamsterrad

1 Neue Trends. Um welchen Trend geht es hier? Lesen Sie und beantworten Sie die Fragen. Benutzen Sie die Redemittel auf Seite 121 im Kursbuch.

Achtsamkeit

Im Alltag hetzen wir meistens von einer Situation zur nächsten, denken beim Frühstück daran, was bei der Arbeit zu tun ist und bei der Arbeit planen wir, was am Abend noch erledigt werden muss. Das verursacht Stress und wirkt sich negativ auf unsere Gesundheit aus.

Hier kann Achtsamkeit helfen. Achtsamkeit als Lebenseinstellung bedeutet, sich auf den Moment zu konzentrieren, ohne ihn zu bewerten. Es geht darum, aufmerksam zu sein und auf sich achten: auf den eigenen Körper, die eigenen Emotionen und die unmittelbare Umgebung. Beim Achtsamkeitstrend geht es darum, die Geschwindigkeit aus dem Alltag rauszunehmen, den Stress zu reduzieren und allen negativen Gedanken ein Ende zu setzen. Wer achtsam ist, lebt bewusst und gelassen im Hier und Jetzt.

Die Grundidee stammt ursprünglich aus dem Buddhismus, wurde aber 1979 vom US-amerikanischen Mediziner Jon Kabat-Zinn weiterentwickelt. In achtwöchigen Kursen konnte man bei ihm lernen, wie man Meditation und Aufmerksamkeitsübungen in den Alltag integrieren kann. Denn Aufmerksamkeitsübungen kann man jederzeit machen. Auf dem Weg zur Arbeit oder zu Freunden konzentriert man sich zum Beispiel nur auf das Gehen: auf das An- und Entspannen der Muskeln, auf das Gehtempo und auf die Atmung. Eine andere Übung ist, seine Aufmerksamkeit auf die schönen Dinge zu lenken, die man erlebt hat. Vor dem Einschlafen erinnert man sich an die angenehmen Momente des Tages und das macht dankbar und glücklich.

Während immer mehr Menschen Achtsamkeitsübungen praktizieren, weisen Kritikerinnen und Kritiker darauf hin, dass diese Übungen nicht die wirklichen Ursachen von Stress im Alltag bekämpfen. Anstatt die Umstände wie z.B. Arbeitsbedingungen zu verändern, betreiben die Menschen nur eine weitere Form der Selbstoptimierung.

1 Was genau bedeutet Achtsamkeit?
2 Worum geht es beim Achtsamkeitstrend?   *1 Achtsamkeit als Lebenseinstellung bedeutet ...*
3 Wie ist der Achtsamkeitstrend entstanden?
4 Was für Achtsamkeitsübungen gibt es?
5 Was halten Kritikerinnen und Kritiker von diesem Trend?
6 Wie finden Sie diesen Trend?

2 Zurück zur Einfachheit. Was passt? Ergänzen Sie.

Achtsamkeit – Beförderung – Entschleunigung – Minimalismus – Wachstum – Wertewandel

1 _____ bedeutet, sich für bestimmte Tätigkeiten bewusst mehr Zeit zu nehmen.

2 Wenn Angestellte eine höhere Position erhalten, spricht man von einer _____ .

3 _____ heißt, dass man das, was gerade passiert, aufmerksam wahrnimmt und nicht positiv oder negativ bewertet.

4 Ein Beispiel für einen _____ ist, dass die Work-Life-Balance heute vielen wichtiger ist als die Karriere.

5 Man spricht von _____ , wenn eine Stadt größer wird oder sich die Wirtschaft in einem Land verbessert.

6 Typisch für den _____ ist der Verzicht auf alles, was nicht lebensnotwendig ist.

Werbung für sich selbst

1 **Die perfekte Kandidatin / Der perfekte Kandidat. An wen richtet sich der Text? Was bietet Anton an? Lesen Sie und notieren Sie Ihre Ideen.**

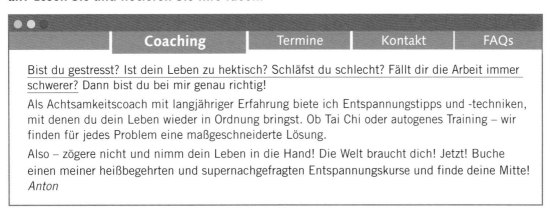

Coaching	Termine	Kontakt	FAQs

Bist du gestresst? Ist dein Leben zu hektisch? Schläfst du schlecht? Fällt dir die Arbeit immer schwerer? Dann bist du bei mir genau richtig!

Als Achtsamkeitscoach mit langjähriger Erfahrung biete ich Entspannungstipps und -techniken, mit denen du dein Leben wieder in Ordnung bringst. Ob Tai Chi oder autogenes Training – wir finden für jedes Problem eine maßgeschneiderte Lösung.

Also – zögere nicht und nimm dein Leben in die Hand! Die Welt braucht dich! Jetzt! Buche einen meiner heißbegehrten und supernachgefragten Entspannungskurse und finde deine Mitte!
Anton

2 Strategietraining: für sich werben

2.1 Wie wirbt Anton für sich? Lesen Sie den Text in 1 noch einmal, unterstreichen Sie und notieren Sie wie im Beispiel. Eine Mehrfachnennung ist möglich.

für sich werben

1	rhetorische Fragen stellen	*Zeile 1: Bist du gestresst? Ist dein Leben ... Schläfst du ... Fällt dir ...*
2	Imperative benutzen	
3	ein Problem benennen	
4	eine Problemlösung anbieten	
5	Sprachbilder benutzen	
6	ausdrucksstarke Wörter verwenden	
7	Emotionen hervorrufen	

2.2 Was glauben Sie: Welche Problemlösung bieten die Personen an? Wählen Sie eine Person und schreiben Sie ihre Anzeige zu Ende. Beachten Sie die Strategien in 2.1.

Leyla, die München-Liebhaberin

Wolltest du schon immer mal mit einer echten Münchnerin durch die Stadt bummeln?

Camilo, der perfekte Menüplaner

Du feierst deinen Geburtstag, hast aber keine Lust, einzu-kaufen und zu kochen?

Ella, die Supersportlerin

Ihr sucht eine Trainerin, die euch zeigt, wie ihr in kürzester Zeit topfit werdet?

2.3 Und welches Problem lösen Sie? Schreiben Sie eine Anzeige wie in 2.2. Die Redemittel im Kursbuch auf Seite 121 helfen.

Prüfungstraining

telc **1** **Leseverstehen Teil 3**

Welcher Info-Text passt zu welcher Situation? Lesen Sie zuerst die Situationen (1–7), dann die Texte (A–H) und ordnen Sie zu. Nicht alle Texte passen. Markieren Sie dann x.

1 ☐ Ihre Schwester möchte herausfinden, welche Arbeit sie zufrieden macht.

2 ☐ Ein Freund möchte gemeinsam mit anderen Sport treiben.

3 ☐ Ein Bekannter möchte Stress abbauen.

4 ☐ Eine Freundin hat eine Start-up-Idee und braucht finanzielle Unterstützung.

5 ☐ Ein Kollege möchte Aktivurlaub machen und auch im Urlaub Sport treiben.

6 ☐ Sie möchten Ihren Urlaub in einem ökologischen und umweltfreundlichen Hotel verbringen.

7 ☐ Eine Bekannte möchte in ihrem Beruf mehr Geld verdienen.

A

MEHR ERFOLG

Welche Potenziale habe ich? Wie komme ich zu finanziellem Erfolg? Wir helfen mir meine persönlichen Stärken dabei?

Wer das weiß, der kann seine Stärken ausschöpfen und leistungsfähiger werden. Investieren Sie in Ihre Persönlichkeitsentwicklung, erkennen Sie Ihre Potenziale und lernen Sie, diese erfolgreich bei Gehaltsverhandlungen einzusetzen!

Unser Angebot: zweitägiges Seminar im Öko-Hotel Wiesberg in den Alpen; Verpflegung, Coachingprogramm und geführte Wanderungen.

B

Haben Sie schon mal darüber nachgedacht, welchen Einfluss der Tourismus auf Umwelt und Klima hat? Urlaub so billig wie möglich? Dann bleibt oft nur das Massenhotel am überfüllten Strand. Dabei spielt der Schutz der Umwelt meistens keine Rolle. Aber nicht bei uns!

Wir vermitteln Zimmer bei Einheimischen vor Ort oder in ökologisch betriebenen und nachhaltig wirtschaftenden Hotels und Gästehäusern. So können Sie Ihren Urlaub ohne schlechtes Gewissen genießen!

Telefon: +49 621 39158707

C

Ihre Arbeit macht Ihnen keinen Spaß mehr und Sie können sich beruflich nicht mehr weiterentwickeln? Oder haben Sie Ihre Ausbildung gerade erfolgreich abgeschlossen und wissen nicht, wie es weitergehen soll?

Egal, ob Sie am Anfang des Berufslebens stehen oder viel Berufserfahrung haben. Egal, ob Sie in einem Start-up angestellt sind oder freiberuflich arbeiten. Mit unserem wissenschaftlich fundierten Persönlichkeitstest und einem individuellen Beratungsgespräch helfen wir Ihnen, eine berufliche Tätigkeit zu finden, die perfekt zu Ihren Wünschen und Bedürfnissen passt.

www.glücklichleben.beispiel.de

D

Raus aus dem Hamsterrad!

Ganz bewusst im Hier und Jetzt zu leben, das macht wirklich glücklich!
Besuchen Sie unsere Achtsamkeitsseminare auf den Nordseeinseln Baltrum und Norderney.
Lernen Sie in schönster Natur am Meer, achtsam zu sein und Glück zu empfinden!
Bei unseren Wochenendangeboten in kleinen, bio-zertifizierten Hotels können Sie bestens entspannen, sich eine Auszeit vom Alltag gönnen und Ihr Leben entschleunigen. Nach zwei Tagen fühlen Sie sich wie neugeboren.
Übernachtung und Vollpension inklusive.

E

Smartfit x2.1

Zu viel Stress? Keine Zeit für Sport?

Kein Problem! Bleiben Sie gesund mit unserem Fitnessarmband Smartfix x2.1.

Das Smartfix x2.1 zählt Ihre Schritte, misst Ihren Puls und Kalorienverbrauch und protokolliert Ihre Schlafphasen.

Wenn Sie innerhalb der nächsten drei Tage Smartfit x2.1 bestellen, erhalten Sie 40 % Rabatt! Worauf warten Sie noch?

F

Das Portal *Start-up-Nachrichten* berichtet täglich über Neuigkeiten aus der Gründerszene: Porträts neu gegründeter Start-ups, Interviews mit Gründer*innen sowie aktuelle Marktübersichten.

Sie möchten ein Start-up gründen? Dann lassen Sie sich auf unserer Webseite inspirieren! Hier finden Sie viele erfolgversprechende Beispiele von Existenzgründungen und Informationen zur aktuellen Situation auf dem Markt. Wir präsentieren innovative Geschäftsmodelle und geben auch Tipps für Ihr Marketing.

G Gute Nachrichten für Gründer/innen

Sie möchten sich selbstständig machen und Ihr eigenes Start-up gründen? Sie haben schon ein zukunftsfähiges Geschäftsmodell entwickelt, ein starkes Team steht bereit, aber die Finanzierung ist noch nicht gesichert?

Ab dem kommenden Monat gibt es finanzielle Hilfen für Gründer/innen, die ein ausgearbeitetes Konzept vorlegen. Das Bundesministerium für Wirtschaft und Energie und das Bundesfinanzministerium haben in den vergangenen Wochen gemeinsam mit der Kreditanstalt für Wiederaufbau (KfW) die Details eines Maßnahmenpakets ausgearbeitet.

Weitere Informationen unter **www.bmbi.beispiel.de**

H Der Outdoor-CrossFit-Spezialist

Du willst ordentlich, aber nicht im Fitnessstudio schwitzen, sondern an der frischen Luft? Wir bieten dir professionelles Outdoor-CrossFit-Training in familiärer Atmosphäre und in kleinen Gruppen von maximal acht Personen.

Durch die extrem hohe Trainingsintensität sind maximaler Kalorienverbrauch und beste Trainingsergebnisse garantiert. Spaß und persönliche Beratung gibt es kostenlos dazu.

www.crossfit-fuer-dich.beispiel.de

Tipp: Notieren Sie gleich beim ersten Lesen die Buchstaben aller Situationen, die passen könnten. So treffen Sie eine Vorauswahl und können beim zweiten Lesen schneller die richtige Lösung finden. Lesen Sie die Texte immer bis zum Ende, auch wenn Sie schon eine Idee haben. Einige Anzeigen haben ähnliche Themen, aber manchmal steht eine wichtige Information erst am Ende des Textes.

ÖSD **2 Schreiben Aufgabe 1**

Um sich zu entspannen, haben Sie ein Wochenende an der Ostsee verbracht. Der Aufenthalt hat Ihren Erwartungen leider überhaupt nicht entsprochen. Sie haben sich bereits Notizen dazu gemacht.

Schreiben Sie eine Beschwerde-E-Mail an das Hotel, in der Sie auf alle Ihre Notizen eingehen. Schreiben Sie circa 120 Wörter und beachten Sie auch die formalen Kriterien (Anrede, Grußformel).

Wellness-Wochenende an der Ostsee: 2 Tage im 4-Sterne-Strandhotel Möwe für 119,- Euro pro Person

2 Tage Ostsee: aktiv entspannen

Unser Wochenendangebot enthält:
Übernachtung in einem Doppelzimmer mit Meerblick und einem gesunden, vitaminreichen Frühstück in Form eines Büfetts für jeden Geschmack

Im Preis enthalten:
- ein Leihfahrrad für Ihre Ausflüge
- einmal Eintritt in unsere Wellness-Oase (3 große Pools, Sauna, Massagen und Whirlpool)
- ein Schnupperkurs für Yoga-Anfänger/innen
- Tageszeitung und 1 Flasche Wasser auf dem Zimmer
- eigener Parkplatz und WLAN-Nutzung

Obst aus der Dose, keine Auswahl an veganen Gerichten

nur ein kleines Schwimmbad

Kurs ist ausgefallen

alle Parkplätze belegt

Strandhotel Möwe | Uferstraße 25 · Hohemünde 06543 | Buchung per E-Mail Moewe@beispiel.de oder Telefon +49 221 84659510 möglich

---

Tipp: Achten Sie auf die Textstruktur einer Beschwerde: Nennen Sie zuerst den Grund Ihres Schreibens, beschreiben Sie dann, was Sie erwartet hatten und wie die Situation wirklich war. Formulieren Sie am Ende ggf. einen Wunsch oder eine Forderung sowie eventuelle weitere Konsequenzen, sollten Ihre Forderungen nicht erfüllt werden. Schreiben Sie höflich und sachlich und benutzen Sie den Konjunktiv II (z. B. *Es wäre schöner gewesen, wenn … Ich hätte mir eigentlich gewünscht, dass …*).

10 Die Welt verstehen

Webcode:
zegiya

Wie wir die Welt sehen

1 Der Gapminder-Test

1.1 Was passt zusammen? Verbinden Sie.

1 die Wahrscheinlichkeit	a alle Menschen auf der Erde
2 die Berichterstattung	b wenn man wenig oder nichts besitzt
3 die Lebenserwartung	c die Möglichkeit, dass etwas passieren wird
4 die Not	d eine schlimme Situation, in der jemand Hilfe braucht
5 das Pro-Kopf-Einkommen	e die Zeitdauer, die ein Mensch wahrscheinlich leben wird
6 die Armut	f die Vorstellung davon, wie die Welt und die Menschen sind
7 die Weltbevölkerung	g das Weitergeben von Informationen, z.B. durch die Presse
8 das Weltbild	h das Geld, das die Bewohner eines Staates durchschnittlich verdienen

1.2 Was passt? Ergänzen Sie die Verben in der richtigen Form.

bedrohen – einschätzen – entgegnen – erstaunen – herrschen – ignorieren – impfen – unterschätzen – ~~verharmlosen~~

1 Kritiker warfen Hans Rosling vor, er würde die Not vieler Menschen _verharmlosen_.

Er _____ ihnen, dass er auf die Fortschritte in der Welt aufmerksam machen wollte.

2 Durch den Klimawandel sind viele Tierarten vom Aussterben _____.

3 Ich habe _____, wie schwer der Test ist. Ich hatte ihn mir einfacher vorgestellt.

4 In den Medien werden positive Nachrichten leider oft _____. Man erfährt nichts davon.

5 Mein Ergebnis im Gapminder-Test hat mich _____. Ich hätte mit mehr richtigen Antworten gerechnet.

6 In manchen Ländern _____ die Meinung, dass die Welt sich eher negativ entwickelt.

7 Weltweit werden 80% der Kinder gegen Krankheiten _____.

8 Ich habe die geografische Verteilung der Menschen völlig falsch _____. Ich dachte, dass in Afrika mehr Menschen leben.

2.02 🔊 1.3 Was für ein Weltbild haben die Personen: Eher positiv oder eher negativ? Hören und notieren Sie.

Zola _____ Leonie _____ Hector _____

2.02 🔊 1.4 Welche Person passt? Hören Sie noch einmal und ergänzen Sie die Namen aus 1.3.

1 _____ ist der Meinung, dass die Fortschritte in ärmeren Ländern oft unterschätzt werden.

2 _____ konsumiert manchmal sehr viele Nachrichten, die über etwas Schlimmes berichten.

3 _____ findet, dass manche Entwicklungen, wie z.B. der Rückgang der Armut, auch Hoffnung machen.

4 _____ hat die Lebenserwartung der Menschen anders eingeschätzt.

5 _____ findet, dass die Berichterstattung die Meinung der Menschen beeinflusst.

2.03 🔊 1.5 Was ist das „Dollar-Street-Projekt"? Hören Sie weiter und kreuzen Sie an.

a ⭕ ein Fotoprojekt   b ⭕ ein Spendenprojekt   c ⭕ ein Nachbarschaftsprojekt

2.03 🔊 **1.6** Was erzählt Zola über das Projekt? Hören Sie noch einmal und machen Sie Notizen zu den Fragen.

    1 Welche Annahmen hatte Anna Rosling Rönnlund? Was wollte sie mit dem Projekt zeigen?

    2 Wie wurde das Projekt durchgeführt? Was hat Anna Rosling Rönnlund gemacht?

    3 Was kann durch die Fotos gezeigt werden? Was könnte mit dem Projekt erreicht werden?

1.7 Schreiben Sie mithilfe Ihrer Notizen aus 1.6 fünf bis acht Sätze über das Dollar-Street-Projekt. Benutzen Sie die Redemittel im Kursbuch auf Seite 133.

2 Dank der Fakten verstehen wir die Welt besser.

2.1 Was passt zusammen? Verbinden Sie.

    1 Vor Sorge um seinen Job   **a** liest sie seltener Zeitung.

    2 Wegen der vielen schlechten Nachrichten   **b** ist die Lebenserwartung heute höher.

    3 Aufgrund der schwierigen finanzielle Lage   **c** habe ich mir Roslings Buch gekauft.

    4 Aus Interesse an dem Thema   **d** können sie sich keinen Urlaub leisten.

    5 Dank medizinischer Fortschritte   **e** kann er nicht gut einschlafen.

2.2 Was beschreiben die Präpositionen in den Sätzen in 2.1? Ordnen Sie im Grammatikkasten zu.

    1 „emotionaler Grund" für eine unkontrollierte Reaktion   **3** neutraler Grund

    2 „emotionaler Grund" für eine kontrollierte Handlung   **4** Grund mit einer positiven Folge

---

Kausale Präpositionen *wegen, aufgrund, dank, aus, vor*

wegen/aufgrund (+ Genitiv) ☐   *aus* (+ Dativ; Nomen oft im Singular, immer ohne Artikel) ☐

dank (+ Genitiv) ☐   *vor* (+ Dativ; Nomen oft im Singular, fast immer ohne Artikel) ☐ 1

2.3 Eine Kurzbiografie von Hans Rosling. Welche Präposition ist richtig? Markieren Sie.

Hans Rosling wurde 1948 in Schweden geboren. *Dank/Wegen/Aus* Interesse an gesundheitlichen Themen entschied er sich für ein Medizinstudium. Rosling engagierte sich *aus/aufgrund/vor* seiner Erfahrungen als Arzt in Mosambik und anderen Staaten Afrikas für medizinische Fortschritte auf dem afrikanischen Kontinent. Von 1983 bis 1996 arbeitete er *vor/wegen/aus* seines großen medizinischen Verständnisses auch als Berater für die Weltgesundheitsorganisation (WHO). *Aus/Aufgrund/Dank* Überzeugung, dass die Wissenschaft die Welt verbessern könnte, gründete er im Jahr 2005 mit seinem Sohn Ola Rosling und seiner Schwiegertochter Anna Rosling Rönnlund die Gapminder-Stiftung. Im Jahr 2017 starb Hans Rosling. *Aus/Dank/Vor* des Engagements seines Sohnes und seiner Schwiegertochter konnte ihr gemeinsames Buch „Factfulness" im Jahr 2018 dennoch erscheinen.

2.4 Kontrollierte Handlung oder unkontrollierte Reaktion? Schreiben Sie zu den Bildern je einen Satz mit *aus* oder *vor* und einem passenden Nomen aus dem Schüttelkasten wie im Beispiel.

Freude – Interesse – Müdigkeit – Schmerz – Überzeugung

1 Der Student ist vor Müdigkeit beim Lernen eingeschlafen.

Die Perspektive wechseln

1 Empathie und Mitgefühl

1.1 Was passt? Lesen Sie den Artikel und ergänzen Sie.

abgrenzen – aktivieren – empathisch – empfinden – Gegenüber – Gene – hineinversetzen – Psychologie – trösten

In der _____ ¹ wird zwischen den Begriffen Empathie und Mitgefühl unterschieden.
Empathisch zu sein, bedeutet, etwas Ähnliches zu fühlen wie unser _____ ². Wenn wir
dagegen Mitgefühl mit anderen _____ ³, wünschen wir uns, dass es ihnen gut geht.
Zum Beispiel versuchen wir, einen Menschen, der traurig ist, zu _____ ⁴.
Empathie kann anstrengend sein. Manchmal passiert es, dass wir uns so intensiv in die andere Person
_____ ⁵, dass wir ihre Gefühle übernehmen und zum Beispiel selbst traurig werden. Dafür
sind die Spiegelneuronen verantwortlich, die die entsprechenden Gehirnregionen _____ ⁶,
sodass wir das Gleiche fühlen wie unser Gegenüber. Bei Mitgefühl übernehmen wir dagegen die Gefühle
der anderen Person nicht, sodass wir uns besser _____ ⁷ können.
Wie _____ ⁸ wir sind, das bestimmen übrigens viel weniger unsere _____ ⁹
als unsere Erziehung und die Erfahrungen, die wir im Laufe unseres Lebens gemacht haben.

1.2 Was ist richtig? Markieren Sie die Sätze mit *sodass* und *so ..., dass* in 1.1 und kreuzen Sie an.

> **Konsekutive Nebensätze mit *sodass* und *so..., dass***
>
> Ein Nebensatz mit *sodass* drückt ⃝ *eine Ursache* / ⃝ *eine unbeabsichtigte Konsequenz* aus.
> Er steht immer ⃝ *nach* / ⃝ *vor* dem Hauptsatz.
> In Sätzen mit *so* + Adjektiv/Adverb + *dass* wird das Adjektiv/Adverb als Ursache hervorgehoben.
> Der Nebensatz beginnt mit ⃝ *so* / ⃝ *dass*. Das *so* wird beim Sprechen betont.

1.3 Welche Konsequenz passt? Ordnen Sie zu. Schreiben Sie dann Sätze mit *sodass* wie im Beispiel.

a Wir fühlen dasselbe wie unser Gegenüber. – **b** ~~Sie können sich nicht gut abgrenzen~~. –
c Es fällt uns schwer, empathisch mit ihnen zu sein. – **d** Es geht uns sofort besser. –
e Sie entwickeln schon früh die Fähigkeit, empathisch zu sein.

1 Manche Menschen empfinden viel Empathie. ⃞ *b*

2 Die Spiegelneuronen aktivieren bestimmte Regionen im Gehirn. ⃞

3 Babys beobachten die Menschen in ihrer Umgebung genau. ⃞

4 Fröhliche Menschen können uns mit ihrer guten Laune anstecken. ⃞

5 Gegenüber manchen Menschen haben wir viele Vorurteile. ⃞

> *1 Manche Menschen empfinden viel Empathie, sodass sie sich nicht gut abgrenzen können.*

1.4 Schreiben Sie die Sätze 1, 3 und 5 aus 1.3 mit *so ..., dass*.

> *1 Manche Menschen empfinden so viel Empathie, dass sie ...*

1.5 Was ist hier passiert? Ergänzen Sie die Sätze zu den Bildern in Ihrem Heft.

1 Er ist so schnell gelaufen, dass … – Jetzt weint er sehr, sodass …
2 Er war so tief in Gedanken, dass … – Er wird ein paar Tage Kopfschmerzen haben, sodass …
3 Sie hat ihr Studium abgeschlossen, sodass … – Sie hat so gute Noten, dass …

2 Wie lernt man Empathie? – Indem man …

2.1 Welche Frage passt? Lesen Sie das Interview und ergänzen Sie.

Und wer gehört zur zweiten Gruppe? – Und wie können Sie Ihren Klientinnen und Klienten helfen? Wie läuft so ein Coaching ab? – Wozu brauchen diese Menschen mehr Empathie? – Was macht ein Empathie-Coach? – Wer sind Ihre Klientinnen und Klienten? Was für Menschen kommen zu Ihnen?

Menschen im Gespräch: Adam Nowak, Empathie-Coach

Herr Nowak, Sie arbeiten seit 5 Jahren als Empathie-Coach.

Ich unterstütze Menschen in ihrer persönlichen Entwicklung. Ich gebe Einzelcoachings oder ich werde von Firmen oder Institutionen gebucht und mache dann einen Workshop mit den Angestellten. An der Volkshochschule biete ich außerdem Kurse an oder halte Vorträge zum Thema Empathie.

Bei meinen Klientinnen und Klienten geht es entweder darum, mehr Empathie zu entwickeln, also empathischer zu werden oder aber umgekehrt: Dass sie „zu empathisch" sind und lernen möchten, sich besser abzugrenzen. Zur ersten Gruppe gehören vor allem Führungskräfte oder Unternehmer – meistens Männer. Sie wollen empathischer werden, um sich besser in ihre Mitarbeiter*innen einzufühlen.

Sie haben ganz verschiedene Gründe: Den einen geht es darum, die Arbeitsatmosphäre zu verbessern und ein angenehmeres Betriebsklima zu schaffen. Andere wollen ihre Mitarbeiter*innen motivieren und so die Produktivität steigern. Personaler*innen wollen lernen, die Bewerberin oder den Bewerber beim Vorstellungsgespräch besser einzuschätzen.

Das sind Menschen, die in ihrem Berufsalltag andauernd empathisch sein müssen, z. B. Sozialarbeiter*innen, Pflegekräfte im Krankenhaus oder in der Altenpflege, aber auch Lehrer*innen. Ihre Arbeit besteht in erster Linie darin, anderen Menschen bei ihren Problemen zu helfen. Oft haben sie dabei mit Menschen zu tun, denen es nicht gut geht. Für sie ist es deshalb wichtig zu lernen, wie sie sich abgrenzen können, um gesund zu bleiben. Manche von ihnen leiden schon an einem richtigen Empathie-Burnout, wenn sie zu mir kommen. Also an einer schweren Erschöpfung, weil sie zu empathisch sind.

Dadurch dass die Menschen mit sehr unterschiedlichen Zielen zu mir kommen, kann ich das so allgemein nicht beantworten. Für Menschen, die empathischer werden möchten, ist der erste Schritt normalerweise, die eigene Persönlichkeit und die eigenen Bedürfnisse genau kennenzulernen – zum Beispiel mithilfe von Persönlichkeitstests und Interviews. Dadurch dass man die eigenen Gefühle und Bedürfnisse besser kennt, kann man auch sein Gegenüber besser einschätzen. Und das ist die Grundvoraussetzung für Empathie. Für die andere Zielgruppe steht die Fähigkeit, sich abzugrenzen, im Vordergrund. Das kann man zum Beispiel lernen, indem man Situationen aus dem Berufsalltag in Rollenspielen nachspielt und reflektiert.

Herr Nowak, vielen Dank für das Gespräch!

2.2 Richtig (r), falsch (f) oder steht nicht im Text (x)? Lesen Sie noch einmal in 2.1 und kreuzen Sie an.

                                                               r f x

1 Die Mehrheit von Adam Nowaks Klienten will lernen, sich besser abzugrenzen. ○ ○ (x)
2 Adam Nowak wird von Firmen gebucht, um Vorträge zu halten. ○ ○ ○
3 Unter den Klienten, die im Coaching Empathie lernen möchten, sind kaum Frauen. ○ ○ ○
4 Einige kommen mit dem Ziel, die Personaler bei Bewerbungsgesprächen besser zu überzeugen. ○ ○ ○
5 Vor allem Lehrerinnen und Lehrer leiden an einem Empathie-Burnout. ○ ○ ○
6 Wer gelernt hat, empathischer zu sein, kennt danach seine eigenen Bedürfnisse besser. ○ ○ ○
7 Mithilfe von Rollenspielen kann man üben, sich besser abzugrenzen. ○ ○ ○

2.3 Was passt? Markieren Sie die Sätze mit *dadurch dass* und *indem* im letzten Abschnitt des Interviews in 2.1. Ergänzen Sie dann die Regel im Grammatikkasten.

Bedeutung – Frage – Methode – Mittel – Nebensatz

> **Modale Nebensätze mit *indem* und *dadurch dass***
>
> Modale Nebensätze mit *indem* und *dadurch dass* antworten auf die _____ *Wie …?* oder
>
> *Wodurch …?* und beschreiben ein _____ bzw. eine _____, wie etwas erreicht wird.
>
> *Dadurch dass* kann auch eine kausale _____ haben.
>
> *Dadurch dass* kann auch getrennt werden. Dann steht *dadurch* im Hauptsatz vor dem Ergebnis und
>
> der _____ beginnt mit *dass*.

2.4 Was passt? Ergänzen Sie die Satzteile. Markieren Sie dann das Mittel bzw. die Methode in den Sätzen wie im Beispiel.

man lernt, freundlich Nein zu sagen – Dadurch dass man sofort nachfragt –
man sich mit seiner Persönlichkeit beschäftigt – Man findet einen passenden Coach

1 _____, indem man Erfahrungsberichte von anderen liest.
2 Indem _____, kann man sich besser kennenlernen.
3 _____, vermeidet man Missverständnisse im Gespräch.
4 Im Beruf kann man sich dadurch abgrenzen, dass _____.

2.5 Welche Antwort passt? Verbinden Sie. Schreiben Sie dann Sätze mit *indem* oder *dadurch dass* wie im Beispiel.

Wie kann man …
1 die Umwelt schützen?
2 seine Fremdsprachenkenntnisse verbessern?
3 sich länger an seinen Urlaub erinnern?
4 sich auf ein Vorstellungsgespräch vorbereiten?
5 Geld sparen?

a Serien im Original mit Untertiteln sehen
b ein Reisetagebuch führen
c den eigenen Energieverbrauch reduzieren
d auf Schnäppchen und Rabatte achten
e vorher mit einer Freundin oder einem Freund üben

> 1 Man kann die Umwelt schützen, indem man den eigenen Energieverbrauch reduziert.
> 2 Dadurch dass …, kann man …
> 3 Indem …, …
> 4 …, indem …
> 5 Man kann dadurch …, dass …

2.6 Und was denken Sie? Beantworten Sie die Fragen in 2.5 mit Ihren eigenen Ideen. Verwenden Sie in Ihren Antworten *dadurch dass* oder *indem*.

3 Ein Empathie-Vortrag

3.1 Strategietraining: beim Hören Notizen machen. Welches Verb passt? Ergänzen Sie.

---
beachten – ergänzen – mitschreiben – stellen – strukturieren – verwenden
---

> **beim Hören Notizen machen**
>
> 1 nicht wörtlich _____   4 Abkürzungen und Symbole _____
>
> 2 Struktur des Hörtextes _____   5 Infinitive ans Ende _____
>
> 3 Notizen sinnvoll _____   6 fehlende Informationen nach dem Hören

2.04 **3.2** Wer spricht wo, worüber und zu wem? Hören und notieren Sie.

2.05 **3.3** Hören Sie jetzt den Vortrag komplett und notieren Sie die wichtigsten Informationen. Beachten Sie die Tipps aus 3.1.

3.4 Beantworten Sie die Fragen mithilfe Ihrer Notizen aus 3.3 in Ihrem Heft.

1 Was versteht man unter einem Empathie-Burnout?   3 Was sind die Ursachen dafür?
2 Wer ist besonders betroffen?   4 Was sind mögliche Folgen?

3.5 Und Sie? Schreiben Sie einen kurzen Text über sich und Ihre Erfahrungen. Die Fragen helfen.

– Was würden Sie sagen: Wie empathisch sind Sie?
– Müssen Sie in Ihrem Beruf besonders empathisch sein? Gelingt Ihnen das?
– Fällt es Ihnen manchmal schwer, sich abzugrenzen? In welchen Situationen?
– Kennen Sie Menschen, die an einem Empathie-Burnout leiden? Warum geht es ihnen so?

Politik und Gesellschaft

1 Politikbegriffe

2.06 **1.1** Wie heißen die Wörter? Ergänzen Sie. Hören Sie dann und überprüfen Sie Ihre Lösung.

1 Die A B G E O R D N E T E N sitzen im P _____ und vertreten die Interessen des V _____ .

2 In Deutschland heißen die Teilstaaten B _____ und in der Schweiz K _____ .

3 Die Ministerinnen und Minister sind oft für ein bestimmtes R _____ , z.B. Wirtschaft zuständig.

4 In Deutschland ist die Bundeskanzlerin die V _____ der Regierung.

5 In vielen Staaten sind die Bürgerinnen und B _____ ab 18 Jahren wahlberechtigt.

6 In einer Monarchie ist der König oder die Königin das S _____ , in vielen Ländern

ist es der Präsident bzw. die P _____ .

2.06 **1.2** Phonetik: Wortakzent. Lesen Sie die Wörter laut und markieren Sie den Wortakzent (kurz:• / lang: _) wie im Beispiel. Hören Sie dann noch einmal und überprüfen Sie Ihre Lösung.

1 Abgeordneten – Parlament – vertreten – Interessen
2 Deutschland – Teilstaaten – Bundesländer – Kantone
3 Ministerinnen/Minister – bestimmtes – Ressort – Wirtschaft
4 Bundeskanzlerin – Vorsitzende – Regierung
5 Bürgerinnen/Bürger – achtzehn – wahlberechtigt
6 Monarchie – König/Königin – Staatsoberhaupt – Präsident/Präsidentin

10

1.3 Betont oder unbetont? Lesen Sie die Regeln und streichen Sie die falsche Antwort durch. Ordnen Sie die Wörter aus 1.2 den Regeln zu. Ergänzen Sie auch weitere Beispiele, die Sie kennen.

1 normalerweise ist die 1. Silbe eines Wortes *betont/~~unbetont~~*: *Deutschland*

2 in Komposita ist das Bestimmungswort *betont/unbetont*: *achtzehn*

3 bestimmte Präfixe wie *be-* oder *ver-* sind immer *betont/unbetont*: *bestimmtes*

4 bestimmte Präfixe wie *ab-* oder *vor-* sind immer *betont/unbetont*: *Abgeordneten*

5 bestimmte Suffixe wie *-heit, -keit, -schaft, -ung* sind immer *betont/unbetont*: *Regierung*

6 bestimmte Silben wie *-al-, -ent-, -ie-, -ion-, -ist-, -tät-* (normalerweise in Fremdwörtern) sind immer *betont/unbetont*: *Monarchie*

7 *-ie-* bei Verben mit *-ieren* und abgeleiteten Nomen/Adjektiven ist immer *betont/unbetont*: *Regierung*

8 in Fremdwörtern wird die ursprüngliche Betonung meist übernommen *Kantone, Ressort, Interesse*

2.07 🔊 **1.4** Hören Sie die Fragen und antworten Sie mit den Sätzen aus 1.1. Achten Sie auf den Wortakzent.

> *Was machen eigentlich die Abgeordneten?*

> *Die Abgeordneten sitzen im Parlament und vertreten die Interessen des Volkes.*

2 Das politische System in Österreich

2.1 Was passt zusammen? Verbinden Sie. Schreiben Sie dann zu jeder Verbindung jeweils einen Satz.

1 die Regierung
2 ein Gesetz
3 eine Partei / das Parlament / den Präsidenten
4 Sitze im Parlament / Stimmen

a wählen
b bekommen
c bilden/ernennen
d vorschlagen/beschließen

2.2 Was ist richtig? Sehen Sie sich das Schaubild an und kreuzen Sie an. Korrigieren Sie die falschen Sätze.

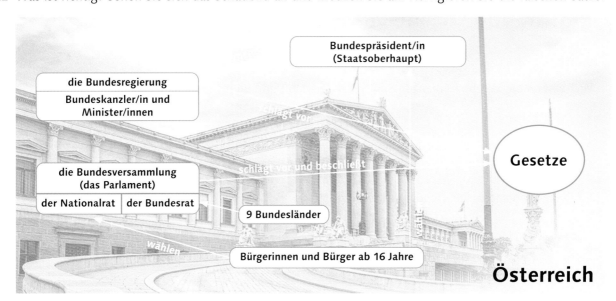

1 ☐ In Österreich sind alle Bürgerinnen und Bürger ab dem ~~18~~. (16) Lebensjahr wahlberechtigt.
2 ☐ Die Bürger und Bürgerinnen wählen die Bundesregierung und den Bundespräsidenten.
3 ☐ Die Bundesregierung wird vom Bundespräsidenten ernannt.
4 ☐ Die Bundesversammlung ist das Parlament und besteht aus zwei Teilen.
5 ☐ Im Bundesrat sitzen Abgeordnete aus den Bundesländern.
6 ☐ Der Bundespräsident und die Bundesversammlung können Gesetzesvorschläge machen.
7 ☐ Alle Gesetze werden vom Parlament beschlossen.

2.3 Was passt? Lesen und ergänzen Sie mithilfe des Schaubildes in 2.2.

Bundespräsident – Bundesrat – Bundesregierung – Bundesversammlung – Ministern – Staatsoberhaupt

---

userKÖLN: Hallo, kennt sich hier irgendwer mit dem politischen System in Österreich aus? Also, wie die Wahlen funktionieren und so …?   **3 Kommentare**

▶ **binita:** Ich glaube, in Österreich wählt man den Bundespräsidenten, also das _____ [1], direkt.

▶ **KlugerK:** Und den Nationalrat. Das ist der größere Teil des Parlaments mit mehr Sitzen. Der kleinere ist der _____ [2]. Dort sitzen die Vertreter*innen der Bundesländer. Und wusstet ihr, dass man in Österreich schon ab 16 wählen darf? Wie cool ist das denn? 👍

▶ **Fritzi123:** Ja, das stimmt. 2007 wurde das Wahlalter gesenkt. Als Österreicherin kann ich noch ein paar Infos ergänzen 😊. Der _____ [3] ernennt die Bundesregierung und hat so auch Einfluss die auf Entscheidungen der Regierung. Die _____ [4] besteht aus dem Bundeskanzler oder der Bundeskanzlerin und den _____ [5] aus allen Ressorts: Gesundheit, Bildung, Finanzen und so weiter. Ach so, und unser Parlament heißt übrigens _____ [6].

2.4 Sprachmittlung: Eine Freundin / Ein Freund interessiert sich für die politischen Systeme in D-A-CH. Sehen Sie sich noch einmal die Schaubilder in 2.2. und im Kursbuch auf Seite 126 an und fassen die wichtigsten Informationen in Ihrer Muttersprache schriftlich zusammen. Gehen Sie auf die Punkte ein.

– Gemeinsamkeiten und Unterschiede zwischen Deutschland, Österreich und der Schweiz
– Gemeinsamkeiten und Unterschiede zwischen D-A-CH und Ihrem Heimatland

3 Politische Meinungen

3.1 Was passt? Ergänzen Sie die Redemittel.

Es ist fraglich, ob – Ich bin auch der Ansicht – Ich würde bezweifeln – Es zweifellos richtig, dass

---

a Du hast recht! _____, dass es noch viel zu tun gibt, obwohl sich schon einiges verbessert hat. Dass Frauen weniger verdienen, wenn sie die gleiche Arbeit machen wie Männer, ist ein Skandal!

b Weniger arbeiten, ohne dass das der Wirtschaft schadet? _____, dass das funktioniert.

c _____ man durch Flugreisen dem Klima schadet. Allerdings gibt es für lange Strecken oft keine Alternative. _____ das Auto wirklich die bessere Alternative ist. Statt des Autos sollte man die Bahn benutzen.

3.2 Welche Reaktionen aus 3.1 passen zu den Sätzen? Ordnen Sie zu.

1 💬 Dadurch dass wir auch für unsere Urlaubsreisen mit dem Flugzeug fliegen, schaden wir dem Klima. Wir sollten öfter das Auto nehmen, anstatt zu fliegen. – 👍⬜

2 💬 Trotz vieler Verbesserungen haben wir die Gleichstellung von Männern und Frauen noch nicht erreicht. Oft erhalten Frauen bei gleicher Arbeit noch immer nicht den gleichen Lohn. – 👍⬜

3 💬 Es ist heutzutage nicht mehr nötig, dass die meisten Menschen 40 Stunden pro Woche arbeiten. Schon 20 Stunden wären ohne große wirtschaftliche Verluste genug. – 👍⬜

3.3 Und Sie? Was denken Sie über die Sätze in 3.2? Schreiben Sie jeweils einen Satz und äußern Sie Ihre Zustimmung oder Ablehnung wie in 3.1. Benutzen Sie die Redemittel im Kursbuch auf Seite 133.

3.4 Welche Präposition passt? Ergänzen Sie. Der Grammatikanhang (B 3.2) hilft.

~~bei~~ – durch — nach – ohne – statt – trotz – vor

1	als/wenn	*bei* (Dat.)	6	indem	mithilfe (Gen.)
2	anstatt dass / … zu	_____ (Gen.)	7	nachdem	_____ (Dat.)
3	bevor	_____ (Dat.)	8	obwohl	_____ (Gen.)
4	dadurch, dass	_____ (Akk.)	9	ohne dass / … zu	_____ (Akk.)
5	damit / um … zu	zu (Dat.) / für (Akk.)	10	weil/da	aufgrund/dank/wegen (Gen.)

3.5 Was passt? Ergänzen Sie die Regel im Grammatikkasten.

formelle Texte – Genitiv – Informationen – Nebensätzen – Teil des Satzes

> **Nominalgruppen: Präposition + Nomen / nominalisiertes Verb**
>
> Informationen aus _____ können in Nominalgruppen zusammenfasst werden. Das
>
> Subjekt im Nebensatz steht in der Nominalgruppe im _____ . Nominalgruppen sind
>
> kein eigenständiger Satz, sondern _____ . So können mehr
>
> in einem Satz kombiniert werden. Nominalgruppen sind typisch für _____ .

3.6 Welches Verb kann man aus den unterstrichenen Nomen ableiten? Notieren Sie in Ihrem Heft.

1 Mithilfe von Steuer<u>senkungen</u> können Arbeitsplätze geschaffen werden.
2 Nach der <u>Ankunft</u> der Kanzlerin begann die Diskussion in der Koalition.
3 Trotz der <u>Verbesserungen</u> des Klimagesetzes äußerten sich Umweltschützer skeptisch.
4 Es gibt unterschiedliche Vorschläge zur <u>Erhöhung</u> der Datensicherheit im Internet.
5 Dank der <u>Zustimmung</u> des Verkehrsministers gibt es ein Tempolimit auf den Autobahnen.
6 Durch die <u>Einführung</u> einer Frauenquote konnten mehr Frauen in Führungspositionen arbeiten.

1 senken

3.7 Formulieren Sie die Nominalgruppen in den Sätzen in 3.6 als Nebensätze um. Benutzen Sie einen passenden Nebensatzkonnektor aus 3.4. Achtung: Bei manchen Sätzen braucht man das Passiv.

1 Indem die Steuern gesenkt werden, können Arbeitsplätze geschaffen werden.

3.8 Lesen Sie die Sätze und ergänzen Sie die Nomen im Genitiv in den Nominalgruppen.

1 Obwohl <u>einige Abgeordnete Zweifel hatten</u>, konnte das neue Tierschutzgesetz beschlossen werden.
2 Nachdem <u>sich die wirtschaftliche Lage verbessert hatte</u>, ging es auch den Menschen besser.
3 Die letzte Regierungssitzung endete, ohne dass <u>die Minister etwas entschieden hatten</u>.
4 Weil <u>sich alle Parteien einigen konnten</u>, wird das Pflegepersonal in Zukunft besser bezahlt.
5 Bevor <u>das Wahlalter</u> auf 16 Jahre <u>gesenkt wurde</u>, interessierten sich nur wenige Jugendliche für Politik.
6 Dadurch dass sie <u>soziale Medien nutzen</u>, können die Parteien ihre Kommunikation verbessern.

1	die Zweifel	*einiger Abgeordneter*	4	die Einigung	_____
2	die Verbesserung	_____	5	die Senkung	_____
3	eine Entscheidung	_____	6	die Nutzung	_____

3.9 Schreiben Sie die Sätze in 3.8 mit den Nominalgruppen und einer passenden Präposition aus 3.4.

1 Trotz der Zweifel einiger Abgeordneter konnte das neue Tierschutzgesetz beschlossen werden.

Ich verstehe nur Bahnhof!

1 Sprachkurs oder Übersetzungs-App?

1.1 Wiederholung: Wörter zu digitalen Medien. Welches Verb passt nicht? Streichen Sie durch.

1 etwas im Forum *posten / kommentieren / veröffentlichen / ~~weiterleiten~~*
2 auf dem Tablet *tippen / drucken / scrollen / wischen*
3 einen Anhang *hochladen / klicken / öffnen / runterladen*
4 eine Datei *löschen / öffnen / speichern / wischen*
5 eine E-Mail *beantworten / checken / scrollen / weiterleiten*
6 einen Kommentar *liken / teilen / skypen / twittern*

1.2 Welches Nomen passt? Ordnen Sie zu.

~~App~~ – Benutzerkonto – Datenbank – Display – Entwickler – Mikrofon – Passwort – Software – Spracherkennung

Ihr möchtet eure Deutschkenntnisse einfach und schnell verbessern? Das geht kinderleicht mit der kostenlosen *App* [1] SprichEASY! Unsere _____ [2] haben eng mit erfahrenen Deutschlehrern zusammengearbeitet, damit ihr Erfolg beim Lernen habt. Ihr müsst euch nur ein _____ [3] mit eurem Benutzernamen und einem sicheren _____ [4] anlegen. Dann geht's los. Auf dem _____ [5] erscheinen verschiedene Optionen, aus denen ihr auswählen könnt: eure Niveaustufe, das Thema und ob ihr Grammatik, Vokabeln oder Aussprache üben wollt. Für die Ausspracheübungen benutzt ihr einfach das _____ [6] eures Smartphones. Zum Vokabellernen könnt ihr verschiedene Sprachen auswählen. In unserer integrierten _____ [7] sind über 20 andere Sprachen enthalten, in die ihr übersetzen könnt. Eure Übersetzung könnt ihr eintippen oder ihr benutzt die automatische _____ [8], indem ihr direkt ins Mikrofon sprecht. Die _____ [9] arbeitet mit einer künstlichen Intelligenz, sodass die App auch neue Wörter dazulernen kann. Mit jeder Aktualisierung werden es mehr.

1.3 Was glauben Sie: Was bedeuten die unterstrichenen Wörter? Sammeln Sie Ideen in der Gruppe.

- Ich habe <u>Fernweh</u>. Ich würde wirklich gern mal wieder in den Urlaub fahren.
- Meine Tante will in ihrem Sabbatical zu Fuß von Rom nach Moskau gehen. Was für eine <u>Schnapsidee</u>!
- Kennst du dieses Lied? Seit gestern habe ich einen <u>Ohrwurm</u>!
- Ich habe am Wochenende <u>sturmfrei</u>. Willst du vorbeikommen?
- Ich bin voll im <u>Freizeitstress</u>: Heute Kino, morgen Theater, am Wochenende bekomme ich Besuch …
- Als mein Freund meine Eltern kennengelernt hat, hat er sich echt von seiner <u>Schokoladenseite</u> gezeigt.

1.4 Welche Erklärung passt? Ergänzen Sie die Wörter aus 1.3 und vergleichen Sie mit Ihren Ideen.

1 Wenn man allein zu Hause ist und alles machen kann, was man möchte, hat man _____ .
2 Wenn man nur seine guten Eigenschaften präsentiert, zeigt man seine _____ .
3 Eine _____ ist ein Einfall, den andere Leute für ungewöhnlich oder dumm halten.
4 Wenn man verreisen möchte, am liebsten weit weg, hat man _____ .
5 Wenn man eine vorher gehörte Melodie nicht mehr vergessen kann, hat man einen _____ .
6 Wer zu viele Aktivitäten in seiner Freizeit plant, hat manchmal _____ .

10

1.5 Tauschen Sie sich in der Gruppe zu den Fragen aus. Arbeiten Sie bei Bedarf mit dem Wörterbuch.

- Gibt es in Ihrer Sprache eine Übersetzung für die Wörter in 1.3?
- Kennen Sie andere Wörter im Deutschen, die sich nicht oder nur schwer in andere Sprachen übersetzen lassen?
- Welche Wörter aus Ihrer Sprache sind „unübersetzbar"? Was bedeuten sie? Wie würden Sie sie auf Deutsch erklären?

2 Die Zukunft der Sprachberufe. Würden Sie der Aussage zustimmen oder sind Sie skeptisch? Lesen Sie und diskutieren Sie zu zweit. Benutzen Sie die Redemittel auf Seite 133.

> *Durch die digitalen Sprachlern- und Übersetzungsprogramme werden sich bestimmte Berufsbilder stark verändern. Zum Beispiel wird es künftig weniger Übersetzerinnen und Übersetzer geben. Und auch für Sprachlehrerinnen und Sprachlehrer gibt es weniger Arbeit, weil die Menschen weniger Sprachkurse besuchen werden. Es ist sogar anzunehmen, dass die Zahl der Reiseleiterinnen und Reiseleiter sinken wird, weil viele Reisende allein mit ihren Apps am Urlaubsort unterwegs sein werden.*

Amtsdeutsch - eine ganz andere Sprache

1 Komplizierte Texte

1.1 Was für Texte sind das? Lesen Sie und ordnen Sie zu. Zwei Antworten passen nicht.

1 Hausordnung im Treppenhaus
2 Mahnung der Bibliothek

3 Benutzungsordnung einer Bibliothek
4 Mietvertrag

a

§ 1 Die Bibliotheksmedien sind nur durch die Studierenden der Universität ausleihbar.

§ 2 Die Ausleihfrist beträgt 21 Tage und kann bis zu zwei Mal ohne zusätzliche Kosten verlängert werden.
Bei nicht rechtzeitiger Rückgabe fallen nach Ablauf der Frist Mahngebühren an.

§ 3 Der Verlust eines Mediums ist unverzüglich zu melden.
Für verlorene Medien muss innerhalb einer Frist von vier Wochen nach Meldung des Medienverlusts ein Ersatzexemplar beschafft werden.

§ 4 Bei Verstößen gegen diese Benutzungsordnung kann die Bibliothek ein Ausleih- und Benutzungsverbot aussprechen.

b

- Das Abstellen von Fahrrädern im Treppenhaus ist untersagt. Nutzen Sie die vorgesehenen Fahrradständer im Hinterhof. Der im Treppenhaus zur Verfügung stehende Platz ist für Kinderwagen reserviert. Beim Abstellen der Kinderwagen ist auf die Freihaltung der Wege zu achten.
- Die Entsorgung alter Möbel im Treppenhaus und im Hinterhof ist strengstens verboten! Bitte entfernen Sie von Ihnen abgestellte Möbel umgehend. Andernfalls wird die Entsorgung von der Hausverwaltung veranlasst und die dabei entstehenden Kosten werden prozentual auf alle Mieten verteilt.
- Alle Fahrräder sind mit einem Namensschild zu markieren. Kaputte und nicht mehr genutzte Fahrräder müssen selbstständig entsorgt werden. Alle nicht markierten Fahrräder werden von der Hausverwaltung nach dem 15.6. entfernt.

1.2 Lesen Sie die Texte noch einmal und beantworten Sie die Fragen in Ihrem Heft.

1 Wer darf Bücher aus der Bibliothek ausleihen? Wie lange darf man Bücher maximal ausleihen?
2 Was passiert, wenn man ein Buch nicht rechtzeitig zurückgibt oder es verliert?
3 Was passiert, wenn man sich nicht an die Bibliotheksordnung hält?
4 Was darf man im Treppenhaus abstellen? Worauf muss man achten?
5 Was soll man mit alten Möbeln machen? Was passiert, wenn die Hausverwaltung die Möbel entsorgt?
6 Was passiert, wenn man die Fahrräder nicht markiert? Welche Fahrräder soll man wegbringen?

2 Strategietraining: formelle Texte verstehen

2.1 Was passt? Ergänzen Sie die Tipps. Der Text im Kursbuch auf Seite 131 in 2a hilft.

Aktiv – Einzelteile – Nebensätze – Relativsätze – Sätze – Synonyme – Wortart

---

formelle Texte verstehen

1 Wörter aus dem Kontext erschließen und durch einfachere _____ ersetzen

2 unbekannte Wörter verstehen, indem man _____ des Wortes oder verwandte
Wörter in einer anderen _____ erkennt

3 lange Sätze in mehrere kürzere _____ aufteilen

4 Sätze vereinfachen, indem man Nominalgruppen in _____ mit Verben umwandelt
und Partizipien als _____ formuliert

5 Sätze mit Passiv und Passiversatzformen im _____ formulieren

---

2.2 Wiederholung: Partizip I und II als Adjektive. Schreiben Sie die unterstrichenen Partizipien in der Hausordnung in 1.1 als Relativsätze wie im Beispiel. Der Grammatikanhang (A 2.3) hilft.

Der Platz, der im Treppenhaus zur Verfügung steht, ist für Kinderwagen reserviert.

Die Darstellung der Welt

🔊

1 **Ihr Lieblingsland. Wo liegt es? Welche geografischen Besonderheiten gibt es? Schreiben Sie einen kurzen Text über Ihr Lieblingsland. Benutzen Sie die Redemittel im Kursbuch auf Seite 133.**

2 **Weltkarten. Welches Bild passt? Sehen Sie sich die Bilder an und ordnen Sie zu.**

a   b  c   d   e  f

1 [b] zweidimensional   3 [ ] die Fläche   5 [ ] der Winkel
2 [ ] dreidimensional   4 [ ] schräg/schief   6 [ ] die Strecke / die Entfernung

Prüfungstraining

telc **1 Mündlicher Ausdruck Teil 2: Diskussion**

Lesen Sie den Text und diskutieren Sie danach zu zweit darüber. Bringen Sie Ihre Erfahrungen ein, äußern Sie Ihre Meinung und begründen Sie Ihre Argumente. Sprechen Sie auch über mögliche Lösungen.

> **Empathie statt Englisch, Klimawandel statt Kunst: Wie sinnvoll sind neue Schulfächer?**
>
> Italien führte 2020 als erstes Land der Welt das Schulfach „Klimawandel" ein. Kinder lernen hier Grundlegendes über die Umwelt, die Folgen des Klimawandels und über den sparsamen Umgang mit Ressourcen. In Dänemark gibt es das Fach „Empathie", in dem sich Kinder damit beschäftigen, Gefühle zu verstehen, zu teilen und mithilfe von Meditation emotional ausgeglichener zu werden. An etwa 200 Schulen in Deutschland, Österreich und der Schweiz wird das Fach „Glück" unterrichtet. Ziel dieses Faches ist es, dass Kinder lernen, besser auf ihre eigenen Bedürfnisse zu achten und selbst herauszufinden, was sie für ein glückliches Leben brauchen. In den letzten Jahren sind immer wieder neue Fächer zu den traditionellen Schulfächern wie Mathematik, Geschichte oder Chemie hinzugekommen. Doch wie sinnvoll ist das?
>
> Die neuen Fächer sollen die Kinder und Jugendlichen besser auf die Herausforderungen des Lebens vorbereiten, so Bildungsforscher Dr. Torsten Marx. Schule muss sich an die Entwicklungen in der Welt anpassen und aktuelle Themen wie die Digitalisierung, den Klimawandel oder eine sich ständig wandelnde Arbeitswelt aufgreifen, so Marx. Darüber hinaus fördern die neuen Fächer auch kreatives, kritisches und unternehmerisches Denken. Das ist – da sind sich Marx und sein Team einig – heutzutage wichtiger als das Auswendiglernen mathematischer Formeln oder historischer Daten.
>
> Kritische Stimmen befürchten eine Überforderung der Schülerinnen und Schüler. Die neuen Fächer müssen schließlich auch in den Stundenplan integriert werden. Dafür werden entweder die Schultage immer länger oder die neuen Fächer stehen in Konkurrenz zu den traditionellen. Auch die sächsische Bildungsministerin Brunhilde Kurth warnt vor zu viel Lernstoff und zu langen Schultagen: „Wenn wir versuchen, jedes wichtige Thema in ein Unterrichtsfach zu gießen, sind die Kinder schnell bei einer 60-Stunden-Woche. Die Schule muss nicht alles beibringen. Gerade bei aktuellen Themen sind auch die Eltern gefragt."

> **Tipp:** Für die Vorbereitung haben Sie ca. 10 Minuten Zeit. Machen Sie eine pro-contra-Liste und ergänzen Sie eigene Ideen. Die Diskussion dauert insgesamt 5 Minuten. Auch wenn Sie mit Ihrer Partnerin / Ihrem Partner einer Meinung sein sollten, sollten Sie trotzdem weiter diskutieren. Stimmen Sie ihr/ihm zu und bestärken Sie ihre/seine Argumente mit Beispielen.

ÖSD **2 Schreiben Aufgabe 2**

Wählen Sie A oder B und schreiben Sie einen Text (ca. 120 Wörter). Gehen Sie auf alle vier Punkte ein.

- Was denken Sie über diese Äußerungen/Schlagzeilen?
- Begründen Sie Ihre persönliche Meinung.
- Beschreiben Sie eigene Erfahrungen (oder Erfahrungen von Freundinnen/Freunden) zum Thema.
- Wie ist die Situation in Ihrem Land?

A

Sie haben im Deutschkurs über das Thema **„Wie Medien unsere Wahrnehmung beeinflussen"** diskutiert. Dabei fielen folgende Äußerungen:

> *Wir lassen uns eher von Nachrichten beeinflussen, die unsere eigene Meinung abbilden. Nur selten lassen wir uns mithilfe der Medien von etwas anderem überzeugen.*

> *Medien sind sehr wichtige Informationsquellen und spielen eine große Rolle beim lebenslangen Lernen.*

> *Die meisten Menschen konsumieren vor allem negative Nachrichten. Wir sollten uns auf positive Nachrichten konzentrieren, die über Verbesserungen in der Welt berichten.*

B

Sie haben in verschiedenen Zeitungen diese Schlagzeilen zum Thema „**Digitale Kommunikation**" gelesen:

Verlernen wir die Sprache?
Rechtschreibung und Grammatik
leiden bei digitaler Kommunikation.

Online Freundschaften
Eine Studie zeigt, dass Jugendliche lieber
online kommunizieren, statt sich zu treffen.

Digitaler Austausch im Beruf immer wichtiger: 67 % der Berufstätigen zwischen 30 und
49 Jahren finden den digitalen Austausch nützlicher als das persönliche Gespräch.

> **Tipp:** Sie haben in der Prüfung ca. 45 Minuten Zeit. Überfliegen Sie A und B und entscheiden
> Sie sich schnell für ein Thema. Die Äußerungen/Schlagzeilen dienen als Impuls, um Ihre eigene
> Meinung zu äußern. Sie können in Ihrem Text auf einzelne oder alle Äußerungen eingehen.
> In der ÖSD-Prüfung dürfen Sie ein Wörterbuch benutzen.

GI **3 Lesen Teil 5**

Sie sind Studentin/Student und informieren sich über die Wahlen zum Studierendenparlament.

Zu welchen Überschriften (a–h) passen die Paragrafen (§1–4)? Lesen Sie die Wahlordnung und ordnen
Sie zu. Vier Überschriften werden nicht gebraucht.

WAHLORDNUNG
für die Wahlen zum
Studierendenparlament (StuPa)

Inhaltsverzeichnis

a ☐ Aufgaben des StuPa

b ☐ Widerspruch gegen das Wahlergebnis

c ☐1 Geltungsbereich und Wahlgrundsätze

d ☐ Wahlberechtigung

e ☐ prozentuale Wahlbeteiligung

f ☐ Wahltermin und Fristen

g ☐ Wählbarkeit und Wahlprozess

h ☐ Zusammensetzung des StuPa

§ 1 Die Vertreter/innen der Studierenden werden in allgemeiner, unmittelbarer, freier, gleicher und geheimer Wahl gewählt. Das Studierendenparlament wird für einen Zeitraum von zwei Semestern gewählt.

§ 2 Alle an der Universität mindestens 30 Tage vor dem Wahltag eingeschriebenen und im Wählerverzeichnis eingetragenen Studierenden sind wahlberechtigt. Das Wählerverzeichnis liegt zur Einsichtnahme im Studierendenbüro aus. Gasthörer/innen dürfen an der Wahl nicht teilnehmen.

§ 3 Die Wahl zum Studierendenparlament ist eine Listenwahl. Es können sich alle an der Universität eingeschriebenen und im Wählerverzeichnis eingetragenen Studierenden zur Wahl stellen und auf die Listen setzen lassen. Die Wahlvorschläge müssen spätestens am 10. Tag vor dem Wahltag beim Wahlausschuss schriftlich eingereicht werden. Die Listen müssen die Namen der Kandidierenden, ihre Anschriften und Matrikelnummern sowie ihre eigenhändige Unterschrift enthalten. Werden Kandidierende nicht zugelassen, ist innerhalb von fünf Tagen Widerspruch beim Wahlausschuss möglich. Jede/r Wahlberechtigte hat insgesamt drei Stimmen. Diese können auf verschiedene Listen und/oder Bewerber/innen verteilt werden. Pro Person können eine bis drei Stimmen abgegeben werden.

§ 4 Jede/r Wahlberechtigte kann gegen den Ausgang der Wahl Beschwerde einreichen. Diese muss in schriftlicher Form innerhalb einer Frist von 14 Tagen nach Veröffentlichung des Wahlergebnisses beim Wahlausschuss schriftlich und begründet erfolgen.

> **Tipp:** Lesen Sie zuerst die Überschriften a-h, dann die Paragrafen (§). Der erste Paragraf ist als Beispiel
> vorgegeben. Zu jedem Paragraf passt genau eine Überschrift, die die Informationen des Paragrafen
> zusammenfasst. Markieren Sie beim Lesen Schlüsselwörter, die zu den Überschriften passen.

Alltagsgeschichten

1 Es war einmal … Welche Wörter passen? Ergänzen Sie im Text.

Bibel – Buchdruck – Höhlenmalerei – Kommunikationsform – Märchen – Menschheit – Pergament

Die Kunst des Erzählens ist so alt wie die _____¹ selbst. Dass Menschen auch früher schon

mit Bildern Informationen übermittelt haben, zeigt die _____². Viele Jahrtausende später

entwickelte sich die Schrift als _____³. Bei Erzählformen wie z.B. _____⁴ war

die mündliche Wiedergabe jedoch lange Zeit üblich, da nur wenige lesen und schreiben konnten und Texte

mühsam mit der Hand abgeschrieben werden mussten. Erst mit dem _____⁵, den Johannes

Gutenberg im 15. Jahrhundert erfand, wurde es einfacher, Texte zu kopieren. Das erste Buch, das in seiner

Mainzer Werkstatt auf Papier und _____⁶ gedruckt wurde, war die _____⁷,

eines der berühmtesten Bücher der Welt.

2 Texte für Augen und Ohren

2.1 Welches Verb passt? Ergänzen Sie.

aufführen – belohnen – fesseln – geben – ~~veranstalten~~ – vorlesen

1 ein Konzert   *veranstalten*

2 Autogramme _____

3 ein Theaterstück _____

4 die Autorin mit Applaus _____

5 eine Passage aus einem Text _____

6 das Publikum mit spannenden Geschichten _____

2.08 **2.2 Wer sagt was? Hören und ordnen Sie zu.**

a ☐ Es waren nur wenige Leute da, aber trotzdem gab es für alle einen großen Applaus.

b ☐ Das Publikum war begeistert, Beifall begleitete das letzte Stück.

c ☐ Es wurde ein modernes Stück aufgeführt, das beim Publikum sehr gut ankam.

2.08 **2.3 Was passt? Ergänzen Sie die Redemittel. Hören Sie dann noch einmal und vergleichen Sie.**

war nicht so gut besucht – war neulich bei – klatschte das Publikum – bekamen viel Beifall –
das Publikum war begeistert – alle Plätze waren ausverkauft – wurde ein klassisches Stück aufgeführt

1 👍 Ich war letzte Woche bei einer Theateraufführung meiner Schule. Der Saal war zu meiner Überra-

   schung voll – _____! Es wurde ein zeitgenössisches Stück aufge-

   führt. Die Stimmung war super und _____!

2 💬 Letzten Monat spielte das Bernheimer Symphonie-Orchester in unserer Stadthalle. Es _____

   _____: das 5. Klavierkonzert von Beethoven. Am Ende des Abends, als das

   Orchester eine Zugabe gab, _____ im Takt der Musik mit. Es war

   ein unvergesslicher Abend!

3 👍 Ich _____ einem Science Slam. Dort präsentierten junge

Studierende ihre Forschungsprojekte. Die Veranstaltung _____ ,

was ich echt schade fand, denn die meisten Beiträge waren wirklich sehr gut. Alle Teilnehmerinnen

und Teilnehmer _____ .

2.4 Und Sie? An welche (fiktive) Veranstaltung haben Sie besonders gute oder schlechte Erinnerungen? Warum? Schreiben Sie einen Text wie in 2.3. Die Redemittel auf Seite 145 im Kursbuch helfen.

2.5 Arbeiten Sie zu zweit. Tauschen Sie Ihren Text aus 2.4 mit dem Text Ihrer Partnerin / Ihres Partners. Hat die Veranstaltung wirklich stattgefunden? Vermuten Sie und tauschen Sie sich aus.

3 Lebendig erzählen

3.1 Welches Präsens wird benutzt? Lesen Sie und ordnen Sie zu.

1 ☐ „normales" Präsens   2 ☐ szenisches Präsens   3 ☐ historisches Präsens

a

Stell dir vor: Da stehe ich vorhin an der Kasse und der Kassierer sagt allen Ernstes zu mir: „Bist du nicht Bianca Böttcher? Ich finde deine Geschichten super!" Der scheint mich von der Lesebühne zu kennen! Ich stehe einfach nur blöd da und weiß gar nicht, was ich sagen soll!

b

Hey du! Ich bin gerade im Supermarkt. Kann ich noch etwas für dich mitbringen? Ruf mich doch einfach zurück, wenn du diese Nachricht hörst und du dir etwas wünschst. Ansonsten sehen wir uns nachher! Bis später!

c

Der Mauerfall

Am 9. November 1989 fällt die Berliner Mauer. Tausende Menschen gehen auf die Straße oder Klettern auf die Mauer und feiern die offenen Grenzen …

3.2 Was ist falsch? Lesen Sie die Texte in 3.1 und die Regeln im Grammatikkasten noch einmal und streichen Sie die falschen Informationen durch.

> **Über die Vergangenheit sprechen: szenisches Präsens / historisches Präsens**
>
> Man benutzt das szenische Präsens, um Handlungen *in der Gegenwart / in der Vergangenheit* lebendiger und spannender zu beschreiben. Auch *geschichtliche/aktuelle* Ereignisse können mit dem Präsens beschrieben werden. In diesem Fall spricht man vom historischen Präsens. Beide Präsensformen sollen *Nähe/Distanz* zu den Lesenden oder Zuhörenden bewirken.

4 Geschichten im Kurs. Wählen Sie eine Aufgabe (A oder B) und schreiben Sie einen kurzen Text im szenischen bzw. historischen Präsens.

A
Recherchieren Sie Informationen zu einem historischen Ereignis und beschreiben Sie in 5–10 Sätzen, was passiert ist.

B
Schreiben Sie einer Freundin / einem Freund und erzählen Sie in 5–10 Sätzen, was Sie gestern erlebt haben.

Mit Farben und Formen erzählen

1 Eine Vernissage

1.1 Wie heißen die Nomen? Suchen Sie in der Wortschlange und markieren Sie.

1.2 Unterstreichen Sie in der Wortschlange in 1.1 die drei Kunstformen und finden Sie dazu jeweils drei Unterbegriffe. Erstellen Sie eine Mindmap und ergänzen Sie sie mit weiteren Begriffen.

das Foto — die Kamera — die/der Fotograf/in — **Fotografie**

1.3 Was wissen Sie über die verschiedenen Kunstformen? Schreiben Sie fünf bis zehn Sätze mit den Wörtern aus der Mindmap.

Das erste Foto entstand Anfang des 19. Jahrhunderts. Der Fotograf war …

2 Irgendwie erinnern mich die Gemälde an …

2.1 Was passt? Lesen und ergänzen Sie.

Es erzeugt in mir – ~~Es wirkt auf mich, als ob~~ – Ich habe den Eindruck, dass – Es erinnerte mich an – Ich habe das Gefühl, als – Mein erster Eindruck ist

Sina: Hi, Freunde! Meine Kunstklasse macht nächsten Monat eine Ausstellung und wisst ihr was? ICH werde die Ausstellung kuratieren. Toll, oder? 😊 Ich schicke euch nachher ein paar Kunstwerke und bräuchte eure Meinung. Ich bin gespannt, wie sie auf euch wirken. Hinterlasst mir doch einfach eine kurze Nachricht!

Jonas: Hi Sina, das sieht ja super aus! Mir gefällt vor allem das Bild der Installation. *Es wirkt auf mich, als ob* [1] die Künstlerin sagen wollte, dass wir die kleinen Dinge im Alltag oft nicht schätzen und zufriedener sein sollten mit dem, was wir haben. [2] ein starkes Gefühl von Dankbarkeit und zeigt mir, dass es mir eigentlich ganz gut geht. Danke fürs Teilen!

Ludmilla: Liebe Sina, das ist ja eine tolle Nachricht! Das schwarze Bild finde ich aber, um ehrlich zu sein, nicht so toll. [3] stünde ich in einem kalten, dunklen Keller. [4] das Foto beim Betrachter ein bestimmtes Gefühl von Angst und Verzweiflung hervorrufen möchte. Auf mich wirkt es also sehr bedrückend. Geht es anderen auch so? Ich bin gespannt auf die Ausstellung!

Max: [5] durchaus positiv! Das bunte Gemälde ließ am Anfang in mir ein Gefühl von Ruhe und Harmonie entstehen. [6] eine Blumenwiese. Aber als ich es dann von Nahem betrachtet habe, sah es plötzlich so aus, als wäre das Ganze nur ein wildes, chaotisches Durcheinander von Farben! Ein Kompliment an die Malerin!

2.2 Wiederholung: irreale Vergleiche. Ergänzen Sie die Verben im Konjunktiv II der Gegenwart oder Vergangenheit. Der Grammatikanhang (B 2.6) hilft.

1 Das Bild wirkt auf mich, als ob es sich *bewegen würde* (bewegen).

2 Es sieht so aus, als _____ die Künstlerin ganz schnell _____ (malen).

3 Das Foto erweckt den Eindruck, als _____ es im Frühling _____ (entstehen).

4 Es fühlt sich so an, als _____ es in dieser Performance um etwas Wichtiges (gehen).

5 Ich habe das Gefühl, als _____ ich, wie es der Person auf dem Gemälde geht (wissen).

6 Das Bild gibt mir das Gefühl, als _____ ich in die Tiefe _____ (schauen).

2.09 🔊 **2.3** Phonetik: flüssig sprechen. Hören Sie die Sätze aus 2.2 und markieren Sie die Haupt- und Nebenakzente.

2.10 🔊 **2.4** Wie wirkt das Kunstwerk auf Sie? Hören Sie die Fragen und antworten Sie mit den Sätzen aus 2.2. Sprechen Sie möglichst flüssig und achten Sie auf die Akzente.

> *Wie wirkt das Bild auf dich?*

> *Das Bild wirkt auf mich, als ob es sich bewegen würde.*

2.5 Recherchieren Sie im Internet ein Kunstwerk von Ihrer Lieblingskünstlerin / Ihrem Lieblingskünstler und schreiben Sie in fünf Sätzen, wie das Kunstwerk auf Sie wirkt.

3 Man wünsche sich ein großes Interesse, so der Bürgermeister.

2.11 🔊 **3.1** Über welche Themen wird gesprochen? Hören Sie das Interview und kreuzen Sie an.

1 ○ finanzielle Förderung der Hochschule   3 ○ Kunst im öffentlichen Raum
2 ○ Finanzierung von Kunststipendien   4 ○ die Natur als Thema der Ausstellung

2.11 🔊 **3.2** Was ist richtig? Hören Sie noch einmal und kreuzen Sie an.

1 ○ Die Direktorin sagte in ihrer Eröffnungsrede, sie <u>wolle</u> sich bei der Stadt bedanken.
2 ○ Die Direktorin schrieb, dass die Kunsthochschule Geld für die Ausstellung brauche.
3 ○ Eine Leserin schrieb, dass die Stadt mehr Geld für Kunst ausgeben solle.
4 ○ Der Bürgermeister bedauert, dass die Mehrheit der Kasseler sich nicht für Kunst interessiere.
5 ○ Die Kuratorin gab an, dass es eine Ausstellung sei, für die man kein Expertenwissen brauche.
6 ○ Der Bürgermeister erklärt, dass die Kunst sich mit Alltagsgegenständen auseinandersetze.

3.3 Was ist richtig? Unterstreichen Sie in 3.2 die Verben im Konjunktiv I. Ergänzen Sie dann die Formen im Grammatikkasten und streichen Sie die falschen Informationen durch.

Indirekte Rede mit dem Konjunktiv I (3. Person Singular)

Den Konjunktiv I der 3. Person Singular (er/es/sie) bildet man mit dem Verbstamm + der Endung

-e . Eine Ausnahme ist *sein: er/es/sie* _____ .

Man benutzt die indirekte Rede mit dem Konjunktiv I vor allem in *formellen/informellen* Texten. Der Konjunktiv I ermöglicht es, beim Zitieren deutlich zu machen, dass man nicht genau weiß, *wie man die Aussage findet / ob die Aussage stimmt*.

3.4 Wie heißen die Verbformen? Ergänzen Sie Konjunktiv I in der 3. Person Singular.

Infinitiv	sein	haben	werden	können	wollen	wissen	geben
Konjunktiv I (er/es/sie)	*sei*						

3.5 Was passt? Ergänzen Sie die Verben im Konjunktiv I.

Im Interview erklärte die Direktorin der Kunsthochschule, sie *sei* _____ [1] (*sein*) vom Konzept der Ausstellung begeistert. Wie sie noch einmal betonte, _____ [2] (*sein*) es eine Ausstellung für alle: Man _____ [3] (*müssen*) kein Expertenwissen haben, um die Ausstellung genießen zu können. Sie _____ [4] (*schätzen*) die Arbeit der Kuratorin sehr und _____ [5] (*wissen*), dass die Kunsthochschule ihr viel zu verdanken _____ [6] (*haben*). Zudem teilte sie mit, dass sie das Engagement aller Beteiligten grandios _____ [7] (*finden*) und sich zukünftig ähnliche Ausstellungen vorstellen _____ [8] (*können*).

3.6 Was sagte die Direktorin? Lesen Sie den Text in 3.5 noch einmal und formulieren Sie in direkte Rede um.

Direktorin: „Ich bin vom Konzept der Ausstellung begeistert. Es ist ...“

3.7 Was wurde die Direktorin gefragt? Schreiben Sie indirekte Fragen mit dem Konjunktiv I.

1 „Was halten Sie vom Konzept der Ausstellung?" 3 „Wie finden Sie die Arbeit der Kuratorin?"
2 „An wen richtet sich die Ausstellung?" 4 „Wird es in Zukunft ähnliche Austellungen geben?"

1 Die Journalistin fragte die Direktorin, was sie vom Konzept der Kunstausstellung halte.

4 Reaktionen

2.12 🔊 **4.1** Was ist das Besondere an der Ausstellung? Hören Sie das Interview mit der Kuratorin und kreuzen Sie an.

1 ⃝ Die Ausstellung besteht nur aus Installationen.
2 ⃝ Teile der Ausstellung finden im öffentlichen Raum statt.
3 ⃝ Die Ausstellung wurde vom örtlichen Einkaufszentrum finanziert.

2.12 🔊 **4.2** Was sagt die Kuratorin? Hören Sie noch einmal und kreuzen Sie an.

1 ⃝ Die Kuratorin berichtete, einige Kunstwerke befänden sich auf der Straße.
2 ⃝ Sie erklärte, dass einige Kunstwerke in der Innenstadt zu sehen seien.
3 ⃝ Sie wies darauf hin, dass Cafégäste beim Kaffeetrinken Kunst genießen könnten.
4 ⃝ Sie betonte, auch lokale Einkaufszentren hätten Interesse.
5 ⃝ Sie sagte, zwei Künstlerinnen würden im Café eine Live-Performance aufführen.
6 ⃝ Wie sie schon befürchtete, seien die ersten Rückmeldungen zur Ausstellung leider negativ.

4.3 In welchen Sätzen steht das Verb im Konjunktiv II? Unterstreichen Sie in 4.2 und notieren Sie die Konjuktivformen in einer Tabelle.

Infinitiv	Konjunktiv I	Konjunktiv II
1 *sich befinden*	*sie befinden (sich)*	*sie befänden (sich)*

4.4 Konjunktiv I oder II? Lesen Sie die Sätze in 4.2 noch einmal und ergänzen Sie den Grammatikkasten.

Indikativ – Konjunktiv I (2x) – Konjunktiv II

Indirekte Rede mit dem Konjunktiv I und Konjunktiv II (3. Person Plural)

Weil der *Konjunktiv I* _____ und der _____ in der 3. Person Plural (*sie*) identisch sind, nutzt man in der indirekten Rede den _____ . Nur bei *sein* ist der _____ möglich.

4.5 Was passt? Ergänzen Sie die Verben im Konjunktiv I oder II.

Die Kuratorin der Ausstellung sagte, ...

1 die ausgestellten Kunstwerke *seien* die Abschlussarbeiten der Studierenden *(sein)*.

2 die Studierenden _____ sich über die Aufmerksamkeit der Presse _____ *(freuen)*.

3 alle Kunsthochschulen in Deutschland _____ eigentlich eine zusätzliche finanzielle Unterstützung vom Staat *(brauchen)*.

4 die meisten Leute _____ die kulturellen Aktivitäten _____ *(begrüßen)*.

5 die Journalistinnen und Journalisten _____ durch ihre positive Berichterstattung einen wesentlichen Anteil am Erfolg der Ausstellung *(haben)*.

6 alle, die die Ausstellung besuchen wollen, _____ online einen Stadtplan herunterladen *(können)*.

4.6 Was sagen die Leute? Schreiben Sie Sätze in der indirekten Rede. Benutzen Sie den Konjunktiv I oder II.

1 Oleg und Marusja: „Wir genießen die Atmosphäre in der Innenstadt."
2 Anna: „Mir gefallen die Installationen und Skulpturen sehr."
3 Herr und Frau Burckhardt: „Unserer Meinung nach kosten solche Ausstellungen zu viel Geld."
4 Nguyen: „Alle Beteiligten leisten meiner Meinung nach fantastische Arbeit!"
5 Hamid: „Ich finde es super, dass die Kunstwerke auch in meinem Lieblingscafé zu sehen sind."
6 Layla: „Ist den Leuten klar, dass nicht alle Interesse an Kunst haben?"
7 Frau Wieland: „Mein Mann und ich freuen uns sehr auf die Performances im Einkaufszentrum."

1 Oleg und Marusja sagen, dass sie die Atmosphäre in der Innenstadt sehr genießen würden.

5 Strategietraining: Gesagtes wiedergeben

5.1 Was passt? Lesen Sie die Regeln im Strategiekasten und kreuzen Sie an. Das Strategievideo hilft.

Gesagtes wiedergeben	Indikativ	Konjunktiv
1 Bei der indirekten Rede steht das Verb im	○	○
2 Im Alltag benutzt man bei der Redewiedergabe oft den	○	○
3 In Nachrichten oder Zeitungsartikeln benutzt man meist den	○	○
4 Wenn man sich vom Gesagten distanziert, steht das Verb im	○	○
5 Bei Präpositionen wie *laut* oder *nach* steht das Verb im	○	○

Durch die Wahl des redeeinleitendes Verbs kann man die Intention der Sprecherin / des Sprechers deutlich machen und/oder zeigen, dass man die Aussage anzweifelt.

5.2 Welches Verb passt nicht? Lesen Sie die Sätze und streichen Sie das falsche Verb durch.

1 Der Bildhauer ~~kritisierte~~/betonte, dass seine Skulpturen die Menschen erfreuen würden.
2 Die Performancekünstlerin *berichtete/schlug vor*, dass die Besucher begeistert seien.
3 Die Kuratorin *befürchtete/sagte*, dass die Kunstwerke die Leute zum Nachdenken bringen sollten.
4 Der Leiter des Einkaufszentrums *erklärte/forderte*, dass die Leute ihn zu Unrecht kritisieren würden.
5 Die Journalisten *bedauerten/wiesen darauf hin*, dass die Ausstellungsräume frei zugänglich seien.

5.3 Sprachmittlung: Wie gibt man in Ihrer Muttersprache wieder, was jemand gesagt hat? Gibt es dafür eine besondere Verbform? Geben Sie Beispiele und tauschen Sie sich aus.

> *Im Niederländischen gibt es keine Möglichkeit, mit einem Verb zu zeigen, dass man zitiert. Hier benutzt man immer den Indikativ.*

> *Im Französischen ist es anders als im Deutschen: Hier ist die Zeitform des Verbs im einleitenden Satz entscheidend für die Zeitform der indirekten Rede ...*

11

Geschichten im Netz

1 Unterhaltung für Augen und Ohren

1.1 Welche Überschrift passt? Lesen Sie den Artikel und ordnen Sie zu.

Theater als Stream – Die richtige Atmosphäre – Ein Blick hinter die Kulissen – Konkurrenz aus dem Netz

Theater und Oper vom Sofa aus

Ina Lamprecht trägt ein schwarzes Kleid, roten Lippenstift und Make-up, als ich sie an einem Mittwochabend in ihrer Wohnung in Münster besuche. Auf dem Sofa sitzt schon in ähnlichem Outfit ihre Freundin Mara
5 Janssen und drückt mir zur Begrüßung ein Sektglas in die Hand. Gehen sie auf eine Party? Falsch!
Einmal im Monat treffen sich die Freundinnen, um sich eine Oper im Live-Stream anzuschauen – ganz bequem auf dem Sofa, aber gekleidet nach dem Dresscode für
10 Oper und Theater.

Live-Veranstaltungen in Echtzeit zu übertragen, genieße beim Publikum zunehmende Beliebtheit, wie Massimo Cicarelli, Dramaturg an der Staatsoper, erklärt. Durch
15 dieses Format habe ein Großteil der Theater und Opernhäuser seine Reichweite bereits stark vergrößert. Um ein breites Publikum ansprechen zu können, seien digitale Live-Formate in den letzten Jahren immer wichtiger geworden. Wie wir alle wissen, haben Online-Streaming-

20 Dienste eine so große Auswahl an Filmen, Serien, Live-Konzerten und Stand-up-Comedy, dass die Leute es oft vorziehen, zu Hause zu bleiben, statt auszugehen – und das leider nicht nur an regnerischen Tagen. Das Theater etwa habe schon lange unter der Konkurrenz
25 durch das Kino gelitten, aber mit den Streaming-

Diensten, seien die Besucherzahlen noch stärker zurückgegangen.

Wie Cicarelli betont, sei es wichtig, die Menschen dort zu erreichen, wo sie die Konzerte und Vorstellungen 30 genießen möchten, nämlich in ihren Wohnzimmern. Als Theatermacher*innen des Ulmer Theaters bereits 2012 ihre ersten Streams ins Internet stellten und sich herausstellte, dass dieses Format besonders erfolgreich war, seien unzählige Kulturhäuser ihrem Beispiel ge- 35 folgt, so auch die Staatsoper, die einen Großteil ihres Spielplans mittlerweile als Live-Stream und Video-on-demand online zur Verfügung stellt.

Cicarelli erklärt, es sei eine gute Idee gewesen, in 40 zusätzlichen Clips Informationen über die Produktion und die Akteure sowie Interviews anzubieten. Denn alle, die sich eine Vorstellung anschauen würden, hätten damit interessante Hintergrundinformationen. Auch Ina Lamprecht und Mara Janssen nutzen die Vorteile 45 des Streamings. Früher hätten sie nach dem Besuch eines Stücks lange im Internet nach weiteren Informationen zu Sänger*innen und Komponist*innen gesucht. Heute fänden sie es großartig, alles mit einem Klick zu bekommen. 50

Auf meine Frage, ob die Couch für eine Oper denn das richtige Setting sei, entgegnet Lamprecht, dass das heimische Sofa zwar kein Opernhaus sei, aber dass es keineswegs schwer sei, die richtige Atmosphäre zu 55 schaffen. Wie sie das machen? Ich habe es schon verraten: mit Sekt und dem richtigen Dresscode! Prost und viel Spaß beim Streamen!

1.2 Wo steht es? Lesen Sie den Artikel in 1.1 noch einmal, unterstreichen Sie und notieren Sie die Zeilen.

1 Ein Großteil der Theater und Opern hat seine Reichweite stark vergrößert. *Zeile 14–16*

2 Digitale Live-Formate sind immer wichtiger geworden. _____

3 Das Theater hat lange unter der Konkurrenz durch das Kino gelitten. _____

4 Durch Streaming-Dienste sind die Besucherzahlen stark zurückgegangen. _____

5 Viele Kulturhäuser sind dem Beispiel des Ulmer Theaters gefolgt. _____

6 Es war eine gute Idee, in zusätzlichen Clips weitere Informationen anzubieten. _____

7 Ina Lamprecht und Mara Janssen haben früher lange nach Informationen gesucht. _____

1.3 Was passt? Lesen Sie Ihre unterstrichenen Sätze im Artikel von 1.1 noch einmal und kreuzen Sie an.

> **Indirekte Rede in der Vergangenheit**
>
> Wenn man Aussagen über die Vergangenheit wiedergibt, benutzt man die indirekte Rede mit dem Konjunktiv I oder II der Vergangenheit.
>
> Für die indirekte Rede in der Vergangenheit benutzt man
> in der 3. Person Singular den ◯ *Konjunktiv I* / ◯ *Konjunktiv II* von *haben/sein* + Partizip II
> in der 3. Person Plural den ◯ *Konjunktiv I* / ◯ *Konjunktiv II* von *sein* + Partizip II
>   und den ◯ *Konjunktiv I* / ◯ *Konjunktiv II* von *haben* + Partizip II

1.4 Was passt? Ergänzen Sie die Verben in indirekter Rede in der Vergangenheit.

Ina Lamprecht sagt,

1 die Oper ___*sei*___ schon immer ihre Leidenschaft ___*gewesen*___ (*sein*).

2 sie _____ lange nicht die Möglichkeit _____, in die Oper zu gehen (*haben*).

3 das Live-Angebot der Oper _____ sie _____ (*begeistern*).

4 die Sängerinnen und Sänger _____ überzeugend _____ (*singen*).

5 es _____ auf der Webseite der Oper viele zusätzliche Informationen _____ (*geben*).

6 sie _____ es allen _____, sich mal ein Live-Stream anzuschauen (*empfehlen*).

7 auch ihre Freundinnen und Freunde _____ beeindruckt _____ (*sein*).

8 viele _____ mittlerweile große Opernfans _____ (*werden*).

1.5 Was sagen und fragen die Personen? Wählen Sie ein passendes Verb und schreiben Sie Sätze in der indirekten Rede in der Vergangenheit.

bedauern – betonen – ~~erzählen~~ – sich fragen – hinweisen auf – kritisieren

1 Neslihan Bükey: „Meinem Mann und mir hat die gestreamte Oper gut gefallen."
2 Jan Swiers: „Mein Internet-Empfang war leider nicht stark genug."
3 Alexander Ullrich: „Die Schauspielerinnen und Schauspieler haben sich keine Mühe gegeben."
4 Lena Erdinger: „Waren die Theater-Streams genauso erfolgreich wie die Live-Vorstellungen?"
5 Nora Coetzee: „Die Theater-Streams haben mir echt den Abend versüßt!"
6 Frederik Lenz: "Ich habe die Streams als MP4-Datei heruntergeladen."

1 Neslihan Bükey erzählte, dass ihrem Mann und ihr die gestreamte Oper gut gefallen habe.

2 Erzählen im Zeitalter des Internets. Was passt? Ergänzen Sie die Sätze.

herausfiltern – herumstöbern – überfliegen – vermitteln – zwischenschalten

1 Die kostenlose Musik-App ist nervig, weil sie dort immer Werbung _____.

2 Aus Podcasts kann man nicht so schnell Informationen _____.

3 Man kann stundenlang im Internet _____.

4 Wenn man den ganzen Blog nicht lesen möchte, kann man ihn _____.

5 Video-Tutorials _____ die unterschiedlichsten Lerninhalte.

11

✎ **Eine Bildergeschichte**

1 Mit Bildern erzählen

1.1 Welche Wörter sind hier versteckt? Suchen Sie in der Wortschlange und markieren Sie.

UIGUZCOMICSZIGGRAPHICNOVELSNKLNLMANGASGHVHJANIMATIONENUG.IKARIKATURENHVJBHZEICHENTRICKFILMEBJLNS

1.2 Welches Wort passt? Ergänzen Sie die Wörter aus 1.1. Ein Wort bleibt übrig.

1 _____ erfreuten sich zuerst in Asien großer Beliebtheit.

2 In _____ werden prominente Personen oft satirisch dargestellt.

3 _____ sind handgezeichnete Animationsfilme.

4 Mickey Maus ist die weltweit bekannteste Figur der Disney-_____.

5 _____ sind oft komplexe Geschichten, die auf Romanen basieren.

2 Eine Spiegelbildgeschichte. Wählen Sie eine Aufgabe (A oder B) und schreiben Sie einen kurzen Text.

A
Was passiert? Schreiben Sie die Bildergeschichte auf Seite 140 im Kursbuch
aus der Perspektive der Frau. Benutzen
Sie das szenische Präsens.

B
Was würden Sie machen, wenn Sie durch
den Spiegel gehen könnten? Was würden
Sie dort im „Spiegelland" erleben?

◁)) ◯ **Fortsetzung folgt**

1 Wieder „gebingewatcht"? Was bedeuten die Wörter? Verbinden Sie.

1 die Staffel
2 die Folge
3 das Drehbuch
4 die Hauptrolle
5 die Nebenrolle
6 der Cliffhanger

a Filmtext mit Dialogen und Regieanweisungen
b das Ende einer Folge oder Staffel, das neugierig macht
c kleinere Rolle in einem Film oder eine Serie
d eine einzelne Episode einer Serie
e eine Reihe von Folgen
f die wichtigste Rolle in einem Film oder einer Serie

2 Ihre Lieblingsserie / Ihr Lieblingsfilm

2.1 Welches Verb passt? Ergänzen Sie die Verben in der richtigen Form.

~~beruhen auf~~ – erzählen – gehen um – handeln von – rauskommen – zeigen

1 Der Film _beruht auf_ einer wahren Geschichte.

2 Im Film _____ es _____ eine junge Frau, die ihre Familie sucht.

3 Die Serie _____ einem Mann, der Superkräfte hat.

4 Der Film _____ die Geschichte von einem Soldaten im Zweiten Weltkrieg.

5 Alle zehn Monate _____ eine neue Staffel _____.

6 Die Serie _____ die Welt aus der Sicht eines Politikers.

Ü 150 Geschichten erzählen

2.13 🔊 **2.2** Worum geht es in der Radiosendung? Hören Sie und kreuzen Sie an.

1 ◯ Serien vs. Filme   **2** ◯ Seriensucht   **3** ◯ die besten Cliffhanger

2.14 🔊 **2.3** Kennen Sie die Serie *Kudamm 56*? Hören Sie weiter und machen Sie Notizen zu den Fragen.

– Wovon handelt die Serie?
– Was wird über die Schauspielerin gesagt?
– Wie werden die Figuren dargestellt?

– Wie wurde die Serie vom Publikum bewertet?
– Was wurde von den Kritikern gelobt?
  Was bemängelt?

– *Eine junge Frau (Monika Schöllach) zieht 1956 zu ihrer Mutter zurück, sie ...*

2.4 Und was ist Ihr Lieblingsfilm / Ihre Lieblingsserie? Schreiben Sie einen kurzen Text. Die Fragen in 2.3 und die Redemittel auf Seite 145 im Kursbuch helfen.

Geschichten für die Nachwelt

1 Das Archiv der Menschheit

1.1 Was passt? Ergänzen Sie.

eingravieren – entschlüsseln – Festplatte – Lebensdauer – ~~Nachwelt~~ – Speichermedium – speichern – überdauern

Wäre es keine schöne Idee, wenn man das ganze Wissen der Welt der

___Nachwelt___ [1] hinterlassen könnte? Die Frage ist jedoch,

wie man diese Unmenge an Informationen _____ [2]

soll. Ein USB-Stick ist als _____ [3] für Abertausende

von Terabytes wohl kaum geeignet. Man bräuchte also etwas mit viel

Speicherkapazität, zum Beispiel eine riesige _____ [4].

Das Problem ist, dass die _____ [5] der meisten Speichermedien nicht sehr

lang ist. Und wenn die Datenträger verschwinden, werden auch die Informationen keine

Jahrhunderte _____ [6]. Vielleicht sollten wir wieder einfach alles in Stein

_____ [7]? Aber ob man unsere Schriftzeichen in ein paar Hundert Jahren

noch _____ [8] kann?

1.2 Was ist eine Zeitkapsel? Lesen Sie den Artikel und kreuzen Sie an.

1 ◯ eine alte Taschenuhr   **2** ◯ eine Botschaft an die Zukunft   **3** ◯ ein großes Kirchenarchiv

Nachrichten aus unserer Region – heute Helsa
von Elke Blumenstein

Die Sonne scheint an jenem Julimorgen noch müde zwischen den Kastanienbäumen des Kirchplatzes hindurch, als mich eine fröhliche Stimme im Eingang des Kirchturms begrüßt. Sabine Klinge, die seit 2018 als Pfarrerin in Helsa, einem kleinen Dorf im hessischen Bergland, arbeitet, führt mich die beinahe 100 Stufen zum Glockenturm hinauf. Während ich schon bereue, in den letzten Wochen nicht mehr Sport gemacht
5 zu haben, erklärt die 65-jährige mir munter, dass dieser Teil des Gebäudes schon älter als 350 Jahre sei. Mindestens so alt fühle auch ich mich, als wir endlich oben ankommen.

Allerdings werde ich mit einem Blick auf eines der idyllischsten Täler belohnt, die ich je in der Region gesehen habe. Und mit einer geheimnisvollen Metall-kiste, die Frau Klinge behutsam in den Händen hält und mir vorsichtig zeigt.

10 Nichts Besonderes, denken Sie? Oh, doch! Denn, wie die Pfarrerin mir er-klärt, sei die Metallkiste eine Zeitkapsel. Sie sei Ende des 17. Jahrhunderts vom damaligen Pfarrer Friedrich Siebert ganz oben in der Kirchenspitze ver-steckt worden, um der Nachwelt einen Einblick in das Leben der damaligen Zeit zu geben. Das Fundstück sei quasi ein 400 Jahre alter analoger Daten-

15 träger, so die Pfarrerin. Als die Kirchengemeinde dieses Jahr das nötige Geld zusammengespart hatte, um das Dach des Kirchturms reparieren zu können, wurde die gut versteckte Kiste durch Zufall entdeckt.

Ich frage die Pfarrerin, was Pfarrer Siebert für die Zeitkapsel denn alles aus-gewählt habe, woraufhin Frau Klinge vorsichtig die Kiste auspackt und mir ein

20 altes Dokument, Münzen, eine Taschenuhr und noch vieles mehr zeigt.

Kirchturm in Helsa

Da ich neugierig bin, was Pfarrer Siebert damals denn so sorgfältig aufgeschrieben hat, bitte ich Frau Klinge mir das Dokument vorzulesen. Laut dem Dokument befinden sich in der Kirche Malereien, die ebenfalls Ende des 16. Jahrhunderts entstanden sind und damit zu den ältesten der Region gehören. Wie die Pfarrerin er-klärt, hoffe man, diese Malereien jetzt unter der weißen Farbe der Kirchwände vorzufinden und wieder sicht-

25 bar machen zu können. Das wäre eine wahre Sensation für Helsa und die Kirchengemeinde!

Da Zeitkapseln lange Zeit eine beliebte Überlieferungsform waren, sind nun auch benachbarte Orte gespannt darauf, welche Geheimnisse sich vielleicht in ihren Kirchtürmen befinden. Die ersten Suchaktionen haben bereits begonnen. Ich denke an all die Stufen in diesen Kirchtürmen und freue mich, den Ausblick noch eine Weile genießen zu können, bevor es wieder runtergeht.

1.3 Lesen Sie den Artikel noch einmal und beantworten Sie die Fragen.

1 Wer hat die Zeitkapsel gefüllt und warum?
2 Wie wurde die Zeitkapsel entdeckt?
3 Was befindet sich in der Zeitkapsel?
4 Welche besondere Information enthielt das Dokument?
5 Was hat der Fund in anderen Orten bewirkt?

2 **Ein persönliches Archiv. Welche Gegenstände aus Ihrer Kultur würden Sie in eine Zeitkapsel stecken? Warum? Wo würden Sie diese Zeitkapsel verstecken? Schreiben Sie einen kurzen Text.**

Kurz berichtet

1 Nachrichten aus aller Welt

1.1 Wie lauten die zwei Nachrichten? Bringen Sie die Textteile in die richtige Reihenfolge und notieren Sie.

1 b, g, …

a Ob die Schülerin die Prüfung wiederholen darf, ist nicht bekannt.

b **Französisch mal anders**

c Der Eingeschlafene durfte nach einer kurzen Befragung im Polizeirevier nach Hause gehen.

d Ingolstadt. In der Ladenpassage am Hauptbahnhof hat ein Kunde eine unruhige Nacht in einem Kleidungsgeschäft verbracht. Wie die Polizei mitteilte, sei der Mann gegen Abend in der Umkleidekabine eingeschlafen und nach Ladenschluss einge-schlossen worden.

e Wie das Sprachinstitut mitteilte, habe sie versucht, die schriftliche Französisch-Prüfung für ihre Tochter abzulegen, da sie sich als Muttersprachlerin eine bessere Note erhoffte. Einer Lehrerin sei jedoch aufgefallen, dass die 41-jährige akzentfreies Französisch sprach. Sie habe dann die Polizei informiert, die die Mutter noch vor Ort verhaftete.

f **Übernachten im Kaufhaus**

g Berlin. Eine belgische Mutter, die ihrer deutschen Tochter bei einer Prüfung helfen wollte, ist am Montag von der Polizei verhaftet worden.

h Wie er den Polizisten erklärte, habe er sich nach einer langen anstrengenden Shoppingtour mit einer Freundin kurz ausruhen wollen. Nachdem er mitten in der Nacht erwacht sei, habe er sich in ein Schaufenster gestellt und winkend um Hilfe gerufen. Passanten hätten die Polizei verständigt, diese wiederum habe eine Angestellte des Ladens angerufen, die den Kunden schließlich befreit habe.

1.2 Strategietraining: Nachrichten verstehen. Ordnen Sie die Textteile in 1.1 den entsprechenden Kategorien zu.

1 Überschrift: *b, f*

2 Hintergrundinformationen (wie/warum?): _____

3 wichtigste Informationen (wer/was/wo/wann?): _____

4 Fazit (Resultat oder Stand der Dinge): _____

1.3 Was passt? Lesen Sie die Tipps und ergänzen Sie.

Ressort – Struktur – Überschriften – Vorwissen – W-Fragen

Nachrichten verstehen

Nachrichten versteht man besser, wenn das eigene _____ aktiviert wird. Es ist also hilfreich, die _____ und Abbildungen zu überfliegen, und darauf zu achten, ob das _____ genannt wird.

Bei Nachrichten im Radio oder Fernsehen ist es hilfreich, sowohl auf die _____ der Nachricht als auch auf die Antworten auf die _____ zu achten.

1.4 Was ist passiert? Lesen Sie die Nachrichten in 1.1 noch einmal und fassen Sie sie schriftlich in eigenen Worten in zwei bis drei Sätzen zusammen.

2 Nachrichten heute

2.15 **2.1** Welche Überschriften passen? Hören Sie zwei Nachrichten und ordnen Sie zu.

a ☐ Chaos im Berufsverkehr   c ☐ Langer Aufenthalt im Aufzug

b ☐ Übernachtung im Aufzug   d ☐ Polizei blitzt ungewöhnlichen Raser

2.15 **2.2** Was ist passiert? Hören Sie die Nachrichten noch einmal und machen Sie Notizen zu den W-Fragen.

Prüfungstraining

1 Lesen Teil 2

Sie lesen in einer Zeitschrift einen Artikel über das Thema „Lesen".

Welche Sätze a bis i passen in die Lücken 1 bis 7? Ordnen Sie zu. Zwei Sätze passen nicht.

Lesen: Sind elektronische Bücher die Zukunft?

Der italienische Schriftsteller Umberto Eco, Autor der weltbekannten Romane „Im Namen der Rose" und „Das Foucaultsche Pendel" hat sie gefürchtet: die elektronischen Lesegeräte.   *a*   [1] „Wir müssen nicht nur die Waldelefanten, die Orang-Utans und die Bären in den Abruzzen retten, sondern auch die Bücher", so Eco.

Selbst wenn das viele so sehen, trauern längst nicht alle um das Buch.   [2] „Das Medium ist linear, langsam, unflexibel, ja fast etwas primitiv." Dennoch habe sich das Buch mehr als 1600 Jahre als eine handliche und übersichtliche Informationsquelle bewährt, sodass es überdauern werde, hält der aus Argentinien stammende Schriftsteller und Bücherliebhaber Alberto Manguel dagegen.   [3] Sie mache es möglich, gleichzeitig mit Augen und Händen zu navigieren – ein großer Vorteil gegenüber der elektronischen Konkurrenz.

  [4] Ein Argument ist, dass es dem veränderten Leseverhalten der Menschen entgegenkomme. Texte werden immer mehr an Bildschirmen gelesen, wie eine Studie der „Stiftung Lesen" zeigt. Auch wenn die ersten E-Book-Lesegeräte zunächst unhandlich waren, ermöglichen sie mittlerweile die lesefreundliche Ansicht ganzer Seiten.   [5] So ermöglichen sie inzwischen auch die Kombination aus Texten, Tönen und bewegten Bildern. Und auch die anfänglichen technischen Probleme – eine geringe Akkulaufzeit und eine schlechte Displayqualität – spielen heute kaum noch eine Rolle. Die Mediengeneration von heute, die mit Smartphones aufwächst, wird vermutlich das Interesse am Buch verlieren.

Nachschlagewerke und Fachbücher haben schnell ihren Weg in das E-Book gefunden, das trifft auch auf viele andere Textsorten zu.   [6] Denn bei ihrer Lektüre will man so tief in das Buch eintauchen, dass man dazu ein passendes Umfeld braucht, z. B. das Bett oder die Parkbank. Vielleicht verspürt man auch Lust auf Eselsohren, Lust auf den Geruch gedruckten Papiers. Hier wird daher, so glauben viele Experten, das Buch weiter punkten.   [7] Und dieser hält sich bei den elektronischen Lesegeräten in Grenzen. Folglich lässt sich sagen: Das Buch ist tot, lang lebe das Buch!

a Das traditionelle Buch zählte er zu den bedrohten Arten. ✔
b Und was spricht für das E-Book?
c Aus diesem Grund sind noch nicht alle vom digitalen Buch überzeugt.
d Auch sei die dreidimensionale Form zu loben.
e Dennoch hat sich das Leseverhalten geändert.
f Außerdem sind neue Produkte auf den Markt gekommen.
g Denn der emotionale Effekt spielt hier die entscheidende Rolle.
h Allerdings ist diese Entwicklung bei Produkten der schönen Literatur nicht so eindeutig.
i Trendforscher Matthias Horx meint, dass das Buch altmodisch sei.

> **Tipp:** Lesen Sie zuerst den Text und danach die Sätze a bis h. Achten Sie beim Zuordnen der Sätze auf den Inhalt des vorangehenden und des folgenden Satzes. Verweiswörter (z.B. Präpositional-pronomen wie *dadurch, dabei* etc.) und Konnektoren können Ihnen helfen, Bezüge zwischen Sätzen zu erkennen. Achten Sie auch auf Zitate und Redewiedergabe: Vor oder nach einem Satz in direkter Rede steht oft ein Satz in indirekter Rede mit dem Konjunktiv I.

2 Hörverstehen Teil 1

telc
2.16

Richtig oder falsch? Hören Sie eine Nachrichtensendung und kreuzen Sie an.

	richtig	falsch
1 Durch die Entdeckung kann man die verschwundene Glocke wiederfinden.	○	○
2 Der Staat unterstützt ab dem 01.07. jedes Start-up-Unternehmen in Berlin.	○	○
3 Die Handlung des Films spielt in Deutschland und in Italien.	○	○
4 Die Schauspielerin Maike Hakatsch hat einen Liebesroman geschrieben.	○	○
5 Im ersten Monat nach der Wiedereröffnung zahlen Erwachsene weniger Eintritt.	○	○

Tipp: Sie hören diese Aufgabe einmal. Sie hören insgesamt sechs Nachrichten, zu denen es fünf Aussagen gibt. Zu einer Nachricht gibt es keine Aussage. In dieser Aufgabe geht es darum, die Hauptaussagen der einzelnen Nachrichten zu verstehen. Kreuzen Sie immer eine Antwort an, auch wenn Sie sich bei der Lösung nicht sicher sind.

3 Sprechen Aufgabe 1: jemanden kennenlernen und beraten

ÖSD

Sie lernen in der Bahn eine Person kennen und unterhalten sich mit ihr über ein Thema.

Wählen Sie zu zweit ein Thema (A, B, C oder D), lesen Sie und sprechen Sie über folgende Punkte:

– Zweck und Ziel Ihrer eigenen Reise
– Ihre Erfahrungen und Ansichten zum Thema
– Tipps und Empfehlungen zum Thema

A umweltfreundliches Reisen

Welche Verkehrsmittel nutzen Sie zu welchem Zweck? Spielt Umweltschutz dabei eine Rolle? Welche Vor- und Nachteile haben die verschiedenen Verkehrsmittel Ihrer Meinung nach?
Geben Sie sich gegenseitig Tipps, wie man umweltfreundlich reisen kann.

B Filme und Serien

Sehen Sie lieber Filme oder Serien? Warum? Sehen Sie lieber das Original mit Untertiteln oder die synchronisierte Fassung in Ihrer Sprache?
Geben Sie sich gegenseitig Tipps für einen Film oder eine Serie und begründen Sie Ihre Empfehlung.

C Kulturveranstaltungen online

Haben Sie schon einmal ein Konzert oder Theaterstück online gesehen? Würden Sie es gern ausprobieren? Welche Vor- oder Nachteile hat eine Online-Kulturveranstaltung gegenüber einer Live-Veranstaltung vor Ort?
Geben Sie sich gegenseitig Tipps, was für eine Veranstaltung man sich gut online anschauen könnte.

D ständig erreichbar mit dem Smartphone

Welche Rolle spielt Ihr Smartphone in Ihrem Leben? Sollte man Ihrer Meinung nach ständig erreichbar sein? Was sind die Vor- und Nachteile der ständigen Erreichbarkeit? Welche Gefahren sehen Sie? Geben Sie sich gegenseitig Tipps, wie man digitalen Stress vermeiden kann.

Tipp: In der Prüfung wird Ihnen das Thema vorgegeben. In diesem Prüfungsteil geht es darum, mit einer Person, die man nicht kennt, ein Smalltalk-Gespräch zu führen. Werden Sie also nicht zu persönlich. Achten Sie auf höfliche Formulierungen und passen Sie die Gesprächsinhalte der Situation an. Wenn Sie keine eigenen Erfahrungen zum Thema haben, geben Sie das im Gespräch ruhig zu und fragen Sie Ihre Gesprächspartnerin / Ihren Gesprächspartner nach ihrer/seiner Meinung.

12 In vollen Zügen genießen

Webcode: niviba

Genussmomente

1 Mit allen Sinnen genießen

1.1 Welche Wörter passen zu den fünf Sinnesorganen? Machen Sie eine Mindmap in Ihrem Heft. Manchmal gibt es mehrere Möglichkeiten.

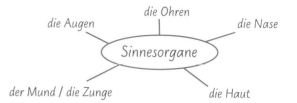

ansehen – beobachten – berühren – bitter – der Blick – der Duft – duften – empfinden – frieren – fühlen – Gänsehaut haben/bekommen – das Geräusch – der Geruch – der Geschmack – der Gestank – hart – heiß – hören – kalt – der Klang – der Lärm – lauschen – laut – lecker – leise – die Melodie – riechen – salzig – sauer – scharf – schauen – schmecken – sehen – sich anfühlen – sich anhören – spüren – süß – tasten – weich

1.2 Was nimmt man mit den Sinnen wahr? Schreiben Sie zehn Sätze mit den Wörtern aus 1.1.

> 1 Ich liebe den Geruch von frisch gemahlenem Kaffee – das duftet so intensiv!

2 Mehr Genuss im Alltag

2.1 Worum geht es in dem Blogbeitrag? Lesen Sie und ordnen Sie die Themen den Abschnitten zu.

1 Genießen lernen
2 Genuss und die Sinnesorgane

3 Was den Genuss stören kann
4 Wie entsteht Genuss?

Maras Blog

☐ Genuss ist eine positive Sinnesempfindung, die körperliches und seelisches Wohlbefinden erzeugt. Was oder wobei wir genießen, ist subjektiv. Wie sehr wir aber in der Lage sind, etwas als genussvoll zu empfinden, hängt von unseren Sinnen ab. Genuss entsteht immer dann, wenn unsere Sinnesorgane, mit denen wir sehen, hören, schmecken, riechen und fühlen, das Gehirn dazu anregen, das Glückshormon Dopamin zu produzieren. Je schärfer unsere Sinne sind und je bewusster wir einzelne Sinnesreize wahrnehmen, desto intensiver können wir selbst die kleinen Dinge wie zum Beispiel den Duft von Kaffee genießen.

☐ Jeder Mensch hat eine Art Lieblingssinn. Der eine empfindet Genuss vor allem bei akustischen Reizen, wie bei einer schönen Melodie oder dem Rauschen des Meeres. Der andere nimmt Gerüche und Düfte besonders intensiv wahr. Manche Menschen reagieren vor allem auf visuelle Reize und genießen es, ein Kunstwerk zu betrachten oder empfinden bestimmte Farbkombinationen als angenehm. Über unsere Haut nehmen wir Berührungen wahr, was für viele von uns zu Genussmomenten führt. Und die Feinschmecker unter uns erleben Genuss vor allem über die Geschmacksnerven der Zunge. Davon gibt es über 5000 – die beste Voraussetzung für intensive Genusserlebnisse. Doch die wenigsten von uns sind in der Lage, dieses Potenzial voll auszuschöpfen.

☐ Das bewusste Wahrnehmen unserer Sinne ist die Voraussetzung für unsere Genussfähigkeit. Stress und Hektik führen aber leider oft dazu, dass uns die Zeit für bewusstes Wahrnehmen fehlt. Viele von uns kennen es: Wenn wir es eilig haben und zum Beispiel während der Arbeit am Schreibtisch oder beim Gehen auf dem Weg zu einem Termin essen, schmecken wir oft gar nicht, was wir da eigentlich gerade essen. Bei einem gemütlichen Essen zu Hause oder im Restaurant ist das anders: Hier nehmen wir unterschiedliche Geschmäcker, Gerüche und Aromen wahr. Stress behindert nicht nur unsere Wahrnehmung, sondern blockiert auch unsere Sinneskanäle, sodass der Genuss, der durch einen Reiz ausgelöst wird, nicht vollständig im Gehirn ankommt. Die Folge: Es werden weniger Glückshormone ausgeschüttet. Wenn wir ständig unter Strom stehen, verlernt unser Körper zu genießen.

☐ Wer also wieder in vollen Zügen genießen will, sollte sein Leben unbedingt entschleunigen: einen Gang runter- schalten, das Lebenstempo verlangsamen, den Alltagsstress reduzieren. Denn glücklicherweise kann man Genießen auch wieder neu lernen: Nehmt euch jeden Tag einen Moment der Ruhe, um euren Lieblingssinn zu aktivieren. Macht währenddessen nichts anderes und versucht, bewusst wahrzunehmen, was ihr seht, hört, riecht, schmeckt oder fühlt. Dieses Nichtstun hilft dabei, die Sinne zu schärfen und auch die kleinen Dinge des Alltags wieder zu genießen.

2.2 Richtig (r), falsch (f) oder steht nicht im Text (x)? Lesen Sie noch einmal in 2.1 und kreuzen Sie an

	r	f	x
1 Durch Sinnesreize wird im Gehirn die Produktion von Glückshormonen angeregt.	◯	◯	◯
2 Für die Produktion von Dopamin müssen mindestens zwei Sinne stimuliert werden.	◯	◯	◯
3 Sinnesreize beeinflussen das Genussempfinden von Mensch zu Mensch unterschiedlich.	◯	◯	◯
4 Mit der Zunge kann man 5000 verschiedene Geschmacksrichtungen schmecken.	◯	◯	◯
5 In Stresssituationen werden Sinnesreize intensiver wahrgenommen.	◯	◯	◯
6 Genuss ist keine angeborene Fähigkeit, sondern muss als Kind erlernt werden.	◯	◯	◯
7 Durch die gezielte Stimulation der Sinne kann man seine Genussfähigkeit trainieren.	◯	◯	◯

2.3 Welches Verb passt? Lesen Sie die Kommentare und ergänzen Sie die Verben in der richtigen Form.

abschalten – anstoßen – ausklingen – baumeln – bringen – empfehlen –
faulenzen – ~~gönnen~~ – kommen – nehmen – tanken – zergehen

Kommentare

Yvo: Super Blogbeitrag, Mara! Du hast mich echt zum Nachdenken gebracht. Ich versuche auch, mir Genussmomente zu *gönnen* [1], aber es ist wirklich nicht leicht. Ich bin oft von meinem Job gestresst und abends fällt es mir schwer, auf andere Gedanken zu _____ [2]. Meine Projekte gehen mir einfach nicht aus dem Kopf und ich hab dann auch keine Lust mehr, Freunde zu treffen. Ich frage mich manchmal, ob ich wohl genussunfähig geworden bin. Wie _____ [3] du eigentlich Arbeit und Entspannung unter einen Hut?

Mara: Hallo Yvo. Oje, das klingt aber nicht gut. Mir tut es manchmal gut, einfach den ganzen Tag auf der Couch zu _____ [4]. Das kann ich dir sehr _____ [5]. 😊 Wenn dein Job sooo stressig ist, dann _____ [6] dir ruhig auch mal eine längere Auszeit. Mir ging es ja früher so ähnlich wie dir. Ich habe dann ein Sabbatical gemacht. Ach, das war schön: am Strand liegen, die Seele _____ [7] lassen, die Sonne auf der Haut genießen und wieder so richtig Kraft _____ [8].

JakobVK: Genuss braucht Zeit, Yvo. Fang mit kleinen Dingen an. Auch wenn du müde bist: Geh doch mal nach der Arbeit mit Freunden in eine Bar, um mit einem Getränk auf deinen Feierabend _____ [9] und den Tag gemütlich _____ [10] zu lassen. Was mir übrigens auch immer hilft, um vom Stress _____ [11], ist backen. Probier's mal aus! Das macht Spaß und wenn du dir anschließend den Kuchen auf der Zunge _____ [12] lässt, kannst du gleich ein bisschen „bewusstes Genießen" üben.

2.4 Sprachmittlung: Wie würden Sie diese Redewendungen in Ihrer Sprache ausdrücken? Wie wäre die Übersetzung ins Deutsche? Sprechen Sie in Gruppen. Die Erklärungen im Kursbuch auf Seite 146 in 2d helfen.

die Seele baumeln lassen – sich etwas auf der Zunge zergehen lassen –
Kraft tanken – sich eine Auszeit nehmen – alles unter einen Hut bringen

3 Mach das doch einfach mal!

3.1 Lesen Sie noch einmal die Kommentare in 2.3 und markieren Sie die Modalpartikeln. Kennen Sie noch andere? Ergänzen Sie Beispiele im Grammatikkasten und formulieren Sie Regeln zu den Stichwörtern.

Modalpartikeln – Gefühle ausdrücken

Beispiele: *einfach,* _____

Funktion: _____

Position im Satz: _____

Betonung: _____

2.17 🔊 **3.2** Was drücken die unterstrichenen Modalpartikeln aus? Lesen und hören Sie und ordnen Sie zu.

---

a Vorschlag / freundliche Aufforderung – **b** Akzeptanz – **c** bekannte Information –
d Vorwurf – **e** freundliche/interessierte Frage – **f** Mitgefühl – **g** Überraschung –
h Vermutung – **i** ~~nicht-veränderbare Situation~~ – **j** Resignation – **k** Erlaubnis/Ermutigung

---

1 [i] Warum rennst du so? Der Zug hat sowieso Verspätung. Wir kommen <u>eh</u> nicht mehr pünktlich.

2 [ ] Ob es heute <u>wohl</u> noch regnet? Der Himmel ist so grau.

3 💬 [ ] Der Wein schmeckt <u>aber</u> gut. Bei dem Preis hätte ich das <u>ja</u> nicht erwartet.

    👍 [ ] Ja, ehrlich gesagt, ich auch nicht. Nimm dir <u>ruhig</u> noch ein Glas.

4 [ ] Du hast dein Portemonnaie verloren?! Das ist <u>aber</u> ärgerlich!

5 💬 [ ] Ich weiß <u>einfach</u> nicht, wo ich den Autoschlüssel hingelegt habe.

    👍 [ ] Tja, wenn du nicht mit dem Auto fahren kannst, dann fahr <u>eben</u> mit dem Fahrrad.

6 💬 [ ] Und jetzt erzähl <u>doch mal</u>: Wie geht's euch so?

    👍 [ ] Also, dass wir umgezogen sind, weißt du <u>ja</u>. Du hast uns <u>ja</u> schon besucht.

7 [ ] Du hast <u>ja</u> schon wieder das Licht angelassen! Darüber haben wir <u>doch</u> gerade gesprochen!

8 [ ] Seit wann bist du <u>eigentlich</u> aus dem Urlaub zurück? Hast du <u>denn</u> auch viele Fotos gemacht?

3.3 Welche Modalpartikel passt nicht? Streichen Sie die falsche Option durch.

1 Oje, der Laden hat zu! Na gut, dann ist das so. Dann muss ich *eben/aber* morgen nochmal kommen.
2 Hey Sedat! Du bist *ja/wohl* schon hier! Ich wusste nicht, dass du früher kommst.
3 Ich habe gehört, Dana kommt nicht zur Party. Das ist *aber/eh* schade.
4 Hier ist die Teeküche und da vorne sind die Toiletten. Und wo der Kursraum ist, weißt du *einfach/ja*.
5 Ich geb's auf: Mein Kuchen wird *einfach/ruhig* nicht so lecker wie der von meiner Oma.
6 Ich weiß nicht, wo Micha ist. Er hat *wohl/eh* wieder verschlafen oder die Bahn hat Verspätung.
7 Du musst dich nicht beeilen. Die Dozentin ist *eh/aber* noch nicht da. Wir fangen später an.
8 Wenn es Ihnen nicht gut geht, dann gehen Sie *eigentlich/ruhig* nach Hause. Das ist schon okay.

3.4 Was fühlen die Personen? Mit welchen Empfindungswörter könnten sie ihre Gefühle ausdrücken?
Ergänzen Sie die Gefühle und die passenden Empfindungswörter.

Begeisterung – Ekel – ~~Erinnerung~~ – ~~Erleichterung~~ –
Erstaunen – Mitgefühl – ~~Schmerz~~ – ~~Skepsis~~

Ach ja! – Au! – ~~Ih! Pfui!~~ – Na ja. –
~~Nanu?!~~ – ~~Oje~~ – Puh! – ~~Wow!~~

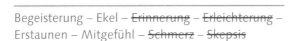

Oje!

Erinnerung

Nanu?!

Skepsis

Ih! Pfui!

Schmerz

Wow!

Erleichterung

3.5 Was könnten die Personen in 3.4 sagen? Schreiben Sie zu jedem Foto einen Satz. Benutzen Sie die Empfindungswörter.

> *1 Oje! Das tut mir leid, dass du so traurig bist.*

2.18 🔊 3.6 Phonetik: Intonation von Empfindungswörtern. Wie klingen die Sätze in der linken Spalte: positiv/zustimmend (+) oder ironisch/abwertend (–)? Hören Sie und kreuzen Sie an.

+ –

1 ◯ ⊗ Kino? Au ja! Tolle Idee!
2 ◯ ◯ Kino? Au ja! Tolle Idee!
3 ◯ ◯ Wow! Ich bin sehr beeindruckt!
4 ◯ ◯ Wow! Ich bin sehr beeindruckt!
5 ◯ ◯ Ach ja, das hätte ich fast vergessen.
6 ◯ ◯ Ach ja, das hätte ich fast vergessen.

a Das hast du wirklich gut gemacht.
b Lass uns gleich schauen, was es gibt.
c Aber du hättest das ja auch mal machen können.
d Danke, dass du mich daran erinnert hast.
e Also ehrlich, das kann mein kleiner Bruder besser!
f Das haben wir doch letzte Woche schon gemacht.

2.19 🔊 3.7 Was passt zusammen? Verbinden Sie die Sätze 1–6 in 3.6 mit einer passenden Fortsetzung. Hören Sie dann und überprüfen Sie Ihre Ergebnisse.

Genussforschung: Wie genießen wir?

1 Genusstypen

1.1 Was passt? Lesen Sie den Artikel und ergänzen Sie die Wörter.

Belohnung – Genusstypen – hedonistischen – individuelle – Individuen – konservativen – Konsum – nachhaltig – Pflichtbewusstsein – Sicherheit – sparsam – umweltbewussten – verschwenden – verwirklichen – verzichtet – ~~Werten~~

Werte und Genuss in der Gesellschaft

Wie wir unser Leben führen, hängt von verschiedenen Faktoren ab. Neben gesellschaftlichen und kulturellen

Werten [1] prägen auch _____ [2] Faktoren, wie persönliche Erfahrungen und Interessen,

unseren Lebensstil. Die Genussforscherin Prof. Dr. Edelmann unterscheidet zwischen drei sogenannten

_____ [3]: Wem es wichtig ist, keine Ressourcen zu _____ [4], der gehört laut Edel-

mann zu den bewussten Genießern. Genuss bedeutet für diesen Genusstyp, der Umwelt und anderen Menschen etwas

Gutes zu tun. Deshalb achtet er auf _____ [5] Konsum und kauft vor allem _____ [6]

hergestellte und fair gehandelte Produkte. Er _____ [7] auf unnötigen Konsum, ohne dies als Ein-

schränkung zu empfinden. Der zweite Typ zeichnet sich durch seinen genussorientierten bzw. _____ [8]

Lebensstil aus. Selbstbestimmung und Materialismus haben für den hedonistischen Genießer einen hohen Stellenwert.

Er will sich selbst, seine Ziele und Ideen _____ [9]. Nicht Verzicht – wie bei den bewussten Genießern

– sondern _____ [10] und Luxus stehen für ihn im Mittelpunkt.

Den dritten Typ bezeichnet Edelmann als den _____ [11] Genießer. Er betrachtet Genuss nicht

als Grundrecht, sondern als _____ [12] für Fleiß und harte Arbeit. Vor allem traditionelle

Werte wie Familie, Arbeitsmoral und _____ [13] prägen den Lebensstil des konservativen Typs.

Ihm ist auch finanzielle _____ [14] sehr wichtig, deshalb geht er _____ [15] mit

seinem Geld um.

Edelmann betont, dass sich _____ [16] aber nicht immer eindeutig einem Typ zuordnen ließen und

weist darauf hin, dass ihre Studie noch längst nicht abgeschlossen sei. ▶ **weiterlesen**

2.20 🔊 **1.2** In welcher Reihenfolge wurden Jette und Muso die Fragen gestellt? Hören und nummerieren Sie.

a ☐ Freiheit oder Sicherheit, worauf könntest du eher verzichten?

b ☐ Welche drei Dinge würdest du auf eine einsame Insel mitnehmen?

c ☐ Was sagen oder denken andere Menschen über dich?

d ☐ Was würdest du mit 10.000 Euro machen?

e ☐ Was ist deine Lebensphilosophie?

2.20 🔊 **1.3** Zu wem passen die Aussagen: Jette oder Muso? Hören Sie noch einmal und ergänzen Sie die Namen.

1 _____ hat die Werte der eigenen Eltern nicht übernommen.

2 _____ verzichtet trotz seiner/ihrer Arbeitsmoral nicht auf Genussmomente.

3 _____ ist auch die Unterstützung durch ihre/seine Familie wichtig.

4 _____ plant ihre/seine Zukunft nicht.

5 _____ würde mit dem Geld auch anderen etwas Gutes tun.

6 Wenn sich _____ etwas Besonderes leisten will, dann spart sie/er auch.

7 Die Freunde von _____ finden es gut, dass sie/er auch nicht so materialistisch ist.

8 _____ ist immer für ihre/seine Freunde da.

2 Auf Genuss möchte ich auch nicht verzichten.

2.1 Wiederholung: Negationswörter. Beantworten Sie die Fragen in Ihrem Heft. Benutzen Sie jeweils ein passendes Negationswort. Der Grammatikanhang (A 5.1) hilft.

(noch) kein(e/en) – nichts – niemand(en) – (noch) nicht – (noch) nie

1 Brauchst du ein neues Tablet? – Nein, …
2 Hast du schon einmal von diesem Film gehört? – Nein, …
3 Kennst du jemanden, der dir bei deiner Bewerbung helfen kann? – Nein, …
4 Ist das dein Buch? – Nein, …
5 Weißt du etwas Neues von Micha? – Nein, …
6 Sag mal, kannst du mich vom Bahnhof abholen? – Nein, …
7 Fährst du immer mit dem Fahrrad zur Uni? – Nein, …
8 Hast du schon die Prüfungsergebnisse bekommen? – Nein, …

1 *Nein, ich brauche kein neues Tablet.*

2.2 Wo steht *nicht* bzw. *auch* im Satz? Markieren Sie *nicht* und *auch* in den Sätzen in 1.3. Lesen Sie dann die Regeln im Grammatikkasten und kreuzen Sie die richtige Antwort an.

Die Position von *nicht* und *auch*

Wenn sich *nicht* bzw. *auch* auf den ganzen Satz bezieht, dann steht es …
– tendenziell ☐ *am Satzanfang* / ☐ *am Satzende*.
– immer ☐ *vor* / ☐ *nach* dem zweiten Verbteil (z.B. Partizip II oder Infinitiv)
– immer ☒ *vor* / ☐ *nach* einer modalen oder lokalen Angabe.
– immer ☐ *vor* / ☐ *nach* dem Präpositionalobjekt.

Wenn sich *nicht* bzw. *auch* auf einen Satzteil bezieht, dann steht es ☐ *vor* / ☐ *nach* diesem Satzteil.

Nicht steht normalerweise ☐ *vor* / ☐ *nach auch*.

2.3 Schreiben Sie die Sätze wie im Beispiel, sodass sich *nicht* und *auch* jeweils auf den ganzen Satz beziehen.

1 Mir ist Nachhaltigkeit wichtig. *(auch)*
2 Auf meine Freiheit könnte ich verzichten. *(nicht)*
3 Für ihn spielt Umweltschutz eine große Rolle. *(auch)*
4 Das Genussverhalten wird von individuellen Faktoren bestimmt. *(auch)*
5 Er würde sich aufgrund seines Kaufverhaltens als sparsam bezeichnen. *(nicht)*
6 Dank ihres neuen Jobs muss sie sich seit einem Monat um ihre finanzielle Sicherheit sorgen. *(nicht)*

1 Mir ist Nachhaltigkeit auch wichtig.

2.21 · 2.4 Welche Informationen sind falsch? Hören und korrigieren Sie.

1 Konzert: 30.06., 1.7., ~~Stadthalle~~ Waldbühne

2 @Henry: bitte am Wochenende Küche putzen

3 **20% Rabatt auf alle Tablets!** Gutschein nur diese Woche gültig!

4 Wegen Reparaturarbeiten: Arabischkurs am Dienstag fällt aus

2.22 · 2.5 Hören Sie die Fragen und antworten Sie mit *nicht …, sondern …* wie im Beispiel. Benutzen Sie Ihre Informationen aus 2.4 und achten Sie auf die richtige Position von *nicht*.

Das Konzert findet am 30.06. statt, oder?

Nein, das Konzert findet nicht am 30.06. statt, sondern …

3 Und Sie? Was ist Ihnen wichtig? Welche Werte vertreten Sie? Wie würden Sie die Fragen aus 1.2 auf Seite Ü 160 beantworten? Schreiben Sie Sätze. Die Redemittel im Kursbuch auf Seite 157 helfen.

Viele Ideen – ein Projekt!

1 Eine Besprechung im Team

2.23 · 1.1 Lesen Sie die Abschnitte und bringen Sie den Dialog in die richtige Reihenfolge. Hören Sie dann und überprüfen Sie Ihre Lösung.

a ☐ Ja, sehr gern, Herr de Vries. Mein Team und ich haben bisher drei Bands gebucht. Da wir eine möglichst große Vielfalt anbieten wollen, sind wir im Moment noch auf der Suche nach …

b ☐ Apropos To-do-Liste. Wir müssten auch noch die Tagesordnungspunkte „Essen" und „Flyer" besprechen. Um das Catering kümmert sich Herr Angada, oder?

c ☐ Ein Poetry-Slam ist eine gute Idee, Herr Angada. Was meinen die anderen? Stimmen wir kurz darüber ab. Wer ist dafür? … Okay, einstimmig beschlossen. Sehr gut. Frau Chang, Sie führen ja heute Protokoll: Setzen Sie doch den Punkt „Poetry-Slam" schon mal auf unsere To-do-Liste.

d [1] Frau Sensoy, Sie sind für das Bühnenprogramm zuständig. Könnten Sie uns kurz auf den aktuellen Stand bringen?

e ☐ Gut. Also Poetry-Slam und Künstler-Kollektiv – das halten wir schon mal im Protokoll fest. Wie wir die Aufgaben genau verteilen, das gehen wir dann später Schritt für Schritt durch. Wenn es sonst keine Fragen gibt, kommen wir zum nächsten Punkt: …

f ☐ Ja, das klingt gut. Ich habe gehört, dass die ganz tolle Tanzperformances machen.

g ☐ Entschuldigen Sie, wenn ich Sie unterbreche, aber wie wäre es mit einem Poetry-Slam? Ich habe schon mal einen organisiert und könnte Ihnen bei der Organisation helfen.

h ☐ Das stimmt, Frau Chang, aber könnten wir erst einmal beim Thema „Programm" bleiben? Frau Sensoy, was halten Sie davon, das Künstler-Kollektiv zu kontaktieren?

1.2 Lesen Sie das Gespräch in 1.1 noch einmal und beantworten Sie die Fragen in Ihrem Heft.

1 Wofür sind Frau Sensoy, Frau Chang und Herr Angada zuständig?
2 Wobei kann Herr Angada Frau Sensoy unterstützen?
3 Welche Tagesordnungspunkte müssen noch besprochen werden?

1.3 Welches Verb passt? Lesen Sie noch einmal das Gespräch in 1.1 und ergänzen Sie.

abstimmen – ~~besprechen~~ – bleiben – bringen – durchgehen –
festhalten – führen – kommen – setzen – verteilen

1 einen Tagesordnungspunkt *besprechen*
2 über eine Idee / einen Vorschlag
3 das Protokoll
4 einen Punkt auf die To-do-Liste
5 jemanden auf den aktuellen Stand

6 etwas im Protokoll
7 etwas Schritt für Schritt
8 die Aufgaben
9 zum nächsten Punkt
10 beim Thema

2 Die Flyer werden schon angekommen sein.

2.1 Wiederholung: Vermutungen über die Gegenwart mit Modalverben. Wie sicher sind die Vermutungen? Ergänzen Sie die Modalwörter auf der Skala. Schreiben Sie dann die Sätze mit den passenden Modalverben. Der Grammatikanhang (A 1.6.2) hilft.

1 Der Kollege ist höchstwahrscheinlich krank.　　　*1 Der Kollege müsste krank sein.*
2 Für eine Band reicht das Budget vermutlich nicht.
3 Möglicherweise finden wir einen Sponsor für unser Festival.
4 Der Caterer ist sicher schon am Veranstaltungsort.

eventuell/vielleicht　　　wahrscheinlich/wohl　　　　　　　　bestimmt
　　　　　　　　　　　　　　　　höchstwahrscheinlich

nicht so sicher　　　　　　　　　　　　　　　　　　　　　sehr sicher

könnte　　　　dürfte　　　　müsste　　　　muss

2.2 Wiederholung: Vermutungen über die Gegenwart und Zukunft mit Futur I. Schreiben Sie Antworten mit Futur I und einem Modalwort. Der Grammatikanhang (A 1.2) hilft.

1 Wann ist mit der Bestellung zu rechnen? *(die Firma – im Laufe der Woche – liefern – die Bestellung)*
2 Wo ist eigentlich Frau Voeste? *(noch unterwegs – sein – sie)*
3 Was ist mit der Location? *(darüber – die Kollegen vom Eventmanagement – sprechen – gerade)*
4 Weiß jemand, was für morgen geplant ist? – *(Frau Park – präsentieren – die neuen Pläne)*
5 Wie sieht es mit den Verträgen aus? – *(Die Geschäftsführung – unterschreiben – sie – nächste Woche)*

1 Die Firma wird die Bestellung wohl im Laufe der Woche liefern.

2.3 Worauf beziehen sich die Vermutungen: Vergangenheit (V), Gegenwart (G) oder Zukunft (Z)? Lesen Sie die Sätze und kreuzen Sie an. Ergänzen Sie dann die Regel im Grammatikkasten.

	V	G	Z
1 Die Kollegin müsste noch bei der Konferenz sein.	○	○	○
2 Ich vermute, dass Frau Fink schon zur Druckerei gefahren sein wird.	○	○	○
3 Herr Jelitte wird das Protokoll sicher bis nächste Woche überarbeiten.	○	○	○
4 Die Technikerin müsste die Lichtanlage schon aufgebaut haben.	○	○	○

> **Vermutungen über die Vergangenheit mit Futur II und Modalverben ausdrücken**
>
> Das Futur II bildet man mit _werden_ _____ + Verb im _____ + _haben/sein_.
>
> Vermutungen über die Vergangenheit können auch mit einem _____ ausgedrückt werden. Das Modalverb zeigt, wie sicher die Vermutung ist:
>
> _muss/_ _____ _/dürfte/könnte_ + Verb im Partizip II + _____ /sein_.
>
> Im Nebensatz stehen drei Verben hintereinander am Satzende:
> Verb im Partizip II + _haben/sein_ + _werden_/Modalverb.

2.4 Festival-Vorbereitungen. Lesen Sie die Fragen und schreiben Sie Vermutungen mit Futur II und den Modalwörtern in Klammern.

1 Weißt du, ob Pablo schon das Zelt gekauft hat? _(bestimmt)_
2 Hast du eine Ahnung, ob die Tickets schon angekommen sind? _(wahrscheinlich)_
3 Hat Filiz schon die Einkaufsliste geschrieben? _(höchstwahrscheinlich)_
4 Weißt du, ob Dante die Schlafsäcke bestellt hat? _(sicher)_
5 Was ist mit dem Gas zum Kochen? Sind Carlos und Filiz schon zum Baumarkt gefahren? _(wohl)_
6 Und die Sonnencreme? Hat Freya die schon eingepackt? _(möglicherweise)_

> _1 Pablo wird das Zelt bestimmt schon gekauft haben._

2.5 Wählen Sie einen passenden Satzanfang und schreiben Sie Ihre Vermutungen aus 2.4 als Nebensatz. Die Modalwörter (_bestimmt, wahrscheinlich_ usw.) brauchen Sie nicht.

Ich vermute, dass … – Ich gehe davon aus, dass … – Ich nehme an, dass … –
Ich bin relativ sicher, dass … – Ich könnte mir vorstellen, dass …

> _1 Ich gehe davon aus, dass Pablo das Zelt schon gekauft haben wird._

2.6 Schreiben Sie Ihre Sätze aus 2.4 mit einem passenden Modalverb wie im Beispiel. Die Skala in 2.1 hilft.

> _1 Pablo muss das Zelt schon gekauft haben._

2.7 Was könnte passiert sein? Was wird wohl passieren? Schreiben Sie zu jedem Bild mindestens zwei Vermutungen (über die Vergangenheit und über die Gegenwart/Zukunft). Benutzen Sie wahlweise Futur I, Futur II, Modalverben und/oder die Satzanfänge aus 2.5.

> _1 Can wird inzwischen wohl seine letzte Prüfung geschrieben haben._
> _Ich gehe davon aus, dass er bald sein Abschlusszeugnis bekommen wird._

3 Entschuldigung, noch mal fürs Protokoll, bitte!

3.1 Ein Treffen des Expat-Vereins. Was passt? Lesen Sie die Sätze und ergänzen Sie die Redemittel.

Aber nochmal zurück zu – Also nochmal fürs Protokoll – Bevor wir weitermachen –
Dazu fällt mir ein, dass – ~~Sita, du sagtest vorhin, dass~~ – Kommen wir zum nächsten Punkt –
Sorry, dass ich dich unterbreche

a ☐ Alles klar. Danke, Hannes. Dann können wir mit Sitas Idee weitermachen. *Sita, du sagtest*

  vorhin, dass _____ es so etwas wie Kulturausflüge geben könnte, oder?

b ☐ _____ , Sita. Hannes, dein Kurs soll von 19 bis 20 Uhr stattfinden?

c ☐1☐ Super! Das Programm besprechen wir gleich beim nächsten Tagesordnungspunkt, okay?

  _____ , würde ich gern kurz den Termin für unser nächstes

  Treffen ansagen. Wir treffen uns das nächste Mal am 10. April. Gut …

  _____ : die Planung für unser Programm „Von Expats für Expats". Kannst du, Hannes,

  kurz sagen, worum es geht?

d ☐ Ja cool. Apropos: Diversität. _____ es nächste Woche wieder

  ein Treffen der Diversity-Gruppe gibt. Wer Interesse hat, ist herzlich willkommen.

  _____ dir, Hannes. Weißt du schon, wann und wo dein Kurs stattfinden soll?

e ☐ Gute Idee. _____ : Freitag, 16 Uhr, Treffen für die Exkursionen.

2.24 🔊 3.2 Welche Antwort passt? Hören Sie die das Gespräch und ordnen Sie die Antworten in 3.1.

📺 3.3 **Strategietraining: ein Protokoll führen**. Was passt zu welchem Protokolltyp? Ergänzen Sie. Sehen Sie das Strategievideo bei Bedarf noch einmal.

eher kürzer – bei Diskussionen – meist länger – Stichwörter – ganze Sätze – indirekte Rede –
wichtigste Ergebnisse – Argumente/Meinungen – bei Arbeitsbesprechungen

ein Protokoll führen:	Ergebnisprotokoll	Verlaufsprotokoll
Wann?		
Was?		
Wie?		

2.25 🔊 3.4 Was? Wann? Wo? Wer? Hören Sie und notieren Sie die Entscheidungen der Expats in einem Ergebnisprotokoll.

1. Kennenlernabend: am 12.04.; …

2.25 🔊 3.5 Wie kam es zu den Entscheidungen? Wählen Sie einen Punkt aus Ihrem Ergebnisprotokoll in 3.4. Hören Sie noch einmal und notieren Sie den Diskussionsverlauf zu diesem Punkt. Schreiben Sie dann ein kurzes Verlaufsprotokoll (4 bis 8 Sätze). Die Verben helfen.

sich wünschen – vorschlagen – kritisieren –
der Meinung sein – zusammenfassen –
beschließen – bezweifeln – zustimmen –
betonen – ergänzen – festlegen – finden

1. Kennenlernabend:
Hannes schlägt vor, in eine typische Berliner Kneipe zu gehen.
Yagmur und Sita kritisieren den Vorschlag, weil …

Wie die Zeit vergeht

1 **Wir leben nicht alle im gleichen Takt.**

1.1 Welches Verb passt? Lesen Sie den Artikel und ergänzen Sie die Verben in der richtigen Form.

hetzen – nehmen – passieren – stehen – stillstehen – ~~ticken~~ –
verbringen – vergehen – verschwenden – wahrnehmen

Eine Stunde hat 60 Minuten und in einer Minute *tickt* ¹ der Sekundenzeiger sechzig Mal – immer im gleichen Tempo. Und trotzdem entspricht die sogenannte „Echtzeit" oft nicht unserem Zeitgefühl, also unserem individuellen Zeiterleben. So kommt es uns manchmal vor, als ob die Zeit _____ ² würde, während sie in anderen Momenten wie im Flug vergeht. Woran liegt es, dass sich die Zeit so unterschiedlich anfühlen kann? Aus der Forschung weiß man, dass das individuelle Zeitempfinden von verschiedenen Faktoren beeinflusst wird. Wie „schnell" oder „langsam" unsere innere Uhr tickt, hängt zum einen von unseren Erlebnissen ab, also wie oder womit wir unsere Zeit _____ ³. Oder anders ausgedrückt: Je weniger in einem Zeitraum _____ ⁴, desto länger kommt uns dieser vor. _____ ⁵ wir dagegen unter Zeitdruck oder erleben jeden Tag etwas Neues, scheint die Zeit davonzurennen. Zum anderen wird unser Zeitgefühl auch durch unsere Stimmung beeinflusst: Wenn wir uns entspannt und glücklich fühlen, dann _____ ⁶ die Zeit schneller, als wenn wir nervös, ängstlich oder gelangweilt sind. Wie man die Zeit _____ ⁷, bestimmt das Lebenstempo und den individuellen Lebensstil: Für wen die Zeit davonrennt, der _____ ⁸ vielleicht von einem Termin zum anderen oder strukturiert seinen Alltag nach einem detaillierten Zeitplan, um auf keinen Fall unnötig Zeit zu _____ ⁹. Für wen die Zeit langsamer vergeht, der entscheidet vermutlich eher nach Lust und Laune, womit er seine Zeit verbringen möchte und _____ ¹⁰ sich auch öfter mal Zeit zum Entspannen.

1.2 Lesen Sie den Artikel in 1.1 noch einmal und beantworten Sie die Fragen in Ihrem Heft.

1 Was ist der Unterschied zwischen der „Echtzeit" und dem individuellen Zeitgefühl?
2 Wovon hängt das individuelle Zeitgefühl ab?
3 Wie wird der Lebensstil durch das eigene Zeitgefühl beeinflusst?

1.3 Suchen und markieren Sie neun Nomen in der Wortschlange. Bilden Sie Komposita mit *Zeit* und schreiben Sie zu jedem Begriff eine Definition oder geben Sie ein Beispiel.

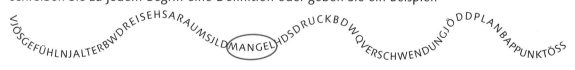

VJÖSGEFÜHLNJALTERBWDREISEHSARAUMSJLDMANGELHDSDRUCKBDWQVERSCHWENDUNGJÖDDPLANBAPPUNKTÖSS

der Zeitmangel: wenn man wenig Zeit hat

2 **Eine Landkarte der Zeit. Um welche Länder geht es hier laut Levines Studie? Lesen Sie den Artikel im Kursbuch auf Seite 153 und notieren Sie die Länder. Manchmal gibt es mehrere Möglichkeiten.**

1 In diesem Land achtet man sehr auf Höflichkeit, auch wenn das Zeit kostet.
2 Anders als in Deutschland gelten Verspätungen hier nicht als unhöflich.
3 Wer hier zu spät kommt, wird als erfolgreich und wichtig wahrgenommen.
4 In diesen Ländern steht Leistungsdruck im Vordergrund.
5 Dieses Land ist berühmt dafür, dass die Uhren dort besonders genau gehen.
6 Hier ist das Lebenstempo am langsamsten. Man lebt nach der Ereigniszeit statt nach der Echtzeit.

Digital ist besser?

1 Feierabend

2.26 🔊 **1.1** Hören Sie das Gespräch und machen Sie Notizen zu den Fragen.

- Wie kommunizieren die Freunde? Woher kennen sie sich?
- In welchen Ländern leben sie? Wie spät ist es dort gerade?

2.27 🔊 **1.2** Was machen die Personen zusammen online? Hören Sie weiter und machen Sie Notizen.

1.3 Und Sie? Treffen Sie Ihre Freundinnen und Freunde auch digital? Was machen Sie zusammen? Schreiben Sie einen kurzen Text.

2 Strategietraining: eine informelle Textnachricht schreiben

2.1 Welche Stilmittel benutzt Moufida im Chat? Lesen Sie und kreuzen Sie im Strategiekasten an.

Moufida: Ich hör euch. Mein router macht wieder probleme … das kenn ich ja leider schon. … oje… 😅.
wollte nur erzählen, dass Elenis und ich gestern zusammen sport gemacht haben 💪 . echt cool zum
runterkommen. Ich starte mal neu, mal gucken, obs dann wieder funktioniert. Falls nicht, bis bald! 👋

> ### eine informelle Textnachricht schreiben
>
> In informellen Textnachrichten werden oft ⃝ Abkürzungen/Zeichen, ⃝ Emojis, ⃝ Empfindungs-
> wörter und ⃝ Modalpartikeln benutzt. Man schreibt eher ⃝ umgangssprachlich und die ⃝ Groß-
> und Kleinschreibung wird nicht immer beachtet.
> Um etwas zu betonen, kann man das Wort ⃝ groß schreiben oder ⃝ Vokale mehrmals wiederholen.
> Man schreibt verkürzt, z.B. durch ⃝ Weglassen von „ich"/„wir", ⃝ Verschmelzung von Verben und
> „es" oder „du" und ⃝ Weglassen des „-e" bei Verben in der „ich-Form".

2.2 Lesen Sie die Nachrichten und schreiben Sie passende Antworten in Ihr Heft. Benutzen Sie die Stilmittel in 2.1.

1
hey! lust auf Kino? Oder doch lieber ein 🍿 im Park?

2
😡 mein fahrrad wurde geklaut!!!!!!! wollten doch morgen zum see radeln…. was soll ich denn jetzt machen???????

3
haben die wohnung!!! 🎉 ging schneller als gedacht. kriegen am we die schlüssel und dann umzug nächste woche … haste zeit zu helfen?

Der Weg ist das Ziel

1 Ein Blick zurück

1.1 Was assoziieren Sie mit den Bildern? Welche Einheiten, Themen und Lernziele aus Weitblick B2 verbinden Sie damit? Sprechen Sie in Gruppen. Die Fragen im Kursbuch auf Seite 156 in 1b helfen.

> *Das Foto mit den Fußabdrücken erinnert mich an das Thema Nachhaltigkeit. Das fand ich sehr interessant.*

> *Stimmt, dazu haben wir auch eine Vorlesung gehört. Das war zwar kompliziert, aber die Tipps zum Hören aus dem Strategievideo haben mir sehr geholfen.*

1.2 Wählen Sie vier oder fünf Fotos und schreiben Sie jeweils eine Frage dazu. Lesen Sie dann Ihre Fragen nacheinander in der Gruppe vor. Wer zuerst das passende Foto gefunden hat, beantwortet die Frage und stellt eine eigene Frage.

> *Hast du schon mal auf Deutsch eine Bewerbung geschrieben?*

> *Eine Bewerbung schreiben – das passt zum vorletzten Foto in der ersten Reihe. Aber nein, ich habe bisher Bewerbungen immer nur auf Englisch geschrieben. Meine Frage ist: Was bedeutet diese Geste in deinem Land?*

> *Du meinst bestimmt das Bild mit der Hand. Bei uns …*

2 Ein Blick nach vorn. Welche Pläne und Ziele haben Sie für die Zukunft? Ergänzen Sie die Sätze.

1 Für meine Zukunft wünsche ich mir, _____

2 Ich möchte unbedingt _____

   Deshalb _____

3 Ich habe vor, _____

4 Mein Ziel ist es, in fünf Jahren _____

Prüfungstraining

telc

2.28 🔊

1 Hörverstehen Teil 2

Richtig oder falsch? Hören Sie ein Radiointerview und kreuzen Sie an.

	richtig	falsch
1 In dem Restaurant kann man sein Essen nicht sehen.	○	○
2 Man schmeckt zum Großteil über den Geruchssinn.	○	○
3 Die Gäste müssen ihr Gericht bei der Reservierung vorbestellen.	○	○
4 Man kann aus verschiedenen Beilagen auswählen.	○	○
5 Das Foyer des Restaurants ist nicht beleuchtet.	○	○
6 Das Essen wird von blinden oder sehbehinderten Menschen zubereitet.	○	○
7 Das Personal empfiehlt, sich im Dunkeln vor allem über das Gehör zu orientieren.	○	○
8 Die Position des Essens wird über die Himmelsrichtungen angegeben.	○	○
9 Das Essen im Dunkeln ist das wichtigste Gesprächsthema der meisten Gäste.	○	○
10 Der Restaurantbesuch kann dabei helfen, Vorurteile abzubauen.	○	○

> **Tipp:** In der Prüfung hören Sie das Interview nur einmal. Vorher haben Sie 60 Sekunden Zeit, um die Sätze 1 bis 10 zu lesen. Markieren Sie die Schlüsselwörter in den Sätzen und achten Sie beim Hören auf Synonyme oder Umschreibungen. Kreuzen Sie auf jeden Fall eine Antwort an, auch wenn Sie nicht sicher sind. Übrigens hört man bei dieser Prüfungsaufgabe fast immer ein Radiointerview. Achten Sie vor allem auf die Antworten. Meistens findet man hier die wichtigen Informationen zu den Sätzen.

ÖSD

2 Sprechen Aufgabe 2: ein Bild beschreiben und interpretieren

Wählen Sie ein Bild und sprechen Sie über das Bild.

- – Begründen Sie, warum Sie sich für dieses Bild entschieden haben.
- – Beschreiben Sie das Bild.
- – Gehen Sie dann auf das Thema des Bildes ein:
  Was ist das Thema? Was sagt das Bild aus?
  Äußern Sie Ihre Meinung und stellen Sie Vermutungen an.

Weniger ist mehr!

Arbeit ist das halbe Leben!

Carpe Diem – Nutze den Tag!

> **Tipp:** Bei dieser Prüfungsaufgabe wird erwartet, dass Sie ca. 5 Minuten frei über die Bilder sprechen. Die Bilder bekommen Sie erst während der Prüfung, sodass Sie sich nicht vorbereiten können. Lernen Sie deshalb passende Redemittel auswendig. Gehen Sie in der Prüfung auf alle drei Punkte ein und beachten Sie auch die Bildunterschrift. Auch wenn Sie nicht sicher sind, was das Bild aussagt, sprechen Sie darüber: Äußern Sie Vermutungen oder stellen Sie Fragen.

telc **3 Sprachbausteine Teil 2**

Welches Wort (a–o) passt in die Lücken? Lesen und ergänzen Sie. Sie können jedes Wort nur einmal verwenden. Manche Wörter passen nicht.

Das Leben genießen, wäre da nicht der Stress

Eine Reise, ein gutes Essen oder einen kompletten Tag auf der Couch _____ [1] und Serien gucken. Das sind die häufigsten Antworten auf die Frage, was Menschen mit Genuss verbinden. _____ [2] laut einer Studie verlieren die Deutschen die Fähigkeit, sich zu entspannen. _____ [3] neun von zehn Personen angaben, dass sie gern genießen würden, beklagte fast jeder Zweite, aufgrund des Alltagsstresses nicht richtig _____ [4] zu können. Als Ursache dafür nannten die Befragten vor allem Stress im Job oder Verpflichtungen in der Familie. Aber auch die Lebenseinstellung kann eine große Rolle _____ [5]. Für 81 % der Befragten steht Genuss im Zusammenhang mit einer zuvor erbrachten Leistung – auch bei jungen Menschen. Nur 1 % gönnt sich ohne Voraussetzung etwas. Coaches raten daher zu einem ausgeglichenen Verhältnis zwischen Arbeit und Freizeit – also einer besseren Work-Life-Balance. _____ [6] gehört auch, Pausen und regelmäßige Auszeiten zum Entspannen in den Alltag zu integrieren. Dabei muss es nicht um ein großes Event wie ein 5-Sterne-Menü oder ein Wochenende im Spa gehen. Es reicht auch, einen kleinen Spaziergang zu machen oder in Ruhe eine Tasse Kaffee _____ [7] trinken. Entscheidend ist, sich wirklich Zeit zu nehmen. _____ [8] seinen Wohlfühlmoment auf Freitag 17 Uhr terminiert, muss in der Lage sein, auf Knopfdruck die Seele baumeln zu lassen, um den Moment voll auszukosten. Das können die wenigsten, denn allein die zeitliche Begrenzung, kann einen unter Druck _____ [9]. Laut der Studie können nur 10 % der Befragten spontan genießen. Wem es schwerfällt, in der Freizeit seinen Kopf freizubekommen, der sollte ihn dennoch nicht hängen lassen. Genuss ist lernbar, wenn auch in kleinen Schritten. Das Wichtigste dabei: Das Hier und Jetzt wahrnehmen und sich nicht zu viele _____ [10] um die Vergangenheit oder die Zukunft machen.

a ABSCHALTEN	d DOCH	g LEGEN	j SETZEN	m WER
b DABEI	e GEDANKEN	h LIEGEN	k SEIN	n ZU
c DAZU	f KOPF	i OBWOHL	l SPIELEN	o ZUVOR

> **Tipp:** Lesen Sie den Text zuerst schnell durch, um den Inhalt global zu verstehen. Wenn Sie dabei spontan eine Idee haben, was in die Lücken passt, notieren Sie Ihre Lösung mit Bleistift. Lesen Sie dann noch einmal und achten Sie nicht nur auf den Inhalt, sondern auch auf die Grammatik. Prüfen Sie, welche Wortart passen könnte (Nomen, Verb, Artikel, Konnektor usw.). Vielleicht ist die Lücke auch Teil einer Nomen-Verb-Verbindung oder eines Verbs (bzw. Adjektivs/Nomens) mit einer Präposition.

Quellen

Bildquellen

Cover: *Illustration* Carlo Stanga; *Smartphone mit Hand* Shutterstock.com/blackzheep; *Menschen vor einem Bild der East Side Gallery* LOOK-foto/Rainer Martini

S. Ü 2 *von links nach rechts:* 1 Shutterstock.com/Ekaterina Pokrovsky; 2 Shutterstock.com/Matyas Rehak; 3 Shutterstock.com/Larisa Blinova; 4 stock.adobe.com/Yury Gubin; **S. Ü 6** 1 stock.adobe.com/Wayhome studio; 2 Shutterstock.com/goodluz; 3 Shutterstock.com/Rido; **S. Ü 11** a Cornelsen/Bianca Schaalburg (Illustration)/ Shutterstock.com/Edvard Nalbantjan; b Cornelsen/Bianca Schaalburg (Illustration)/ Shutterstock.com/Yurasov Valery; c Cornelsen/Bianca Schaalburg (Illustration)/ Shutterstock.com/Karel Funda; d Cornelsen/Bianca Schaal-burg (Illustration)/ Shutterstock.com/Edvard Nalbantjan; **S. Ü 12** Cornelsen/Bianca Schaalburg (Illustration)/ Shutterstock.com/Yurasov Valery; **S. Ü 14** Shutterstock.com/sirtravelalot; **S. Ü 17** Shutterstock.com/SpeedKingz; **S. Ü 20** Shutterstock.com/SeventyFour; **S. Ü 22** Shutterstock.com/Monkey Business Images; **S. Ü 25** *von links nach rechts:* 1 Shutterstock.com/Nejron Photo; 2 Shutterstock.com/Photographee.eu; 3 Shutterstock.com/ Halfpoint; **S. Ü 27** Shutterstock.com/DaLiu; **S. Ü 28** a Shutterstock.com/Cookie Studio; b Shutterstock.com/ WAYHOME studio; c Shutterstock.com/Halfpoint; **S. Ü 29** d Shutterstock.com/sebra; **S. Ü 30** 1 Shutterstock. com/Viktoriia Hnatiuk; 2 Shutterstock.com/Billion Photos; 3 Shutterstock.com/arek_malang; **S. Ü 33** Shutter-stock.com/Lopolo; **S. Ü 34** Shutterstock.com/mavo; **S. Ü 36** Shutterstock.com/DGLimages; **S. Ü 39** Shutterstock. com/Minerva Studio; **S. Ü 41** 1 stock.adobe.com/didecs; 2 stock.adobe.com/George Dolgikh; 3 Shutterstock. com/VTT Studio; 4 stock.adobe.com/Patrick Daxenbichler; 5 stock.adobe.com/exclusive-design; **S. Ü 42** Shutter-stock.com/ESB Professional; **S. Ü 48** a stock.adobe.com/Victor Koldunov/Victor; b Shutterstock.com/ViDi Studio; c Shutterstock.com/Cookie Studio; d Shutterstock.com/aslysun; e stock.adobe.com/Cookie Studio; f Shutter-stock.com/Yuricazac; **S. Ü 49** Shutterstock.com/Iakov Filimonov; **S. Ü 53** *oben rechts* Shutterstock.com/Cookie Studio; **S. Ü 54** Shutterstock.com/djile; **S. Ü 56** Shutterstock.com/Syda Productions; **S. Ü 59** Shutterstock.com/ Aleksandra Belinskaya; **S. Ü 61** Shutterstock.com/Asia Images Group; **S. Ü 63** *von links nach rechts:* 1 Shutter-stock.com/Roman Samborskyi; 2 Shutterstock.com/Ioannis Pantzi; 3 Shutterstock.com/WAYHOME studio; **S. Ü 65** *Daumen* Shutterstock.com/krzysmam; **S. Ü 66** Shutterstock.com/NadyGinzburg; **S. Ü 70** *von links nach rechts:* 1 Shutterstock.com/wavebreakmedia; 2 Shutterstock.com/Bolyuk Rostyslav; 3 Shutterstock.com/ESB Professional; **S. Ü 72** *oben rechts* Shutterstock.com/TunedIn by Westend61; **S. Ü 73** Shutterstock.com/Tyler Olson; **S. Ü 76** stock.adobe.com/pankajstock123; **S. Ü 78** mauritius images/alamy stock photo/360b; **S. Ü 80** bpk/Klaus Lehnartz; **S. Ü 83** *von links nach rechts:* 1 Shutterstock.com/OFC Pictures; 2 Shutterstock.com/Dietrich Leppert; 3 Shutterstock.com/Dudarev Mikhail; 4 Shutterstock.com/Stokkete; 5 mauritius images/Westend61/ Roy Jankowski; **S. Ü 84** Shutterstock.com/Gorodenkoff; **S. Ü 86** 1 stock.adobe.com/fizkes; 2 stock.adobe.com/ biancia; 3 stock.adobe.com/OceanProd; 4 stock.adobe.com/Dimitrije Tanaskovic/Stocksy; **S. Ü 89** stock.adobe. com/Kang Sunghee/Sunghee Kang/Kang; **S. Ü 92** *Zeitungshintergr.* Shutterstock.com/Feng Yu; **S. Ü 93** *Hintergr.* Shutterstock.com/Monkey Business Images; **S. Ü 95** Shutterstock.com/andrey_l; **S. Ü 96** a stock.adobe.com/ Unique Vision/Unique; b stock.adobe.com/REDPIXEL; c stock.adobe.com/Gudellaphoto; d stock.adobe.com/ alphaspirit; e stock.adobe.com/MICROGEN@GMAIL.COM/Microgen; f stock.adobe.com/den-belitsky; **S. Ü 100** a Shutterstock.com/goodluz; b Shutterstock.com/sylv1rob1; c Shutterstock.com/Alberto Zornetta; **S. Ü 101** 1 Shutterstock.com/fiphoto; 2 Shutterstock.com/kazoka; 3 stock.adobe.com/Patrick Daxenbichler/ Patrick; 4 Shutterstock.com/Michaelpuche; 5 Shutterstock.com/hxdbzxy; **S. Ü 103** *Hintergr.* Shutterstock.com/ Feng Yu; **S. Ü 105** Shutterstock.com/M. Unal Ozmen; **S. Ü 106** *Zeitungshintergr.* Shutterstock.com/Feng Yu; **S. Ü 107** stock.adobe.com/Elnur; **S. Ü 111** ClipDealer GmbH/Wavebreak Media LTD; **S. Ü 112** Shutterstock.com/ Chaosamran_Studio; **S. Ü 114** *links* stock.adobe.com/contrastwerkstatt; *rechts* Shutterstock.com/Monkey Business Images; **S. Ü 115** *Maya Angelou* akg-images/MAYA ANGELOU, circa 1976; *Buddha* Shutterstock.com/ vectorx2263; *Marie Curie* Shutterstock.com/Everett Historical; *Albert Schweitzer* stock.adobe.com/Copyright (c) Mary Evans Picture Library 2017/Archivist; **S. Ü 116** stock.adobe.com/von Lieres/Olaf von Lieres/von; **S. Ü 117** *Smartphone* Shutterstock.com/Pavlo S; 1 Shutterstock.com/Goran Bogicevic; 2 stock.adobe.com/ Davide Angelini/Davide; 3 stock.adobe.com/marrakeshh; 4 stock.adobe.com/fischer-cg.de; *Mann unten links* stock.adobe.com/K.- P. Adler/K.-; **S. Ü 118** stock.adobe.com/Daniel Berkmann; **S. Ü 119** Shutterstock.com/Dean

Notizen

WEITBLICK
Das große Panorama

Deutsch als Fremdsprache
Übungsbuch B2

Im Auftrag des Verlages erarbeitet von
Julia Herzberger, Jens Magersuppe, Dr. Hildegard Meister, Anne Planz, Martina Schäfer und Julia Stander sowie Ulrike Würz (Phonetik),Dr. Elisabeth Lazarou (Mitarbeit an den Seiten Ü 86 und Ü 112/113) und Dieter Maenner (Mitarbeit an den Seiten Ü 28/29, Ü 56, Ü 70, Ü 84, Ü 141, Ü 154)

In Zusammenarbeit mit der Redaktion: Maria Funk, Claudia Groß, Valeska Hagner, Jacolien de Vries sowie Alexandra Lemke
Konzeptentwicklung: Claudia Groß, Andrea Mackensen
Redaktionelle Mitarbeit: Katerina Chrástová
Redaktionsleitung: Gertrud Deutz

Umschlaggestaltung: Rosendahl Berlin, Agentur für Markendesign
Layout und technische Umsetzung: Klein & Halm Grafikdesign, Berlin
Illustrationen: Bianca Schaalburg (S. Ü 11, Ü 12, Ü 167: 1. Reihe, 4. Bild), Tanja Székessy (S. Ü 41, Ü 44, Ü 46, Ü 69, Ü 74, Ü 83, Ü 117, Ü 129, Ü 131, Ü 143, Ü 163, Ü 167), Carlo Stanga (Umschlag)

www.cornelsen.de

1. Auflage, 1. Druck 2020

Alle Drucke dieser Auflage sind inhaltlich unverändert und können im Unterricht nebeneinander verwendet werden.

Druck: AZ Druck und Datentechnik GmbH, Kempten

SBN 978-3-06-120886-8 (Übungsbuch)
ISBN 978-3-06-122807-1 (E-Book)
ISBN 978-3-06-122517-9 (E-Book auf BlinkLearning)

PEFC zertifiziert
Dieses Produkt stammt aus nachhaltig bewirtschafteten Wäldern und kontrollierten Quellen.
www.pefc.de
PEFC/04-31-2260